KB110917

끝나지,
않은
이야기

끝나지, 않은 여행

THE ROAD LESS TRAVELED

M. 스캇 펙 지음 | 조성훈 옮김

율리시즈

여러분은 전에 내가 쓴 《아직도 가야 할 길》이 "삶은 고해苦海다" 라는 문장으로 시작했다는 것을 기억할 것이다. 이제 그 위대한 진리에 또 하나의 해석을 덧붙일 때가 온 것 같다.

"삶은 복잡하다."

인생을 살아가면서 사람은 누구나 자기 나름의 길을 개척해나 간다. 여기에는 자습서도, 정해진 공식도, 쉬운 해결책도 없다. 내 게는 올바른 길이 다른 사람에게는 잘못된 길이 될 수 있기 때문 이다. 이 책 어느 곳에서도 여러분에게 이래라저래라 하는 일은 없 을 것이다. 그러니까 "이쪽으로 가시오", "저쪽에서 좌회전하시 오"처럼 어떤 지시를 내리지는 않을 것이다. 인생이라는 길 위에 는 편평한 아스팔트가 깔려 있지도 않고, 어둠을 밝혀주는 가로등 이 켜져 있지도 않으며, 방향을 알려주는 도로 표지판도 없다. 그 길은 황무지를 거쳐서 가야만 하는 울퉁불퉁한 자갈밭이요 바위 투성이 길이다.

지난 10년 동안, 그 거친 황무지를 더듬거리면서 지나는 내게 도움을 준 배움이 여럿 있었다. 이 책에서 그 가운데 몇 가지를 적어보려고 한다. 길을 잃었을 때는 나무 북쪽에서 자라는 이끼를 따라가면 길을 찾을 수 있다고 말해주면 된다. 하지만 아메리카삼나무 숲에 들어가면 나무의 모든 방향에 이끼가 뒤덮이므로 그 내용을 확실히 알려줄 필요가 있다.

　　이 책에 나오는 '더 멀리'라는 말을 받아들일 때는 조심해달라고 당부하고 싶다. 이 말은 길이 직선으로 쭉 나 있다는 뜻이 아니다. 또한 무조건 앞으로 전진하는 것으로 해석해서도 안 된다. 어쩌면 '더 멀리'라는 말이 여러분에게는 마치 "여기는 스캇이 있던 곳이고, 저기는 현재 스캇이 있는 곳입니다. 당신이 지금 여기쯤 있다면, 내년에 있을 곳은 바로 저기쯤일 것입니다" 하는 말처럼 들릴지도 모른다. 그러나 그런 뜻이 아니다. 길은 결코 그런 식으로 나 있지 않다. 길은 오히려 가운데에서부터 계속해서 퍼져나가는 동심원 같다. 그래서 단순하게 곧장 뻗어 있지 않다.

　　하지만 꼭 혼자서 여행할 필요는 없다. 살면서 우리보다 더 위대하다고 모두 인정하는 그 어떤 힘에 도움을 청할 수도 있다. 각자에게 다 다르게 보이지만 한번 우리 앞에 나타나면 대부분이 단번에 알아차릴 수 있는, 바로 그 힘 말이다. 그리고 우리는 저마다 자기 길을 가면서 서로에게 도움을 줄 수도 있다.

　　아무튼 이 책이 여러분에게 도움이 된다면 더 바랄 것이 없겠다. 조금 욕심을 부려본다면, 무엇보다도 여러분이 어떤 것을 바라볼 때 지나치게 단순화해서 생각하지 않도록 이 책이 조금이나마 도움이 되었으면 한다. 그러니까 여러분이 매사를 단순화하여 간단한 공식이나 쉬운 해결책을 찾으려는 충동을 과감히 버릴 수 있다면 좋겠다. 그래서 다면적으로 생각하고, 인생의 신비로움과 역설을 찬미하기를 바란다. 또한 각자의 경험 속에 깃들어 있는 수많은 원인과 결과에 당황하지 않기를, 그래서 인생이 복잡하다는 사실에 감사하는 마음을 갖기를 진심으로 바란다.

M. 스캇 펙

| 차례 |

서문 __ 004

제1부 첫 번째 단계: 성장

의식 그리고 고통의 문제 __ 013
성장의 고통 __ 016 • 건설적인 고통 __ 019 • 의식과 치유 __ 024 • 사막의 오아시스 __ 028

비난과 용서 __ 031
비난과 판단 __ 036 • 무지의 고통 __ 038 • 진리와 의지 __ 042 • 비난 게임 __ 045 • 악의 실재 __ 049 • 값싼 용서 __ 051 • 비난과 마조히즘 __ 052 • 용서의 필요성 __ 055

죽음과 의미의 문제 __ 060
죽음의 공포 __ 063 • 죽을 때를 선택하기 __ 069 • '기적적인' 치료 __ 072 • 육체적 장애와 심신 장애 __ 077 • 죽음을 이해하기 __ 082 • 죽음과 성장의 단계들 __ 086 • 죽는 법 배우기 __ 089 • 죽음에 대한 두려움과 나르시시즘 __ 093

신비의 취향 __ 096
연금술로서의 심리학 __ 103 • 호기심과 무관심 __ 106 • 신비로움과 영적인 여정 __ 109

제2부 다음 단계: 너 자신을 알라

자기애와 자만심 ― 121
죄책감의 이로움 ― 124 • 깨지는 순간에 얻어지는 은총 ― 130 • 귀중한 짐 ― 131 • 준비 작업 ― 133

신화와 인간의 본성 ― 138
전설 ― 139 • 신화와 동화 ― 142 • 책임의 신화 ― 145 • 전능의 신화 ― 147 • 성경 속의 신화 ― 148 • 선악의 신화 ― 150 • 영웅의 신화 ― 152 • 해석의 선택 ― 155

영성과 인간의 본성 ― 159
본능과 인간의 본성 ― 161 • 영적 성장의 단계 ― 165 • 적개심과 신앙 ― 175 • 겉모습은 속일 수 있다 ― 177 • 인간의 발달과 영적인 성장 ― 180 • 지하실을 점검하라 ― 183

중독: 신성한 질병 ― 186
융과 알코올의존증환자협회(AA) ― 189 • 영적인 전향 프로그램 ― 191 • 심리학적 프로그램 ― 195 • 비전문 심리치료 ― 199 • 공동체 프로그램 ― 200 • 알코올의존증이라는 축복 ― 202 • 위기를 일찍 만나는 것 ― 203

제3부 궁극적인 단계: 인격적인 하느님을 찾아서

영적인 성장에서의 종교의 역할 ― 213
오직 하나밖에 없는 나 ― 215 • 하느님에게 이르는 길 ― 217 • 예수의 실재 ― 221 • 예수의 재능 ― 225 • 죽음으로서의 세례 ― 229 • 교회가 저지른 죄 ― 231 • 죽음 이

후의 삶 — 235 · 지옥 — 236 · 효율적인 하느님 — 239 · 천국 — 241

물질과 영혼 — 244

비밀 계약 — 249 · 구획의 나쁜 점 — 251 · 임신 중절과 완전성 — 252 · 빠뜨린 것이 무엇인가? — 255 · 정신 의학에서의 구획화 — 257 · 우울증과 환상 — 264

뉴에이지: 통합 또는 분열? — 270

물병자리 음모 — 272 · 잘못된 죄 — 278 · 악의 문제 — 280 · 기술로 야기된 죄 — 283 · 이단 — 285 · 비기독교적 이단 — 290 · 이단은 현대 기독교에도 여전히 존재한다 — 291 · 공동체 대 사이비 종교 — 295 · 통합하는 세력으로서의 뉴에이지 — 301 · 혁명 또는 개혁 — 304

성性과 영성 — 306

신비한 경험으로서의 오르가슴 — 308 · 낭만적인 사랑의 환상 — 313 · 영성의 성적인 특성 — 314 · 보편적인 문제 — 315 · 신과 성性 — 319 · 유혹자로서의 신 — 320

에필로그: 난관에 봉착한 정신 의학 — 324

제1부

첫 번째 단계: 성장

의식 그리고 고통의 문제

나중에 커서 무엇이 될까, 나는 언제나 이것이 궁금했다. 그런데 7년 전 어느 날, 나의 성장이 아직 끝나지 않았음을 문득 알게 되었다. 성장이란 줄곧 진행 중인 과정이라는 것을 안 것이다. 그래서 내 자신에게 물어보았다. "스캇, 지금까지 넌 무엇이 되려고 했던 거지?" 스스로에게 묻자마자 너무도 끔찍한 사실을 깨달았는데, 내가 되려 했던 것이 바로 전도사였던 것이다! 나는 지금까지 살아오면서 단 한 번도 전도사를 염두에 두지 않았다. 그리고 '전도사'는 어쩌면 여러분이 이 세상에서 가장 마주치고 싶지 않은 사람일 수도 있다.

'전도사'라는 말 덕분에 여러분의 머릿속에는 지금 최악의 연상 작용이 일어나고 있을지 모른다. 혹시 마음속에 손톱을 깔끔하게 손질하고 2000달러짜리 정장을 걸치고서 두건을 쓴 멋쟁이 목사가 가죽 장정의 성경책을 금반지 낀 손가락으로 쥐고는 "주여, 우리를 구원하소서!" 하며 목청껏 기도하는 모습이 떠오르는가?

부디 겁먹지 마시기를 바란다. 내가 이런 모습의 전도사가 되었다는 말은 아니다. 나는 '전도사'라는 말을 고유의 의미로 쓰고 있다. 즉, '복음의 전달자'라는 뜻으로 말이다. 하지만 여러분이 꼭 알아두어야 할 것이 있다. 나는 나쁜 소식도 전한다는 것이다. 그렇다, 나는 좋은 소식과 나쁜 소식을 모두 전달하는 전도사다.

여러분이 나와 같은 처지라면, 기쁨의 상태를 조금이라도 더 오래 끌고 싶을 것이다. 그래서 "좋은 소식과 나쁜 소식 가운데 어떤 것을 먼저 말하시겠어요?"라는 질문을 받으면 아마도 "글쎄요, 나쁜 소식을 먼저 전달하지요" 하고 대답할 것이다. 그러니 나 역시 나쁜 소식을 먼저 전하도록 하겠다. 솔직히 나는 아무것도 모른다.

'진리의 전달자'인 전도사가 너무 쉽게 아무것도 모른다고 고백하는 모습이 이상하게 보일 수도 있다. 하지만 문제(사건)의 참 진리는 나도 모르고 여러분도 모른다. 우리 중 어느 누구도 알지 못한다. 우리는 그지없이 신비로운 우주에 살고 있는 아주 작은 존재일 뿐이다.

전도사는 또한 '위안과 즐거움을 주는 기쁜 소식'을 전하기도 한다. 그런데 또 한 가지 나쁜 소식이 있다. 나는 인생살이를 이야기할 것이고, 그 와중에 고통에 대한 이야기를 할 수밖에 없다는 것이다. 고통이란 인간 존재의 일부다. 그것은 에덴동산 이래로 줄곧 그래 왔다.

물론 에덴동산에 관한 이야기는 신화다. 하지만 다른 많은 신화와 마찬가지로 그 안에는 진리가 담겨 있다. 그리고 에덴동산의 신화는 많은 진리 가운데에서도 인간이란 존재가 어떻게 의식을 갖도록 진화했는지를 말해준다.

선과 악을 알게 하는 나무에서 사과를 따 먹자, 인간은 의식을 갖게 되었고 의식이 생기면서부터 곧바로 자의식을 갖게 되었다. 그래서 신은 인간이 선악과를 따 먹었다는 것을 알았다—인간이 어느 날 갑자기 겸손해지고 부끄럼을 탔던 것이다. 이처럼 에덴동산 신화를 통해 우리는 무엇보다도 부끄러워하는 인간의 모습을 알 수 있다.

정신과 의사로서 그리고 최근에는 저자와 강연자로서의 경력을 덧붙이게 되면서, 훌륭하고 사려 깊은 사람들을 만날 기회가 아주 많았다. 그런데 그들은 기본적으로 모두 부끄럼을 타는 사람들이었다. 나는 부끄럼을 타지 않는 사람을 한 번도 만나본 적이 없다. 그 가운데 몇몇은 스스로 부끄럼을 타지 않는다고 생각했지만, 그에 관해 이야기를 나누다보면 나중에는 부끄럼을 타고 있음을 깨달았다. 내가 만난, 부끄럼을 타지 않는 극소수는 어떤 식으로든 상처받은 사람들이었고, 어느 정도 인간성을 잃어버린 사람들이었다.

인간은 누구나 부끄럼을 탄다. 에덴동산에서 자의식을 갖게 되면서부터 인간은 부끄럼을 탔다. 이런 일이 생기면서 인간은 자신을 분열된 존재로 의식하였다. 자연과 하나라는, 우주의 일부라는 의식을 잃어버리고 만 것이다. 그리고 삼라만상과 하나라는 의식의 상실은 우리가 천국에서 추방되었다는 것으로 상징된다.

성장의 고통

천국에서 추방되었을 때, 우리는 영원히 쫓겨난 것이다. 여러분도 그 이야기를 기억하겠지만, 천국으로 가는 길은 케루빔과 불타는 칼이 막고 있다.

우리는 되돌아갈 수가 없다. 오직 앞으로 나아갈 수 있을 뿐이다.

천국으로 돌아간다는 것은 어머니의 자궁이나 유아기로 돌아간다는 것과 같다. 인간은 어머니의 자궁이나 유아기로 되돌아갈 수가 없다. 그러므로 마땅히 성장해야만 한다. 우리는 인생이라는 사막을 거쳐 황폐하고 거친 땅을 고통스럽게 넘어가면서 차츰차츰 더 깊은 의식의 수준으로 향하는 길을 닦으며 앞으로 나아갈 수 있을 뿐이다.

약물 남용을 포함한 대부분의 정신병은 에덴으로 돌아가려는 시도가 원인이 되어 발병한다. 따라서 이것은 매우 중요한 진리가 된다. 칵테일파티에 가서 술을 한 잔 마시면 자의식이나 부끄러움을 줄이는 데 어느 정도 도움이 된다. 한데 정말 효과가 있을까? 적당량의 술이나 마리화나, 코카인 아니면 이런 것들을 조금씩 섞어 마시거나 흡입하면, 일시적으로 잃어버렸던 삼라만상과의 일체감을 되찾은 듯이 느껴진다. 사람들은 몇 분이나 몇 시간 동안 다시 한 번 자연과 하나가 됐다는 따스하고 몽롱한 의식을 기분 좋게 되찾을 수 있다.

물론 이러한 느낌이나 감정은 그리 오래 지속되지 않는다. 대개는 치러야 할 대가가 훨씬 더 큰 법이다. 따라서 이 신화는 다시 한

번 확인할 수 있다. 실제로 우리는 에덴으로 돌아갈 수 없다. 불모의 사막을 지나 오직 앞으로 곧장 가야만 한다. 하지만 이 여행은 너무나 힘들기 때문에 의식은 늘 고통스럽기만 하다. 그래서 거의 모든 사람은 자신이 가던 길을 가능한 한 빨리 멈추려고 한다. 사람들은 안전하게 보이는 곳을 발견하면 재빨리 다가가 모래에 굴을 파고서는 그 속에 들어가 눌러앉아 버린다. 그러고는 선인장, 가시 관목, 뾰족한 바위투성이인 고통스러운 사막을 바라보기만 할 뿐 통과하려고 하지 않는다.

사람들은 대개 가끔가다 '고통을 주며 교훈을 주는 것들(벤저민 프랭클린의 문구를 빌리자면)'에 관한 가르침을 받긴 하지만, 사막이 주는 교훈은 너무도 고통스러워서 가능한 한 빨리 포기하고 만다.

노화란 생물학적으로 일어나는 장애만을 의미하지 않는다. 어떤 의미에서 노화란 성장을 드러내놓고 거부하는 것이다. 따라서 심리적 성장과 영적 성장이라고 하는 인생의 패턴을 받아들인다면 누구든지 피해갈 수 있는 심리적인 장애가 바로 노화다.

인생 초기에 배움과 성장을 멈춰버린 사람과 변화하기를 멈추고 고착된 사람은 소위 '제2의 유년기'라 부르는 단계에 종종 빠진다. 이런 사람들은 불평을 하고 지나친 요구를 할 뿐만 아니라 매사에 자기중심적이다. 그러나 이런 현상이 나타나는 것은 이들이 제2의 유년기에 접어들었기 때문이 아니다. 그것은 어렸을 때 겪은 첫 번째 유년기를 아직도 스스로 떠나지 못했기 때문이다. 즉, 성인기에 들어서 줄곧 쓰고 있던 얇은 가면이 닳아 없어지면서

의식 아래에 잠재해 있던 감정적인 유아 성향이 겉으로 모습을 드러낸 것뿐이다.

정신 의학자들은 겉으로는 어른처럼 보이는 많은 사람이 실제로는 어른의 옷을 걸치고서 아무 데나 휘젓고 다니는 감정적인 아이들이라는 것을 잘 알고 있다. 그리고 의사를 찾아오는 사람이 의사를 찾지 않는 사람보다 더 미숙해서가 아니라는 것도 잘 알고 있다. 사실은 그와 정반대로, 진심으로 성장하기 위해 심리 치료를 받으러 오는 사람들은 비록 그 출구는 아직 찾지 못했을지라도 성숙하지 못해서 야기된 자신의 유치함에 신물이 난 사람들이다. 그러나 이런 사람들은 상대적으로 극소수에 지나지 않는다. 그 밖의 사람들은 어리석게도 제대로 성장하려고 하지 않는다. 이들은 어쩌면 이런 이유 때문에 늙었다는 소리를 그렇게도 듣기 싫어하는 것인지도 모른다.

여러 방면에서 성장을 다룬 《아직도 가야 할 길》을 쓴 직후, 나는 워싱턴 D. C.에서 판촉 행사에 열을 올렸다. 그러니까 1980년 1월, TV와 라디오 방송국 여러 군데를 택시를 타고 돌아다니고 있었다. 두세 군데 방송국을 돌고 나서 운전사가 물었다.

"선생께서는 대체 무슨 일을 하는 겁니까?"

그래서 내 책이 잘 팔리도록 판촉 행사를 하고 있다고 대답했다. 그러자 택시 운전사가 다시 물었다.

"무슨 책인데요?"

나는 약간 우쭐해져서는 설명하듯 대답했다.

"어떻게 하면 정신 의학과 종교를 통합할 것인가에 관한 책입니다."

약 30초 후에 운전사는 퉁명스러운 목소리로 말했다.

"그래요? 나한테는 그 책이 당신 똥을 뒤섞는다는 소리처럼 들리는데요."

그 양반은 정말로 사물을 꿰뚫어보는 재능이 있는 사람이었다.

그래서 다음번 토크쇼에 나갔을 때 토크쇼에서 그 이야기를 해도 되는지 관계자에게 물어보았다. 토크쇼 관계자들은 안 된다고 했다. 나는 그들이 '똥'이라는 말에 혐오감을 드러내는 것이라고 생각했다. 그래서 대신 '헛소리stuff'라는 말을 제안했다. 하지만 그들은 여전히 안 된다고 고개를 저었다.

사람들은 진정한 성숙에 관해 이야기하고 싶어 하지 않는다. 왜? 그것이 너무 고통스럽기 때문이다.

건설적인 고통

앞에 나서서 고통에 관한 이야기를 한다고 해서, 나라는 사람이 일종의 마조히스트라는 의미는 절대 아니다. 반대로, 비생산적인 고통을 겪으면서 얻을 수 있는 혜택이란 사실상 아무것도 없다. 머리가 지끈지끈 아파오면 나는 가장 먼저 부엌으로 달려가 캡슐에 싸지 않은 초강력 타이레놀 두 알을 물과 함께 목구멍으로 넘긴다. 일상적으로 발생하는 긴장성 두통에서는 어떠한 미덕도 발견할 수 없기 때문이다.

하지만 고통에는 그런 고통만 있는 게 아니다. 고통에는 '생산적인' 고통이란 것도 있다. 비생산적인 고통과 생산적인 고통의 차이는 성장의 고통을 다룰 때 꼭 알고 있어야 할 가장 중요한 사항이다. 두통 같은 비생산적인 고통은 두고 볼 필요 없이 당장 없애야 한다. 하지만 생산적인 고통은 참아내고 헤쳐나가야 한다.

나는 이보다 '신경증적 고통'과 '실존적 고통'이라고 부르길 더 좋아하는데, 여기서는 두 가지를 어떻게 구분하는지 예를 들어보겠다. 기억할지 모르겠지만, 지금으로부터 약 40년 전, 그러니까 프로이트의 이론이 지식인 그룹에게 왜곡되어 해석되었을 때(흔히 있는 일이지만), 유난히 급진적인 부모들이 상당수 있었다. 이들은 죄의식이 신경증과 관련 있을 수 있다고 생각하고는 자녀를 죄의식 없는 아이로 키우겠다고 선언했다. 아이에게 그렇게 끔찍한 짓을 할 수 있다니!

감옥에는 아무런 죄의식이 없는 사람들이 아주 많다. 또 죄의식을 거의 느끼지 못하는 탓에 그곳에 가게 된 사람들도 상당수다. 사람이 사회에서 살아가기 위해서는 일정한 죄의식이 '필요'하다. 나는 그것을 실존적 죄의식이라고 부른다.

그렇지만 그에 앞서 먼저 강조해야 할 것이 한 가지 있다. 우리의 존재를 북돋워주는 것 이상으로 너무 지나친 죄의식은 오히려 존재를 해친다는 점이다. 이것이 바로 신경증적 죄의식이다. 이는 마치 골프 가방 안에 가장 적당한 14개 정도의 골프채를 넣지 않고, 87개쯤을 다 넣고서는 낑낑거리며 골프 코스를 도는 것과 같다. 이것은 지나치게 많은 짐일 뿐이다. 따라서 가능한 한 빨리 없애야 한다. 심리 요법의 관점에서 볼 때 반드시 그렇게 해야 한다. 신경증적 죄의식은 불필요하다. 그것은 사막을 통과하는 여행에 방해만 될 뿐이다.

죄의식뿐만 아니라 다른 형태의 감정적 고통도 마찬가지다. 예를 들면 실존적이거나 신경증적일 수 있는 불안이 바로 그것이다. 이럴 때 무엇이 정확하게 무엇인지를 결정하도록 해주는 것이 바로 요령이다.

여기에 감정적인 고통이나 삶의 괴로움에 대처하기 위한 규칙이 있다. 좀 거칠고 무식해 보이기는 해도 아주 단순한 규칙이다. 이 과정은 다음과 같은 3단계로 되어 있다.

먼저 첫 번째 단계는 감정적으로 고통스러울 때 자신에게 묻는 것이다. "지금 이 괴로움―걱정이나 죄의식―은 실존적인가 아니면 신경증적인가? 이 고통은 나라는 존재를 강화하는가 아니면 제한하는가?"

10퍼센트 정도는 이 물음에 정말로 답하기 어려울 것이다. 그러나 이런 질문을 하기 위해 생각할 수 있다면, 90퍼센트 정도는 그 답이 매우 명확해질 것이다.

예를 들어 예전에 연체료를 너무 많이 물게 돼서 소득세를 기한 내에 내는 문제에 신경을 많이 쓰고 있다면, 그때 느끼는 불안감은 확실히 실존적이다. 그때의 불안은 적절하다. 그러므로 불안을 있는 그대로 받아들이고 제때에 정리하면 그만이다. 한편 지금 겪는 괴로움이 신경증적이고 자기 존재에 해롭다고 확신한다면, 두 번째 단계로 넘어가서 스스로에게 물어본다. "만일 걱정이나 죄의식이 없었다면 나는 어떻게 행동했을까?"

그리고 세 번째 단계는 자신이 그랬으면 하는 방식대로 행동하는 것이다. 이름을 모르는 어떤 알코올의존증 환자가 가르쳐준 대로 '마치 그런 것처럼 행동'하거나 '제대로 된 것처럼 허세'를 부리는 것이다.

맨 처음 이 방법을 알게 된 것은 내게 존재하던 부끄러움에 스스로 대처하면서부터였다. 누구나 부끄럼을 타기 마련이지만, 인간은 신경증적이거나 실존적인 방식으로 부끄러움에 대처할 수 있다. 유명한 연사의 강연을 들으면서 나는 청중의 입장에서 이따금 질문을 던지거나 알고 싶었던 정보를 캐내거나 어떤 논평을 하고 싶다고 느끼곤 했다. 공개적으로도 좋고 아니면 연설이 끝난 후 사적인 자리에서도 가능할 것이다. 하지만 매번 주저했는데 그 이유는 너무 부끄럽거나 거절당할 것이 두렵거나 아니면 남들에게 바보처럼 보일까 봐서였다.

한참 시간이 흐른 뒤, 나는 스스로에게 물었다. "너 자신의 부끄러움에 대처하는 방식, 즉 질문하기를 망설이는 그런 방식이 네 존재를 강화하는 데 기여할까 아니면 제한하는 데 기여할까?" 질문을 던지자마자 계속 이런 식으로 행동했다가는 틀림없이 내 존재가 위축될 것이라는 생각이 들었다. 그래서 다시 물었다. "그래, 스캇! 만일 네가 부끄럼을 심하게 타지 않았다면 어떻게 행동했을까? 네가 만일 영국 여왕이거나 미국 대통령이었다면 어떻게 행동했을까?" 대답은 뻔했다. 만일 그랬다면 나는 강연자에게 성큼성큼 다가가 하고 싶은 말을 다 쏟아냈을 것이다. 그러고 나서 내 자신에게 다시 말을 걸었다. "좋아, 그렇다면 앞으로 나가 그런 식으로 해보는 거야. 제대로 된 척해보는 거지. 부끄럽지 않은 것처럼 행동해보는 거라고."

물론 이렇게 하는 것이 두려운 일이라는 것은 인정한다. 하지만 바로 이렇게 할 때만이 용기가 솟아난다. 그러나 용기가 무엇인지 아는 사람이 상대적으로 너무 적다. 사람들은 대부분 용기란 두려움이 없는 상태라고 생각한다. 두려움이 없는 것은 용기가 아니다. 두려움을 모르는 것은 일종의 뇌손상에 따른 증상일 뿐이다. 용기란 두려움에도 불구하고 또는 고통을 무릅쓰고 앞으로 전진하는 능력을 말한다. 스스로 직접 그렇게 해보면 두려움을 극복하는 것이야말로 자신을 강하게 만들고, 성숙을 향해 앞으로 크게 한 걸음 나아가는 것임을 깨닫게 될 것이다.

성숙이란 무엇인가?《아직도 가야 할 길》을 쓰면서 미성숙한 사람들을 수없이 묘사했지만 정작 성숙에 관해서는 정의를 내리지 못했다. 하지만 적어도 내가 보기에, 미성숙한 사람들의 가장 큰 특징은 서로서로 둘러앉은 채 인생이 자신의 욕구를 채워주지 못한다고 항상 불평을 늘어놓는 것이다. 리처드 바흐Richard Bach 는《환영들Illusions》에서 이렇게 썼다. "당신의 한계를 논하고 그러한 한계가 당신 안에 있다는 것을 확실히 깨닫도록 하라." 그러나 충분히 성숙한 사람들은 상대적으로 극소수다. 성숙한 사람의 가장 큰 특징은 인생에서 자신의 욕구를 채우는 것은 자신의 책임—심지어 기회—이라고 생각하는 것이다.

의식과 치유

사막을 건너 아주 멀리 나아가려면, 실존적인 고통과 기꺼이 마주하고 또 그것을 헤쳐나가야 한다. 그러기 위해서는 다른 모든 사람들과 마찬가지로, 어떻게든 고통을 대하는 자신의 태도를 바꿀 필요가 있다. 여기에 몇 가지 희소식이 있다. 고통을 대하는 태도를 가장 빠르게 변화시키는 방법은 우리에게 일어나는 모든 일이 영적 성장을 위해 미리 계획된 것이라고 받아들이는 것이다.

도널드 니콜Donald Nichol은 지침서와도 같은 자신의 책《신성 *Holiness*》의 서문에서 이 문제에 관해 언급했다. 예를 들어 당신이 신성이라는 주제에 관한 책을 들고 다니는 걸 사람들이 보았다고 치자. 그러면 사람들은 그게 무슨 책인지 물어볼 것이고, 당신은 어쩌면 이렇게 대답할 것이다. "글쎄요, 전 그저 권위자들이 이 주제에 관해 뭐라고 말하는지 궁금할 뿐이에요." 이때 니콜이 지적하는 것은 다음과 같다. 즉, 만일 당신이 신성해지고 싶지 않다면 신성이라는 주제의 책을 들고 다니는 것은 말할 것도 없고, 그런 책을 구입하거나 빌릴 이유가 전혀 없다는 것이다. 그래서 니콜은 그러한 책을 '어떻게 신성해질 것인지에 관한 지침서'라고 불렀던 것이다. 니콜이 제시하는 방법 가운데 대략 3분의 2정도는 그 자신의 입을 빌어 말한 멋진 문장들로 되어 있다. "일단 우리에게 일어나는 모든 일이 신성을 가르치려고 계획된 것임을 깨닫는다면 우리는 결코 무너지지 않는다."

우리가 무너지지 않는다는 말보다 더 좋은 소식이 있다면 그것은 무엇일까? 아마 그것은 우리가 승리할 수밖에 없다는 것일 것이다. 우리에게 일어나는 모든 일이, 사는 데 꼭 알아야 할 것을 가르치려고 계획된 것임을 깨닫는다면 승리는 보장된 것이나 다름없다.

그러나 문제는 이런 깨달음을 얻기 위해서는 고통을 대하는 태도와 (내 생각엔) 의식을 대하는 태도가 완전히 바뀌어야 한다는 데에 있다. 에덴동산의 이야기를 떠올려보자. 선악과에서 열매를 따 먹자 의식이 생겨났다. 그러고 난 뒤 인간은 의식 때문에 고통받기도 했지만 의식 때문에 구원받기도 했다. 여기서 구원은 치료와 같은 뜻으로 쓰인 말이다.

물론 의식은 고통의 원인이 된다. 의식이 없다면 고통을 느끼지 않을 것이다. 비생산적이고 불필요한 괴로움 ─ 육체적인 괴로움 ─ 으로부터 뭇사람들을 벗어나게 해주는 방법 가운데 하나는 마취하여 의식을 잃게 하는 것이다. 그러면 고통을 전혀 느낄 수 없을 테니 말이다.

그러나 한편으로는 전적으로 의식 때문에 고통이 일어나는 반면, 다른 한편으로는 의식 때문에 구원을 얻기도 한다. 구원이란 점차 의식을 갖게 되는 과정이기 때문이다. 차츰차츰 의식을 갖게 되면, 우리는 성숙할 것이냐 말 것이냐의 기로에서 성숙을 선택하지 않은 사람들처럼 숨을 구멍을 파지 않고 사막 안으로 더욱더 깊이 들어간다. 오직 앞으로 나아가면서 더 많은 고통을 참아낸다. 이것은 바로 의식 때문에 가능한 일이다.

앞에서 말한 것처럼, *구원*이란 말은 '치유'를 뜻한다. 이 말은 염증이나 감염 부위를 치료하기 위해 피부에 바르는 연고라는 말과 유래가 같다. 구원은 치료의 과정이며 완전해지는 과정이다. 그리고 건강, 완전함, 신성이란 말도 모두 같은 뿌리에서 유래한 것이다. 사실상 이 말들은 모두 같은 의미다.

왕년의 무신론자 지그문트 프로이트조차도 심리 치료 — 정신을 치료하는 행위 — 의 목적은 무의식을 의식으로 만드는 것이라고 했다. 즉, 심리 치료는 의식을 증가시키는 것이라면서 치유와 의식과의 관계를 인정했다. 더 나아가 칼 융은 악이란 인간이 자신의 그림자를 대면하지 않으려는 데서 생겨난다고 했다. 또한 악은 인간이 부인하려 하고, 생각하기 싫어하며, 의식하지 않으려 하고, 또 지속적으로 의식이라는 장막 아래 숨겨놓고 무의식으로 남겨두려 하는 인격의 일부라고 설명하였다. 이런 연구를 통해 융은 무의식을 이해하는 데 큰 도움을 주었다.

융이 인간의 악을 그늘 자체가 아니라 이 그늘과 맞닥뜨리기를 *거부함으로써* 생겨나는 거라고 설파한 것을 기억하자. 여기서 거부란 말은 매우 적극적인 용어다. 악한들은 수동적으로 지각이 없거나 무지한 것이 아니다. 그들은 정도를 벗어나 무지함이나 몰지각에서 더 나아간다. 그렇게 하기 위해서 그들은 살인도 전쟁도 불사한다.

물론 악이란 말은 마치 사랑, 신, 진리 같은 말처럼 너무 광범위하기 때문에 단 한 마디로 딱 들어맞게 정의할 수 없다는 점을 인정한다. 악에 관한 좀 더 적절한 정의 가운데 하나는 '호전적인 무지'라는 것이다. 호전적인 무의식.

내가 아는 범위에서, 엄청난 규모의 호전적인 무지를 설명해주는 가장 좋은 사례 중 하나가 바로 베트남 전쟁이다. 1963년이나 1964년, 인도차이나에 대한 미국의 정책에 실효성이 없다는 증거들이 처음으로 발견되기 시작했을 무렵, 미국 정부의 일차적인 반응은 무엇인가 잘못되고 있다는 사실 그 자체를 정면으로 부인하는 것이었다. 미국 정부는 그저 정책을 위해 몇백만 달러가 더 필요하고 더 많은 특수 부대가 필요하다고 주장했다. 하지만 증거들이 계속 제기되면서 미 정부의 정책에 명백한 결함이 드러나기 시작했다. 과연 미 정부는 그때 어떻게 했는가? 미국은 더 많은 부대를 베트남으로 보냈다. 전사자의 수는 계속 늘어났으며, 잔혹한 사건들은 하루가 다르게 쌓여갔다. 바로 그 시기에 베트남 밀라이 MyLai라는 곳에서 미군에 의한 집단 학살이 자행되었다. 그리고 난 뒤, 또 다른 증거들이 봇물 터지듯 쏟아지기 시작했을 때조차도 미국 정부는 계속 무시했다. 오히려 미 정부는 캄보디아를 공습하더니 겁을 주면서 평화를 이야기하기 시작했다.

심지어 모든 것이 낱낱이 드러난 오늘날까지도 몇몇 미국인은 여전히 미국이 베트남과 벌인 출구 협상에서 성공했다고 믿는다. 우리는 우리 식으로 베트남과 출구 협상을 했던 것이 아니다. 미국은 패배했다. 하지만 어찌 된 일인지 이러한 사실을 똑바로 보지 않고 마냥 *거부*하려 드는 사람들이 아직도 많다.

사막의 오아시스

의식 때문에 더 고통스러워질 수도 있지만 더 큰 기쁨을 맛볼 수도 있다. 사막 안으로 더 깊이 들어가면—아주 멀리 들어가 보면—전에는 단 한 번도 본 적이 없는 푸르고 아담한 오아시스를 발견하게 될 것이다. 그리고 더 깊숙이 들어가면 모래 밑에서 맑은 물이 흐르는 시냇물을 발견할지도 모른다. 그리고 더욱더 깊이 들어갔을 때 어쩌면 자신의 궁극적인 운명을 채우게 될지도 모른다.

내 말이 좀처럼 믿기지 않는다면 멀고 먼 황무지로 여행을 떠났던 시인을 떠올려보자. 그는 바로 T. S. 엘리엇이다. T. S. 엘리엇은 너무나도 무미건조하고 절망적인 시를 써서 일찍부터 유명해진 시인이다. 그는 스물아홉 살이 되던 1917년에 〈J. 알프레드 프루프록J. Alfred Prufrock의 연가〉라는 시를 발표했다. 그는 이렇게 썼다.

나는 늙었다네…… 나는 늙었다네…….
밑단이 말린 바지를 입을 거라오.
머리를 뒤로 넘길까? 과감하게 복숭아를 먹을까?
하얀색 플란넬 바지를 입어야지. 그리고 해변을 거닐어야지.
인어들이 서로 노래하는 소리를 들었다네.
나를 위해 노래를 불러주리라는 기대는 하지 않았지.

이 시에서 중요하게 기억할 것이 하나 있다. J. 알프레드 프루프

록은 T. S. 엘리엇과 마찬가지로 극도로 문명화된 상류 사회에서 살았지만 영적으로는 황무지에서 살았다는 점이다. 그래서 5년 후, 별로 놀라울 것도 없이 엘리엇은 〈황무지〉라는 시를 발표하기에 이른다. 이 시에서 엘리엇은 실제로 불모지에 초점을 맞춘다. 굉장히 건조하고 절망적인 내용의 시였지만, 그의 시에서 처음으로 푸르른 초원과 곳곳에 희미하게 눈에 띄는 초목, 물의 이미지 그리고 바위 밑에 드리운 그림자의 이미지가 엿보이기 시작했다.

그 뒤 사십 대 후반에서 오십 대 초반에 이르러 엘리엇은 〈사중주〉 같은 시를 썼다. 엘리엇은 이 시의 첫 행에서 장미 정원, 지저귀는 새들, 웃고 있는 아이들에 관한 내용으로 시 문을 활짝 열어젖혔다. 그러고는 그때까지 써오던 것과는 다르게, 찬란하리만큼 풍요롭고 신비로운 시를 몇 편이나 계속해서 발표했다. 실제로 엘리엇은 생을 끝마칠 때까지 즐겁게 살았던 것으로 유명하다.

사람들은 험난한 인생길을 따라가며 고통스럽게 분투하다가도, 엘리엇의 시를 통해 많은 위안을 얻는다. 우리는 여행하면서 얼마간의 위로가 필요하다. 그러나 꼭 피해야 할 일도 있다. 그 가운데 하나가 성급하게 어떤 조치를 취하는 것이다. 나는 치료를 한다는 그럴듯한 명목으로 너무 성급히 행동한 탓에 서로 죽이는 사람들을 너무도 많이 보아왔다.

그들이 서로 죽이는 것은 모두가 지나치게 자기중심적이기 때문이다. 예를 들어 리키라는 친구가 지금 이 순간 고통받고 있다고 가정해보자. 내 친구이므로 그가 겪는 고통 때문에 나도 조금은 아프다. 하지만 나는 그런 고통을 전혀 느끼고 싶지 않다. 그래서 가능한 한 빨리 리키의 고통을 치유하고 싶다. 그래야만 내가 느끼는 고통도 없어질 테니 말이다. 그래서 빠른 해결책을 제시하고 싶은 나머지 친구에게 이렇게 말한다. "저런, 어머니가 돌아가셔서 너무나 안됐어. 하지만 너무 나쁘게 생각하지는 마. 어머니는 천국으로 가셨을 거야." 아니면 "저런, 나도 겪어봐서 알아. 그냥 훌훌 털어버려."

하지만 대개의 경우, 고통받는 사람에게 이런 종류의 말은 상처나 고통을 치유하는 데 아무런 도움을 주지 못한다. 고통을 없애기 위해 이런저런 시도를 하는 것보다 더 중요한 것은 그냥 그들 곁에 있으면서 기꺼이 고통을 함께하는 것이다. 그것이야말로 우리가 해줄 수 있는 가장 필요한 치료다. 우리는 다른 사람의 고통을 들어주고 또 참는 법을 배워야 한다. 이것이야말로 더욱더 의식적이 되기 위한 전부다. 더욱더 의식적이 될수록, 다른 사람들이 해대는 게임과 그들이 저지르는 죄와 속임수를 더욱더 많이 보고, 더욱더 잘 본다. 하지만 또한 그들이 짊어진 짐이나 슬픔도 더욱더 많이 의식한다.

영적으로 성장하면 다른 사람들의 고통을 더 많이, 더 깊이 받아들일 수 있다. 그렇게 되면 가장 놀라운 일들이 벌어진다. 더 많은 고통을 받아들일수록 더 많은 기쁨을 느끼기 시작할 것이다. 이것이야말로 이 여행을 궁극적으로 아주 값지게 해주는 진정한 희소식이다.

비난과 용서

용서하는 법을 배우면 인간은 한 단계 훌쩍 성장한다. 살아가면서 어떤 고통을 받으면 사람들은 흔히 다른 사람들을 비난하곤 한다. 그리고 그런 비난은 항상 분노와 함께 시작된다.

분노란 뇌에서 야기되는 아주 강력한 감정이다. 인간의 두뇌 곳곳에는 신경 중추라고 하는 작은 신경 세포 다발이 존재한다. 흔히 중뇌라고 부르는 뇌의 부분에서, 이러한 신경 중추는 감정을 통제하고 만들어내는 일을 한다. 신경외과 의사들은 실제로 이 신경 중추가 두뇌의 어디, 어디에 있는지 오래도록 그 정확한 위치들을 파악하는 데 힘써왔다. 국소 마취를 한 상태에서 수술대 위에 환자를 눕히고 신경외과 의사는 전극봉이나 아주 미세한 바늘을 환자의 두뇌에 삽입한 뒤 그 끝으로 1밀리볼트의 전류를 흘려보낼 수 있다.

예를 들어 인간에게는 행복감을 느끼게 하는 중추가 있는데, 신경외과 의사가 그 부분에 바늘을 삽입한 다음 1밀리볼트의 전류를 흘려보낸다면, 수술대 위의 환자는 아마 이렇게 말할 것이다. "세상에! 선생님은 진짜 훌륭한 의사십니다! 이곳은 너무나 황홀한 병원이에요. 선생님, 제발 또 해주세요. 그러실 거죠?" 이 행복감은 아주 강렬하다. 사람들이 헤로인 같은 특정 마약에 그토록 지독하게 중독되는 까닭은 그런 마약들이 뇌의 행복 중추를 자극하는 물질을 함유하고 있기 때문이다.

신경외과 의사들은 쥐를 가지고 행복 중추에 관한 연구 실험을 했다. 쥐의 행복 중추에 전극봉을 삽입하고 쥐들이 레버를 눌러 직접 스스로를 자극하도록 하는 실험이었다. 결국 그 쥐들은 레버를 누르느라 정신이 없어서 먹지도 못하고 굶어 죽었다. 쾌락에 사로잡혀 죽음에 이른 것이다!

행복 중추에서 그리 멀지 않은 곳에는 우울 중추가 있다. 우울 중추는 행복과는 매우 상반되는 감정을 관장하는 중추다. 만일 신경외과 의사가 전극봉을 정확히 그 지점에 삽입하고 1밀리볼트의 전류를 흘려보내면, 환자는 이렇게 말할 것이다. "오, 이런! 모든 것이 음울해요. 너무 끔찍하고 무서워요. 제발, 제발 그만하세요!" 또한 분노 중추라는 신경 중추도 있다. 만일 신경외과 의사가 그곳에 전류를 흘려보낸다면, 환자를 수술대 위에 꽁꽁 묶어두는 편이 좋을 것이다.

이러한 중추들은 수백만 년의 진화를 거치면서 인간의 두뇌에 형성된 것이다. 따라서 나름대로의 목적으로 일정한 지점에 자리잡고 있다. 예를 들어, 아이가 화를 내지 않도록 어찌어찌해서 아이의 뇌에서 분노 중추를 잘라낸다면, 그 아이는 아주 소극적인 아이가 돼버릴 것이다. 소극적인 아이가 유치원이나 학교에 입학하면 어떤 일이 벌어지게 될까? 그 아이는 다른 아이들에게 짓밟히고 주눅이 들어 외톨이가 되거나 심지어는 죽게 될지도 모른다.

인간의 분노 중추는 다른 생명체와 똑같은 방식으로 작동한다. 그것은 기본적으로 다른 생명체가 자기 영역을 침범해 들어올 때 제 영역을 보호하기 위해 작동하는 기제다. 자기 영역 안에 들어와 어슬렁어슬렁 기웃거리는 개가 있으면 주인 개는 침입자 개와 맞붙어 싸운다. 이처럼 다른 침입자 개에 맞서 싸우는 주인 개와 인간은 사실상 별 차이가 없다. 다만 인간에게는 영역이라는 개념이 훨씬 더 복잡하다는 것만 다를 뿐이다.

인간에게는 지리적인 영역이 있어서 어떤 불청객이 제 땅에 들어와 꽃을 꺾기 시작하면 화가 난다. 게다가 심리적인 영역도 있어서 누군가가 자기를 비판할 때마다 화가 나기도 한다. 또한 인간에게는 종교적인 영역이나 이념적인 영역도 있다. 그래서 누군가가 자기 신앙을 비난하거나 자기 이념을 비방할 때도 화를 내는 경향이 있다.

인간의 영역은 너무나 복잡하고 다면적이기 때문에, 우리의 분노 중추는 항상 점화되어 있는 상태나 마찬가지다. 그리고 이따금씩은 부적절한 경우도 있다. 얼마나 부적절하냐 하면, 가끔 제 영역 안으로 자기가 다른 사람들을 불러놓고는 스스로 분노에 불을 붙이는 정도다.

약 25년 전, 당시는 정신 분석에 몰두하던 시대였다. 그때 나의 관심은 늘 심리학과 영성 사이의 관계에 맞춰져 있었다. 칼 융도 이 분야를 강조했다는 것을 알고 나서, 나는 상당히 애를 먹어가며 융의 치료법에 능한 의사를 찾아다녔다. 그러다 마침내 한 의사를 만났는데, 그가 내게 융에 관한 지식을 가르쳐줄 수 있기를 고대했다. 그런데 그 의사가 내게 프로이트주의자처럼 접근했다는 것이 문제였다. 그러나 나중에 안 일이지만 그것이야말로 내게 필요한 방식이었다.

인사를 나누고 난 뒤, 이 치료사를 일곱 번이나 만났다. 그 일곱 번의 만남 동안 그는 내가 필요로 하는 말을 단 한 마디도 먼저 나서서 하지 않았다. 그는 줄곧 나로 하여금 말을 하도록 유도했고 나는 점점 약이 오르기 시작했다. 당시로서는 꽤 큰돈인 시간당 25달러를 지불하고 있었으므로 그 사람이 아무 일도 하지 않고, 아무 말도 하지 않은 채 내 돈을 챙기고 있다고 생각했다.

그러다가 아홉 번째 만남에서였다. 어떤 문제에 대해서 내가 어떻게 느끼는지를 말하고 있었는데, 마침내 그가 무엇인가 말하기 시작했다. 그는 이렇게 말했다. "글쎄요, 나는 아직도 당신이 왜 그렇게 생각하는지 내가 이해한다고 딱히 확신할 수가 없군요." 나는 그 말을 가로채서 대뜸 물었다. "내가 왜 그런 식으로 생각하는지 이해하지 못한다는 말씀이 무슨 뜻이죠?" 그 순간은 그 의사가 나의 심리학적 영역에 처음으로 문제를 제기하던 첫 번째 순간이었다. 그런데 그에게 화를 냈던 것이다! 기꺼이 큰돈을 지불하고서 그에게 해달라고 부탁했던 것이 바로 그것이었는데도 말이다.

인간으로서 우리의 분노 중추는 아무 때나 늘 점화된다. 또 많은 경우 지나치게 부적절하게 점화된다. 그렇기 때문에 그것이 아무리 복잡하더라도 분노에 대처하는 방법을 배워야 한다. 그 정신 분석가 의사와의 만남에서 그랬던 것처럼, 이렇게 생각해야 한다. "내가 화를 내다니 어리석고 신중하지 못했어. 그건 내 잘못이야." 아니면 때로는 이렇게 결론을 내려야 한다. "이 사람이 내 영역을 침범한 건 사실이지만, 그건 사고였고 그러니 화를 낼 것까지는 없어." 또는 "그래, 그 사람이 내 영역을 조금 침범했지만 대단한 건 아니야. 화를 낼 만한 일도 아니잖아." 하지만 어떤 경우에는 그 일에 관해서 몇 날 며칠을 생각한 후에야 누군가가 정말로 내 영역을 심각하게 침범했다는 사실을 겨우 알아차리기도 한다. 그렇다면 당장 가서 말해야 한다. "이보게, 자네에게 할 말이 있네." 그리고 가끔은 그 자리에서 화를 내야 할 때도 있고, 바로 그 자리에서 상대를 심하게 질타해야 할 때도 있다.

분노 중추가 폭발했을 때는 어떻게 해야 할까? 이때 대처하는 방법에는 적어도 다섯 가지가 있다. 우리는 그 대처법을 알고 있어야 한다. 또한 그 대처법 가운데 어떠한 방법이 주어진 상황에서 가장 적절한 것인지도 배워야 한다. 이것은 상당히 복잡한 과제다. 그래서 그런지 삼사십 대에 접어들기 전에 이 대처법에 대해 아는 사람들은 아주 극소수뿐이다. 이것은 놀랄 일이 아니다. 물론 대처 방법을 전혀 모르는 사람도 많다.

비난과 판단

사람들은 화가 나면 자신을 화나게 한 사람을 비난하면서 그 사람에 대한 판단을 내리곤 한다. 어찌 되었든 상대가 자기를 화나게 한 죄를 지었다는 것이다.

열여섯 살 때로 돌아가보자. 그때 나는 처음으로 유일하게 웅변대회에 나가 상을 받았다. '비판하지 마세요. 그러면 당신도 비판받지 않을 것입니다'라는 주제로 한 웅변이었다. 예수가 한 말을 인용해 다른 사람에 대해 섣불리 판단해서는 안 된다고 점잔을 빼면서 발표하던 기억이 난다. 부상으로 테니스공까지 받았다.

오늘날에는 다른 사람을 판단하지 않고서는 인생을 살 수 없는 것이 현실이다. 우리는 누구와 결혼하고 누구와 결혼하면 안 되는지, 아이들의 인생에 언제 끼어들어야 하고 언제 끼어들면 안 되는지, 누구를 고용하고 누구를 해고할지 판단을 내릴 수밖에 없다. 실제로 사람들의 삶의 질은 그들이 내리는 판단의 질에 따라 전적으로 좌지우지된다고 해도 과언이 아니다.

이러한 내 생각은 예수와 모순되지 않는다. 먼저, 예수의 말씀은 사람들로부터 자주 오해를 받는다. 예수는 "비판하지 마라. 그러면 너도 비판받지 않을 것이다"라고 말했지 "절대 비판하지 마라"라고 한 것은 아니다. 그러나 누구든지 적어도 다른 누군가를 비판할 때마다 자신도 비판받을 준비가 되어 있어야 한다. 두 번째, 예수는 계속해서 다음과 같이 말했다. "위선자들아, 먼저 네 눈에서 들보―혹은 각목. 예수가 목수였다는 것을 기억하기 바란다

—를 뽑아라. 그러면 네 형제의 눈에서 분명히 티끌 —혹은 가시 —를 볼 것이다." 달리 말해, 예수는 다른 누군가를 비판하기 전에 자기를 먼저 비판하라고 했던 것이다.

이와 같은 주제로 예수가 한 말씀은 또 있다. 예수는 간통을 저지른 여인에게 돌을 던지려는 성난 군중을 향해 이렇게 말했다. "죄 없는 자가 먼저 돌을 던지라." 이 말은 무슨 뜻인가? 우리 모두는 죄인이므로 그 누구도 돌을 던져서는 안 된다는 말인가? 우리는 어느 누구에 대해서도 비난하거나 비판해서는 안 된다는 뜻인가? 실제로 간통한 여인에게 돌을 던진 사람은 아무도 없었다. 그러자 예수가 여인에게 말했다. "어느 누가 너를 비난하겠느냐? 그러므로 나 또한 너를 비난하지 못하느니라." 이번에도 예수는 다른 사람을 판단하기 전에 자신을 먼저 판단하라고 말한 것이다.

그러나 우리 모두가 죄인인 것은 맞지만, 그래도 누군가에게 돌을 던지는 일이 불가피할 때가 있다. 상사라면 직원에게 이렇게 말할 때도 있을 것이다. "지난 4년 동안 자네는 계속해서 업무 수행 목표를 달성하지 못했네. 내가 자네의 거짓말을 알아차린 것이 이번이 벌써 여섯 번째라네. 더 이상은 자네를 이런 식으로 내버려둘 수가 없어. 어쩌면 자네를 해고해야 할지도 모르겠네."

누군가를 해고해야 한다는 것은 몹시도 고통스럽고 잔인한 결정이다. 당신이 적절한 시기에 옳은 판단을 내리고 있다고 어떻게 확신할 수 있는가? 당신이 해고 대상자를 비난하는 것이 옳다고 어떻게 확신할 수 있는가? 솔직한 대답은 "알 수 없다"이다. 그렇기 때문에 자기 자신을 먼저 돌아봐야 하는 것이다. 그 사람을 해고하는 것밖에는 다른 도리가 없음을 알고 있다 하더라도, 우리는 스스로를 돌아봄으로써 자기가 할 수 있었던 일—그리고 하지 말았어야 했던 일—과 우선적으로 그러한 결정을 피하게 해주는 일도 있을 수 있음을 깨닫는다.

따라서 스스로에게 다음과 같은 질문을 던져볼 필요가 있다. "나는 과연 이 사람과 이 문제에 관해 고민을 했던가? 그가 처음으로 거짓말을 하고 있다는 걸 알았을 때 그 사람과 직접 마주 대했던가? 아니면 마주하는 것이 너무 불편한 나머지 돌이킬 수 없는 상황이 될 때까지 미뤄두었던 건 아니었을까?" 이러한 물음에 솔직하게 답을 해보면, 직원에 따라 다르게 대하는 방법을 알 수 있다. 그래서 해고와 같이 미래에 있을 잔인한 판단을 피할 수도 있을 것이다.

무지의 고통

그렇지만 자기비판 말고도 적절하게 비난하고 판단할 때가 왔다는 것을 어떻게 정확히 알 수 있을까? 대중 강연을 처음 시작할 때, 내가 과연 잘하고 있는지 아니면 그렇지 못한지 난 알지 못했다. "내가 이 일을 하는 것을 하느님께서는 정말로 원하고 계신 것일까? 아니면 난 그저 청중의 환호를 즐기고 싶은 개인적인 만족감에 이 일을 하고 있는 것일까?" 어느 쪽이 맞는지 나는 진정 알지 못했고 그 답을 찾느라 번민에 빠져 있었다.

그러던 중 마침내 어떤 도움을 받았다. 그 도움 덕분에 인생에서 일어나는 모든 일은 우리가 영적으로 성장하는 데 도움을 준다는 것과 그런 점에서 인간은 서로를 간절히 필요로 한다는 생각에 확신이 들었다. 나의 두 번째 강연 약속을 후원해준 사람과 무사히 일을 마치면서 고민을 덜 수 있었던 것이다. 그리고 한 달쯤 지난 뒤, 그녀는 자신이 쓴 시를 보내주었다. 그 시는 나를 염두에 두고 쓴 것은 아니었지만, 맨 마지막 줄은 당시에 내가 절실히 필요로 했던 것과 정확히 들어맞았다.

진실은 내가 그것을 원한다는 것이고
내가 치러야 할 대가는
끊임없이 계속 계속 계속 질문을 던지는 것이다.

이 시를 읽으면서 내가 지금까지 신에게서 어떤 계시나 공식을 찾고 있었다는 것을 깨달았다. "그래, 스캇! 늘 강연을 하러 다니도록 하라!"라든가 "그만, 스캇! 더 이상 입을 열지 마라!" 하고 말해주는 계시 같은 것 말이다. 그러나 세상 어디에도 공식이나 쉬운 해답은 없다. 그래서 끊임없이 질문을 던졌다. 강연에 초빙될 때마다, 해마다 강의 계획을 다시 조정할 때마다 계속해서 신을 향해 이렇게 물었다. "주님, 이 일이 당신께서 지금 제가 하기를 바라시는 일인가요?"

우리 중 누군가는 고통스러운 결단에 직면하게 될 수도 있다. 그럴 때 누가 됐든 간에 우리가 할 수 있는 일은 그럴 때마다 질문을 던지고 다시 한 번 해답을 찾으려고 고뇌하는 것뿐이다.

예를 들어 만약 당신이 열여섯 살짜리 딸을 둔 부모라고 가정해보자. 그런데 그 성숙한 딸이 토요일 밤 새벽 2시까지 밖에서 놀다 들어오겠다고 한다면 어떻게 하겠는가? 보통 부모들이 하는 대답은 세 가지 정도로 요약된다. 첫 번째는 "안 돼! 당연히 그럴 수 없지. 네 귀가 시간이 밤 10시라는 것쯤은 너도 이미 잘 알잖아" 하고 단호하게 말하는 것이다. 두 번째는 "오, 물론 되고말고. 얘야, 네 맘대로 하려무나" 하고 흔쾌히 말할 수도 있다. 이 두 가지 경우는 하나는 오른쪽 끝을, 다른 하나는 왼쪽 끝을 보고 달리는 것처럼 아주 극단적인 반응이다. 극단적인 양쪽 끝의 입장은 얼핏 보면 상반되는 것 같지만 결국은 서로 통하는 면이 있다. 이런 식의 반응은 깊이 생각하지 않는 형식적인 대답에 불과하다. 사실 이러한 대답을 할 경우 부모들은 별다른 힘을 들이지 않아도 된다.

올바른 부모라면 적어도 이러한 때에 자신에게 물을 수 있어야 한다. '토요일 밤에 딸아이가 새벽 2시까지 외출하도록 허락해야 할까? 아니면 그래서는 안 될까?' 이런 식으로 질문을 던진 부모라면 다음과 같은 답을 얻게 될 것이다. '쉽게 결정할 수가 없는걸. 귀가 시간이 밤 10시라는 건 분명하지만 그건 아이가 열네 살 때 정한 거잖아. 그러니까 어쩌면 현실적인 귀가 시간이라고 보기 어려울 거야. 그렇지만 딸아이가 파티에서 술을 마시게 될 텐데 그게 걱정스럽단 말이야. 하지만 학교에서 성적도 좋고 과제도 꼬박꼬박 잘해 가는 편이지. 게다가 책임감도 강하고. 어쩌면 우리 아이가 그런 책임감이 있다는 것에 고마워해야 할지도 몰라. 한데 딸애와 데이트할 녀석이 영 신통치 않단 말이야. 허락을 해줘야 하나 말아야 하나 아니면 절충을 해야 하나? 만일 절충한다면 어떤 식으로 절충하면 좋을까? 아이고, 모르겠네. 자정 아니면 밤 11시나 새벽 1시로 해야 할까? 정말 모르겠는걸.'

궁극적으로 이러한 부모가 내리는 결정이 어떤 것인지는 그다지 중요하지 않다. 이 부모의 딸아이는 자기 부모의 최종 결정에 만족하지 않을 수도 있다. 그러나 그 아이는 자신이 던진 문제가 부모에게 진지하게 받아들여졌기 때문에 자신도 부모에게 진지하게 받아들여지는 귀중한 존재라는 걸 깨닫는다. 그리고 부모가 잘 알지 못하는 문제를 놓고 자기를 위해 고민하는 만큼 자기 가치가 충분하므로 아이는 저절로 사랑받고 있다는 것을 알게 될 것이다.

이렇기 때문에 "펙 박사님, 언제 비난을 해야 하고 언제 비난을 하지 말아야 하는지 쉽게 알 수 있도록 간단한 공식 같은 것 좀 알려주시겠어요?" 하는 요청을 받으면, 나는 이렇게 말한다. "그런 공식이라면 저는 아무것도 알려드릴 수가 없군요."

사례가 다 다르고 상황 또한 저마다 독특해서 순간순간 진실을 찾으려면 질문을 던지는 수밖에 없다. 이렇게 한다면 누구나 올바른 결정을 내릴 수 있을 것이다. 하지만 올바른 일을 했다고 확신할 수 없을 때에는 무지로 인한 고통은 견뎌내야만 할 것이다.

진리와 의지

앞에서 진리와 신에 관해 이야기했다. 이 둘이 늘 가까이 있는 것은 결코 우연이 아니다. 왜냐하면 진리에 관해 말할 때에는 우리 자신보다 더 높은, 그 어떤 것에 관해 이야기하는 것이기 때문이다. '더 높은 권능'을 희구하고 스스로 그 권능에 복종하는 문제에 관해 이야기하는 것이다.

이 문제를 원시적인 '종교' 개념으로 치부해버리는 유혹에 빠지지 않기 위해서라도, 이쯤에서 과학 역시 진리에 종속되는 행위임을 지적하고 넘어가야겠다. 과학적인 방법이란 수세기 동안 진리를 옹호하며 발전시켜온 일련의 관습이나 절차를 말한다. 과학적 방법은 스스로 속이고 싶어 하는 너무나 인간적인 경향과 오랜 세월 싸워왔다. 그렇기 때문에 과학은 더 높은 중계자, 더 높은 권능, 즉 진리를 따른다.

마하트마 간디는 이렇게 말했다. "진리가 신이고 신이 진리다." 나는 신은 빛이고 사랑이며 또한 확실한 진리라고 굳게 믿는다. 따라서 과학을 이렇게 볼 것을 제안한다. 비록 과학이란 모든 문제에 답을 줄 수는 없겠지만, 과학적인 지식의 추구는 그 자체로 매우 신적인 행위, 즉 더 높은 권능에의 복종을 포함하는 행위다.

많은 사람이 부적절한 비난을 일삼는 단 한 가지, 또한 가장 큰 이유는 더 높은 권능에 대한 복종심의 부족과 강한 의지가 결합했기 때문이다. 강한 의지를 지니고 있다고 해서 그에게 성공이나 선함이 보장되는 것은 아니다. 강한 의지가 인간이 지닐 수 있는 최선의 선택인 까닭은 의지가 약할 때 실패할 가능성이 더 많기 때문이다. 심리 요법을 잘 수행하는 사람들이나 성장 가능한 신비스러운 의지가 있는 사람들이 바로 의지가 강한 사람들이라 할 수 있다. 그러므로 강한 의지가 있다는 것은 자기를 주장할 수 있는 대단한 힘을 가진 것이나 마찬가지이며 엄청난 축복을 받은 것이다. 그러나 모든 축복은 그 안에 저주를 감추고 있기 마련이다. 그렇기 때문에 부작용을 수반한다. 그리고 강한 의지에서 나타나는 최악의 부작용은 바로 강한 기질, 즉 분노라고 할 수 있다.

이런 내용을 환자에게 설명할 때에는 적절한 비유를 들려고 노력한다. 그러니까 약한 의지를 지녔다는 것은 뒤뜰에다 어린 당나귀를 기르는 것과 같다고 말해준다. 또 그 당나귀는 당신에게 큰 피해를 주지 않을 것이며 피해를 준다 해도 기껏해야 당신이 기르는 튤립을 씹어대는 정도일 것이다. 하지만 그 당나귀는 또 그만큼 당신에게 별로 큰 도움이 되지 못한다고 설명해준다. 반면에 강한 의지를 지녔다는 것은 뒤뜰에 여러 마리의 클라이즈데일(스코틀랜드의 원산지 이름에서 유래한 힘센 짐마차용 말—옮긴이)을 풀어놓은 것과 같다고 말해준다. 이 말들은 체격이 육중하고 힘이 어마어마하게 세서 만일 제대로 길들이지 못했거나 제대로 조련을 못 시켰거나 마구를 제대로 못 갖추었을 경우, 이 녀석들은 당신 집을 무너뜨릴 수도 있다. 하지만 제대로 길들이고 조련도 잘 받고 마구를 잘 갖춘다면, 녀석들은 그야말로 산도 옮겨놓을 수 있을 것이라고 이야기해준다.

그렇다면 의지에 마구를 어떻게 채울 것인가? 인간은 계속해서 마구를 벗어버리려고 하기 때문에 인간의 의지만으로는 결코 마구를 채울 수 없다. 따라서 인간의 의지는 인간보다 더 높은 권능에 따라 움직인다.

제럴드 메이Gerald May는《의지와 영혼*Will and Spirit*》에서 마구가 채워진 의지와 그렇지 않은 의지의 차이를 아름답게 기술한다. 이 책의 제1장 제목은 '자발성과 자의성'이다. 자의성이란 아직 마구가 채워져 있지 않은 인간의 의지를 나타내는 말이다. 반면에 자발성이란 더 높은 권능에 의해 부름을 받고 그 힘이 이끄는 대로 기꺼이 가려는 사람들이 지니는 강한 의지와 같다.

말할 수 없이 장엄한 연극 〈에쿠우스〉에서도 이러한 차이점이 아주 시적으로 잘 묘사되어 있다. 에쿠우스는 여섯 마리의 눈먼 말을 가진 소년과 그 아이를 치료하는 중년의 정신 의학자 마틴 다이사르트에 관한 연극이다. 이 연극의 끝 부분에서, 정신적 위기를 겪고 있던 다이사르트는 스스로 위기를 어떻게 극복했는지 다음처럼 설명한다.

> "……그 일을 신께서 정해주신 것이라고는 내 입으로 말할 수 없다. 나는 그렇게까지 알지 못한다. 하지만 그 일에 대해 경의를 표할 것이다. 지금 내 입에는 이처럼 날카로운 족쇄가 채워져 있다. 그리고 그것은 절대로 풀리지 않을 것이다."

비난 게임

이 세상에서 가장 악한 일을 저지르는 사람들은 자신보다 더 높은 권능을 보지 못한다. 그것은 우연이 아니다. 악인은 매우 강한 의지를 지닌 데다 자기애가 강하고 자기도취에 빠져 있다. 이들의 의지는 실로 대단하다. 그런 이유로 이들은 가장 부적절하고 파괴적인 비난에 탐닉한다. 이들은 자신의 눈에 박힌 들보를 결코 빼낼 수 없는—그럴 의지조차 없는—사람들이다.

사람들은 대부분의 경우, 자신의 죄나 결점을 밝히는 증거가 드러나거나 그러한 증거 때문에 궁지에 몰리면, 흔히 뭔가가 잘못되었으므로 자기 교정에 나서야 한다고 스스로 깨닫는다. 그런데 이러한 공식에서 벗어나는 사람들이 있다. 나는 그들을 '거짓된 사람들'이라고 부른다. 왜냐하면 이런 사람들의 두드러진 특징 가운데 하나가 바로 거짓말하는 것이기 때문이다. 이들은 다른 사람에게는 물론이고 자기 자신에게도 얼마든지 거짓말할 수 있고, 자신의 결점이나 악행을 고집스럽게 모른 체한다.

이들을 이끄는 동기는 어떠한 대가를 치르든, 어떠한 증거가 이들의 죄나 결점을 드러내든, 언제나 스스로를 선하게 생각하는 것이다. 이 사람들은 이렇게 나타난 증거를 자기 교정에 쓸 마음이 전혀 없다. 대신에 갖은 애를 써서—때때로 엄청난 에너지를 들이면서까지—그 증거를 없애려고 한다. 이들은 온 힘을 다해 제멋대로 자신의 의지를 타인에게 강요한다. 그럼으로써 자신의 병든 자아를 보호하려는 것이다. 이처럼 그들 대부분은 부적절하게 증거를 없애버리고 부당하게 다른 이들을 비난하면서 악을 저지른다.

여기서 비난은 재미가 될 수 있다는 사실을 깨닫는 것이 중요하다. 분노 역시 재미가 된다. 증오도 마찬가지로 재미가 된다. 즐거움을 주는 다른 행동과 마찬가지로 비난은 습관적으로 형성되기 때문에 여러분 중에도 그 마수에 빠져드는 사람이 생기는 것이다.

나는 악령에 사로잡힌 이야기를 담은 몇몇 작품들을 읽어보았다. 책을 읽으면서 이런 이야기들이 얼마나 음험한지를 절실히 깨달았다. 소위 빙의에 걸린 사람을 묘사한 대목이 있었는데, 한 사람이 구석에 앉아 자신의 발목을 물어뜯는 장면이었다. 그 대목을 읽으면서 내 머릿속에는 지옥을 그린 중세의 그림 몇 점이 떠올랐다. 그 그림들 속에도 같은 종류의 형상을 한 사람—자신의 발목을 물어뜯는 저주받은 사람—이 있었다. 누군가 일부러 그런 자세를 취했다고 보기에는 아주 불편하고 이상해 보이는 자세였다.

그런데 프레드릭 뷰크너Frederick Buechner의《소망하는 사유: 신학 입문 ABC Wishful Thinking: A Theological ABC》을 읽고 나서야 비로소 그것을 이해할 수 있었다. 뷰크너는 이 책의 시작 부분인 A 항목에서 분노를 열거하고 있는데, 그것을 뼈를 갉아먹는 것에 비유한다. 힘줄과 골수 그리고 떨어져나온 조각들이 여기저기에 널려 있는 가운데 사람들은 조금이라도 더 물어뜯으려고 안간힘을 쓴다. 뷰크너의 말에 따르면, 문제는 당신이 갉아먹는 뼈가 바로 당신의 뼈라는 것이다.

다른 사람을 비난하는 것은 습관이 된다. 누군가가 자신에게 얼마나 큰 잘못을 저지르는지 곱씹을 때마다 결국은 끊임없이 자신의 뼈를 물어뜯는 것이다. 아마도 이런 이유 때문에 모든 심리 게임 중에서도 가장 일반적인 것을 꼽으라면 비난 게임을 꼽을 수 있을 것이다.

'심리 게임'이라는 용어는 이미 이 세상에 없는 위대한 정신 의학자 에릭 번Eric Berne이 《심리적 게임Games People Play》에서 만들어낸 말이다. 심리 게임도 일종의 재미를 줄 수 있다는 점에서는 확실히 일반적인 게임과 비슷한 점이 있을 수 있다. 하지만 번은 사람들을 재미있고 즐겁게 해주는 게임에 관한 책을 쓴 것이 아니다. 오히려 번은 심리 게임을 다음과 같이 정의한다. "심리 게임이란 두세 집단 간에 '암묵적인 보복'으로 일어나는 '반복적인 상호 작용'이다." 여기서 반복적인 상호 작용이란 단순히 습관이 된 것을 말하는 것이 아니다. 그것은 진부하게 썩어 들어가는, 즉 아무 생각 없이 바퀴를 돌리는 행위를 뜻한다. 그리고 암묵적인 보복이란 겉으로 드러나지 않은 채 표면 아래에 숨어 있는 비밀스러운 어떤 것, 즉 심리 게임에서의 교묘한 술수를 의미한다.

비난 게임은 '만일 너만 그렇게 하지 않으면' 게임으로도 불릴 수 있다. 대부분 이 게임을 해본 경험이 있을 것이다. 이 게임은 부부 사이에 흔히 하는 게임 가운데 가장 일반적이다. 예를 들어 아내 메리는 이렇게 말한다. "좋아요, 내가 잔소리를 하는 건 나도 알아요. 하지만 그건 존이 자기 둘레에 마음의 벽을 치기 때문이에요. 그에게 다가가기 위해서 할 수 없이 잔소리를 하는 거예요. 만일 존이 벽을 치지 않는다면 왜 잔소리를 하겠어요? 그렇게 된다면 잔소리할 이유가 없죠." 그러면 남편 존은 이렇게 말한다. "그래, 내가 마음의 벽을 치고 있다는 건 나도 알아. 하지만 그건 메리의 잔소리 때문이야. 그 잔소리로부터 나 자신을 보호하려면 그러는 수밖에 없다고. 메리가 그 지겨운 잔소리를 하지 않는다면 나라고 왜 벽을 치겠어? 그렇게 된다면 내가 벽을 쌓을 일도 없겠지."

이처럼 이 게임에는 일종의 순환 논법이 존재한다. 그렇기 때문에 중단하기 힘든 반복적인 특성을 띤다. 번은 이러한 심리 게임을 그만두는 방법을 제시했는데, 적어도 내가 보기에는 모순이 없는 두 가지 위대한 진리 가운데 하나를 이야기했다. 번은 게임을 그만두는 유일한 방법은 그냥 그만두는 것이라고 했다. 간단해 보이지만 실제로는 아주 어려운 일이다. 생각해보라. 과연 어떻게 '그냥' 그만둔단 말인가?

이것은 모노폴리 게임(부동산을 따 먹는 게임의 일종—옮긴이)과 같다는 점을 기억하라. 당신은 그쪽에 앉아서 이렇게 말할 수 있을 것이다. "알다시피 이건 정말 얼간이 같은 게임이야. 난 지금까지 4시간 동안이나 이 게임을 했어. 정말로 유치한 짓이라고. 이것보다 훨씬 더 바람직한 일들이 얼마나 많은지 몰라. 내가 해야 할 일은 바로 그런 일이야." 그러고 나서 게임에서 빠지겠다면서 "내 돈 200달러 내놔!" 하고 말한다.

아무리 심하게 불평을 하더라도 판돈을 그대로 쌓아둔 채로는 게임을 그만둘 수 없다. 판돈이 그대로이면 아무리 그만두겠다고 해도 게임은 계속될 수밖에 없다. 또한 두 명이 게임을 했다면 둘 중 하나가 자리에서 일어나 "난 이제 게임에서 빠질래" 하고 말하지 않는 이상 게임은 영원히 계속된다.

이때 다른 사람이 이렇게 말할 수도 있다.

"하지만 조, 방금 'Go'라고 했잖아. 여기 200달러가 있는데."

"됐어, 난 더 이상 못하겠어."

"그렇지만 조, 여기 200달러가 있잖아."

"내 말 못 알아듣겠어? 난 더 이상 하지 않는다니까."

게임을 그만두는 유일한 방법은 그만두는 것이다.

비난 게임의 중단을 용서라고 부른다. 용서야말로 비난 게임을 멈추고 끝내는 과정이다. 그러나 이것은 참으로 어려운 일이다.

악의 실재

오늘날 세상에는 온갖 종류의 뉴에이지 종교가 넘쳐난다. 여기에는 엄청난 수의 사람들이 몰려드는데, 어찌 된 일인지 이들은 용서가 쉽다는 믿음에 쉽게 빠져든다. 쉽게 용서할 수 있을 때란 사람들이 악이 존재하지 않는다고 확신할 때뿐이다. 그러나 그렇지가 않다. 악이란 이 세상에 존재하고 있지 않은가 말이다.

이러한 잘못된 인식 때문에 사람들은 곧잘 함정에 빠지곤 한다. 동료 정신 의학자 중 하나인 제럴드 잼폴스키Gerald Jampolsky가 쓴《사랑은 두려움을 놓아주는 것Love Is Letting Go of Fear》에서 한 가지 사례를 찾아볼 수 있다. 아주 대중적인 뉴에이지풍의 이 책은 용서를 말하고 있는데, 나는 문제점을 하나 발견했다. 잼폴스키는 용서라는 몹시도 중대한 주제를 다루면서도 용서를 매우 가볍게 말하고 있다는 것이다. 그는 사람들을 판단하기보다는 사람들 안에서 선을 찾아내고, 또 신의 모습을 찾아내면서 그 사람들을 인정해야 한다는 식으로 두루뭉술하게 말한다.

나는 항상 두루뭉술한 관념이나 개념을 의심했는데, 그 까닭은 그런 관념이나 개념이 극히 단순해지는 경향이 있어서 사람들을 곤란한 지경에 빠뜨리기 때문이다. 고대 수피교의 한 지도자는 이렇게 말했다. "슬퍼하라고 해서 늘 슬퍼하라는 말이 아니다. 슬퍼하지 말라고 해서 영원히 광대가 되라는 말도 아니다." 하지만 불행스럽게도 오늘날 뉴에이지 운동에 빠진 너무나도 많은 사람이 '인정한다'라는 말을 '항상 인정한다'라고 믿는다. 그럴 때 90퍼센트 정도는 정확하게 그렇게 해야 하는 것이 옳은 경우이겠지만, 10퍼센트 정도는 인정한다는 것이 최악의 상황—예를 들어 히틀러 같은 사람과 맞닥뜨렸을 때—이 될 수도 있다는 데 나는 동의한다.

여기서 혼동해서는 안 된다. 용서와 인정은 같은 것이 아니다. 인정은 악을 대하지 않고 피하는 방법의 하나다. 인정은 이렇게 말한다. "그렇습니다. 내 의붓아버지는 마치 어린아이처럼 나를 괴롭힙니다. 하지만 그것은 아버지의 인간적인 약점이에요. 그리고 그건 어느 정도 의붓아버지가 어렸을 때 받은 상처 때문이지요."

반면에 용서란 악을 피하지 않고 정면으로 맞서는 행위다. 의붓아버지에게 이렇게 말하는 것이다. "아무리 그럴 만한 충분한 까닭이 있었다고 해도 아버지가 내게 한 일은 잘못이에요. 아버지는 내게 죄를 저지른 겁니다. 난 그걸 알고 있지만 아버지를 용서할 것입니다."

아무리 지혜를 발휘한다 해도 용서는 좀처럼 쉬운 일이 아니다. 진정한 용서란 참으로 힘들고 어려운 과정이다. 그러나 우리의 정신 건강을 위해서는 절대적으로 필요한 것이기도 하다.

값싼 용서

아주 많은 사람들이 내가 '값싼 용서'라고 지적했던 문제를 지금 실제로 겪고 있다. 이런 사람들은 처음 정신과 의사를 만나러 와서는 보통 이렇게 말한다. "솔직히 말해서 내 어린 시절이 아주 좋았다고 할 수는 없어요. 하지만 우리 부모님은 나름대로 최선을 다하셨고 나는 그분들을 용서했지요."

하지만 이런 사람들을 서서히 관찰해가다 보면 그들이 부모를 전혀 용서하고 있지 않다는 사실을 어렵지 않게 발견한다. 그들은 단지 자신이 용서했다고 믿고 있을 따름이다.

나의 경우, 이런 사람들을 치료할 때 언제나 제일 먼저 하는 일이 있다. 바로 이들의 부모를 심판대 위에 세우는 일이다. 그러나 이 일은 말처럼 쉽지 않다. 이 일은 상당히 복잡하다. 왜냐하면 기소와 변론이 필요하고 최종 판결이 이루어질 때까지 항소와 재항소 같은 지난한 과정을 거쳐야 하기 때문이다

이러한 과정이 너무나 번거롭고 수고스러운 탓에 대부분의 사

람들은 그만 도중에 값싼 용서를 택하고 만다. 그러나 진정한 용서가 발휘되려면 유죄 평결이 났을 때만이 가능하다. "아닙니다. 우리 부모님은 그분들이 할 수 있는 최선을 다한 게 아니에요. 그분들은 더 잘하실 수도 있었어요. 부모님은 제게 잘못을 저지르신 거예요."

저지르지도 않은 범죄를 두고서 누가 누구를 용서한다는 말인가? 용서란 죄가 밝혀진 뒤에야 비로소 할 수 있는 것이다.

비난과 마조히즘

치료를 받으러 온 사람들 가운데에는 마조히즘으로 고통받는 사람들이 많다. 마조히즘이라고 하면 흔히 육체적인 고통을 통해 성적 쾌락을 얻는 것을 생각하겠지만 내 환자들은 그렇지가 않다. 다만 조금은 이상한 방식을 통해 고질적으로 자기 파괴적인 성향을 드러내고 있다는 뜻이다.

전형적인 예를 하나 들어보기로 하자. 한 남자가 있었다. 그는 총명하고 자신감에 넘치는 청년으로 자기 분야에서 빠르게 두각을 나타냈다. 그러다가 스물여섯의 나이에 최연소 부사장이 되려는 순간, 몹시 난폭한 짓을 하는 바람에 그만 해고를 당했다. 그 청년은 매우 똑똑했으므로 곧바로 다른 회사에 고용되었다. 그리고 전 회사에서 그랬듯이 혜성처럼 두각을 나타내어 스물여덟에 막 승진을 하려던 참이었다. 바로 그때 또다시 난폭한 성질이 폭발하여 그는 실수를 저지르고 또다시 해고를 당한다. 어쩌면 그는 세 번째 일이 터지고 나서야 자신에게 고질적으로 나타나는 일종의 자기 파괴적인 성향, 즉 마조히즘적인 성향이 있다는 것을 깨달을 지도 모른다.

또 다른 사례가 있다. 아름답고 똑똑하고 매력적인 데다 자신감까지 충만한 한 여자가 계속해서 실망스러우리만큼 한심한 남자와 데이트를 하는 경우다.

이처럼 고질적인 자기 파괴적 성향을 드러내는 사람들 역시 값싼 용서의 희생자라고 할 수 있다. 이들은 흔히 이렇게 말한다. "물론 내 어린 시절이 최고로 행복했다고는 말할 수 없지만 우리 부모님은 나름대로 최선을 다하셨어요."

어째서 값싼 용서가 이루어져서는 안 되는지 그리고 진정한 용서가 이루어지려면 어째서 이 같은 자기 파괴적인 올가미로부터 벗어나는 것이 본질적인지를 설명하려면, 우선 마조히즘의 저변에 깔린 것이 무엇인지를 설명하는 게 필요하다. 이때 내가 아는 최선의 방법은 아이들에게서 나타나는 정신 역학을 관찰하는 것이다. 왜냐하면 어른에게는 정신병적 ─ 정신 질환 ─ 이라고 여겨지는 것도 아이들에게는 너무나 정상적인 경우가 종종 있기 때문이다. 여기에 네 살짜리 꼬마 조니가 있다. 거실에서 맘껏 어지르면서 찰흙으로 파이를 만들고 싶은 아이다. 하지만 엄마는 계속해서 "안 돼, 조니! 그러면 안 돼!" 하고 말한다.

하지만 조니는 "싫어, 할 거야!" 하고 고집을 피운다.

그러면 엄마는 화난 목소리로 "안 돼, 그러면 안 된다니까!" 하고 호통을 친다.

화가 난 조니는 쿵쾅거리며 이층으로 올라가 제 방문을 쾅 닫고 들어가서는 훌쩍훌쩍 울기 시작한다. 조니의 울음은 곧 잦아들지만 제 방에서 꼼짝하지 않는다. 30분쯤 지나서 엄마는 조니를 기쁘게 해줄 게 뭐 없나 생각한다. 엄마는 조니가 이 세상에서 초콜릿 아이스크림을 제일 좋아한다는 것을 떠올린다. 엄마는 조니에게 줄 아이스크림을 정성스럽게 만들어서 이층으로 올라간다. 이층으로 올라간 엄마는 방 한구석에서 아직도 골이 나 있는 아이를 찾아낸다.

"이것 봐, 조니! 엄마가 네게 줄 아이스크림을 만들었단다." 엄마가 다정하게 말한다. 그때 조니는 "싫어!" 하고 소리치면서 엄마가 들고 있던 아이스크림을 손으로 쳐버린다.

마조히즘이란 바로 이런 것이다. 조니는 세상에서 제일 좋아하는 것을 얻게 되었지만 그것을 내던져버린다. 왜 그랬을까? 그 까닭은 바로 그 순간 조니는 자신이 제일 좋아하는 아이스크림보다 엄마에 대한 미움에 더욱 몰입했던 것이다. 이것이 바로 마조히즘이다. 마조히즘은 늘 자기 모습을 변장한 채로 나타나는 사디즘이다. 변장한 증오이고 변장한 분노이기도 하다.

치료를 받으러 오는 자기 파괴적인 사람들은 대부분 비난 게임을 좋아한다. 이 사람들은 어느 정도 무의식적인 수준에서 다음과 같이 말한다. "우리 부모—비난은 대체로 부모에 대한 것이기 때문에—가 나를 얼마나 망쳐놓았는지 보라고!"

이것이 바로 그들이 갉아먹고 있는 뼈라면—그들은 항상 스스로를 갉아먹고 있다는 것을 기억하자 ― 이 나쁜 사람들이 자기를 어떻게 망쳐놓았는지를 세상에 보여주는 것이야말로 그들에게는 무의식적이며 근원적인 동기가 된다. 그들이 건강하고 경제적으로 넉넉하다면, 그들의 결혼 생활이 안정적이고 자녀를 낳아 잘 기르고 있다면, 어떻게 "우리 부모가 나를 얼마나 망쳐놓았는지 보라고!" 하고 말할 수 있을까? 아마 그럴 수는 없을 것이다. 그렇지 않은가?

그러나 그것이 그들의 뼈라면, 그 뼈를 계속 물어뜯을 수 있는 유일한 방법은 계속해서 망가지는 것뿐이다. 그리고 이 상황을 바꿀 수 있는 유일한 방법은 용서하는 것, 진심으로 자신의 부모를 용서하는 것이다. 그리고 그 일은 다시 한 번 말하지만 너무도 어려운 일이다. 하지만 꼭 해야 할 일이기도 하다.

용서의 필요성

환자 중에 어려서부터 부모에게 심한 구박을 받으며 힘겹게 살아온 사람이 있었다. 그는 이렇게 말했다. "아시겠지만, 제가 그분들께 가서 그분들이 어떤 식으로 제게 상처를 주었는지 속속들이 말하고 만약 그분들이 제게 용서를 구한다면 기꺼이 용서해드릴 자신이 있어요. 아니, 제 말을 그냥 귀담아듣기라도 한다면 말이죠. 하지만 당신들께서 제게 상처를 주었다고 말씀드리면, 부모님은 내가 사실을 너무 부풀리고 있다면서 오히려 저를 탓하세요. 우리 부모님은 자기가 했던 일조차 기억하려 하지 않아요. 저 혼자서만 모든 고통을 짊어지고 있었던 겁니다. 그분들은 제게 온갖 고통을 주었어요. 장담하건대 부모님은 눈곱만큼도 고통을 겪지 않았어요. 그런데도 선생님은 제가 그분들을 용서하리라고 기대하시는 겁니까?"

나는 그에게 "물론입니다" 하고 대답했다.

그렇게 대답한 까닭은 치유를 하는 데에 용서가 꼭 필요하기 때문이다. 용서가 아무리 고통스럽더라도 치유를 위해서는 반드시 용서가 선행되어야 한다. 나는 이런 환자들에게 이렇게 이야기하는 것을 잊지 않는다. "부모님이 당신에게 잘못했다고 빌거나 또는 당신이 하는 말에 귀를 기울이든 그러지 않든 간에, 당신이 부모님을 용서할 때까지는 당신은 여전히 괴로운 상태에 있을 수밖에 없습니다."

진정한 용서의 필요성을 받아들이지 못하던 환자들에게서는 몇 가지 공통적인 이야기를 듣는다. 한 환자가 이렇게 질문했다. "왜 우리가 이렇게 나쁜 이야기만 해야 하는 거죠? 우리는 늘 이 자리에 앉아 우리 부모님이 했던 온갖 나쁜 일만 이야기하고 있잖아요. 이건 그분들께 불공평한 일이에요. 우리 부모님은 좋은 일도 하셨어요. 어딘가 공정하지 않다고요."

그러면 나는 이렇게 말한다. "물론 좋은 일도 분명히 하셨어요. 그 한 가지 예가 바로 눈앞에 있군요. 당신이 지금 살아 있다는 거죠. 만일 그분들이 제구실을 못했다면 당신은 지금껏 살아 있지도 못했을 겁니다. 하지만 우리가 군이 나쁜 일에만 초점을 맞추는 이유는 서른의 법칙 때문이에요."

내 대답에 환자들은 나를 멍하니 쳐다보면서 이렇게 되묻곤 한다. "도대체 서른의 법칙이 뭐죠?"

그러면 나는 이렇게 말한다. "그건 유명한 은행 강도 윌리 서튼의 이름을 따서 붙인 법칙입니다. 기자들이 서튼에게 물었어요. 왜 은행을 터느냐고요. 그랬더니 서튼의 대답이 걸작이었죠. '돈이 있는 곳이기 때문이다'고 말했거든요."

정신과 의사가 나쁜 일에 초점을 맞추는 데에는—우리뿐만 아니라 부모님을 위해서도—다 이유가 있다. 바로 그곳에 과거를 깨끗이 씻어버릴 수 있는 결정적인 요소가 있을 뿐만 아니라 바로 그곳에 상처와 흉터가 있고, 바로 그곳이 치료가 필요한 부위이기 때문이다.

처음 치료를 받으러 온 사람들이 던지는 질문 가운데에는 또다른 성질의 더욱 근본적인 질문도 있다. 그들은 이렇게 묻는다. "왜 지나간 일에서 이 모든 일들을 들춰내야만 하나요? 그냥 잊어버리면 안 되는 건가요?"

과거에서 무언가를 들춰내야 하는 것은 우리가 그 무엇도 잊을 수 없기 때문이다. 어떤 일이든 간에 없던 일처럼 잊어버릴 수가 없다. 용서라는 어렵디어려운 일을 피해보려고 마음의 상처를 꾹꾹 눌러보지만 결국 온전히 잊기 위해서 할 수 있는 일은 용서뿐이다.

사람들은 억압이라는 심리적인 과정을 통해 가끔 거짓된 기억을 만들어낸다. 그럼으로써 자신에게 일어났던 어떤 일에 관한 기억을 의식 밖으로 밀어내는 것이다. 이렇게 하면 의식적으로는 그 일을 기억할 수 없을지 모르지만, 그렇다고 해서 그 일이 없어지지는 않는다. 오히려 그 일은 그 자신을 따라다니며 괴롭히는 유령이 돼서 그 일을 기억하던 때보다 더욱 사태를 나쁘게 이끌고 간다.

예를 들면 2~3년이라는 일정한 기간 동안 아버지나 의붓아버지에게서 반복적으로 성적 학대를 받아온 여성도 실제로 그런 일이 있었다는 것을 잊어버리는 게 가능하다. 이 여성은 그 일을 억압하고 있었기 때문에 그런 일이 있었다는 것조차 기억하지 못할 수 있다. 그러나 결국 나중에는 치료를 받게 된다. 그 까닭은 대부분 인생을 살면서 남자들과의 관계에서 심한 혐오감을 느끼기 때문이다. 자신조차 기억하지 못하는 이런 유년기의 경험이 끊임없이 따라다니며 그녀를 헤집고 괴롭히는 것이다.

그래서 나는 환자들에게 어떤 일에 관해서 정말로 잊어버린다는 것은 사실상 불가능하다고 말한다. 따라서 우리가 할 수 있는 최선은 별 고통 없이 그 일을 떠올릴 수 있을 만큼 그 일과 친해지는 것이다. 그러므로 치료에 도움이 되는 안전한 관계를 맺기 위한 첫 번째 단계는 이미 저질러진 죄를 기억하는 것이다. 분노는 그런 후에야 필요하다. 죄를 지목하고 재판하는 것이 필요한 것처럼 분노 또한 필요하다. 하지만 그 분노가 일정한 도를 넘어서면, 즉 우리가 오랫동안 분노에 집착할수록 더 오랫동안 자기 자신에게 계속해서 상처를 줄 뿐이다.

용서의 과정은 전적으로 이기적인 상태로—실제로 용서의 가장 중요한 이유다—진행된다. 다른 사람들을 용서하는 까닭은 그 사람들을 위해서 그러는 게 *아니다*. 어쩌면 그들은 자신이 용서받을 필요가 있다는 것을 알려고 하지도 않을 것이다. 또 자신의 잘못을 기억하려고 애쓰지도 않을 것이다. 오히려 그들은 화를 내며 "이거 다 네가 꾸며낸 거지?" 하고 말하기 십상이다. 심지어 그들은 아예 무감각할 수도 있다.

용서를 하는 까닭은 자신을 위해서다. 특히 자신의 건강을 위해서 용서한다. 왜냐하면 얼마간의 분노가 치료에 도움을 주기는 하지만 정도를 넘어서 분노에 집착하면, 성장은 그대로 멈추고 영혼은 시들시들 죽어가기 때문이다.

죽음과 의미의 문제

칼 샌드버그Carl Sandburg의 〈특급열차Limited〉라는 시다.

> 나는 이 나라의 일류 기차 가운데 하나인 특급열차를 타고 있네.
> 천 명의 승객을 실은 강철로 만들어진 15개의 객차는 평원을 가
> 로질러 푸른 안개와 어두운 대기를 뚫고 간다네.
> (모든 객실은 산산 조각나 녹슬 것이고 식당칸과 침대칸에서 웃
> 고 있는 남자와 여자들은 모두 재가 될 것이네.)
> 나는 흡연실에 있는 남자에게 어디로 가고 있냐고 물었다네.
> 그는 "오마하"라고 대답하네.

눈치챘는지 모르겠지만 이 시는 죽음을 노래한다. 특히 이 시는
흔히 사람들이 거들떠보지도 않던 죽음에 대한 우리의 태도를 간
결하면서도 날카롭게 요약하고 있다. 나는 기억에 남을 만큼 아주
오랫동안 죽음이라는 주제에 심취했다. 당시 십대였기 때문에 죽

음에 대해서 낭만적이었다고 할 수 있겠지만 자살 충동을 느낀 것은 아니었다. 오히려 죽음에 관한 내 생각은 나의 성장 환경에 대한 반응이었을 뿐이다. 소년기 시절에 우리 집은 피상적인 것들을 가장 중요하게 여기던 곳이었다. 식사 시간에 무슨 포크를 써야 할지가 어떤 사람에게는 다른 무엇보다 더 중대한 일이 되기도 한다.

몇 년 전, 크리스마스 때에 프레피 스타일의 선물을 하는 것이 잠깐 유행한 적이 있다. 그때 나도 아내를 위해 선물을 하나 샀는데 커다란 물오리 그림에 큰 글씨가 박힌 앞치마였다.

'올바른 포크 사용이 진리에 앞선다.'

앞치마에는 이렇게 씌어 있었다. 꼭 내 어린 시절을 보는 것 같았다.

우리 부모님은 수시로 "옷이 사람을 만든다"고 말씀하셨다. 결국 나는 어쩔 수 없이 옷을 잘 차려입은 얼간이가 되어야 했고 그때문에 종종 환멸감에 사로잡혔다.

그래서 어쩌면 반항심에 그랬는지 모르겠지만 비교적 이른 나이에 스스로에게 이런 질문을 던지며 생각에 잠겼던 것이다. "겉으로 드러난 것들은 모두 다 잊어버려라. 정말로 중요한 것은 무엇인가?" 그 덕분에 나는 사물의 표면 뒤에 숨어 있는 것을 직시하는 습관을 일찌감치 키울 수 있었다. 실제로 이 습관은 그 이후로 내게 커다란 도움을 주었다고 확신한다.

"인간이라는 존재를 생각할 때 가장 중요한 것은 무엇인가?" 이렇게 묻는다고 할 때, 마음속에 가장 먼저 떠오르는 첫 번째 대답은 이것이었다. "우리에게 주어진 시간은 한정되어 있다." 인간은 모두 죽는다. 이때부터 나는 죽음과 연애를 하였다.

그 후 성인이 된 뒤에야 죽음이 인간에게 가장 중요한 것이 아닐 수도 있음을 깨달았다. 하지만 죽음은 여전히 내 개인적으로는 두 번째 정도로 중요한 주제다. 우리 모두 죽게 될 것이라는 사실을 깨닫는 것은 성장 과정의 일부라고 할 수 있다. 우리는 모두 폐물이 되어 삐거덕 소리를 내며 녹이 슨 다음 한 줌의 재가 되어 이 세상에서 사라지게 될 것이다.

인생이 영원하지 않고 끝이 있다는 이러한 인식 때문에 수많은 사람이 허무한 감정에 빠져든다. 우리는 저승사자에게 마치 지푸라기처럼 토막나버리고 말 것이다. 이렇게 하잘것없는 인간이란 존재에게 과연 무엇이 의미가 있을 수 있다는 말인가? 자손들을 통해서 잠시 동안이라도 우리의 삶을 이어가는 것처럼 보일 수 있겠지만, 몇 세대 지나지 않아 우리는 이름조차 남기지 못하고 이 세상의 기억에서 영원히 사라질 것이다.

퍼시 비시 셸리Percy Bysshe Shelley의 유명한 시 〈오지만디아스 Ozymandias〉를 보자. 셸리는 이 시에서 사막 한가운데에 서 있는 조각상의 잔해를 묘사한다. 조각상의 받침대에는 이렇게 새겨져 있었다.

내 이름은 왕 중의 왕, 오지만디아스 :
내가 이룬 업적을 보라. 너희 위대한 이들이여. 그리고 절망하라!

그러나 이렇게 호령하는 조각상도 남겨진 모습은 위풍당당하지 않았다. 조각상에서 남아 있는 것이라고는 몸체도 없는 돌 지주로 된 두 개의 커다란 받침대와 모래에 반쯤 파묻힌 파괴된 얼굴상뿐이었다. 이것만 보아서는 어느 누구도 이 사람이 누구였는지 기억할 수 없다.

천하를 쥐락펴락하던 왕 중의 왕도 이럴진대, 하물며 우리 같은 보통 사람들은 어떻겠는가? 따라서 만일 당신이 인간의 역사에 어느 정도 흔적을 남긴 소수의 사람들에 속한다 해도 흘러가는 세월 앞에서는 무력해지고 말 것이다. 왜냐하면 세월은 흔적을 사라지게 하는 지름길이기 때문이다.

셰익스피어의 맥베스는 탄식한다. "오, 인생은 움직이는 그림자에 불과하구나! 인생은 소음과 분노로 가득 차 있다. 하지만 인생은 아무런 의미 없이 그저 바보가 지껄인 이야기와 다를 게 무엇이란 말인가!"

죽음의 공포

과연 그럴 수 있을까? 인생이 그처럼 아무런 의미도 없다면 결국 죽음이 삶의 의미를 빼앗아가는 것일까? 과연 인생은 그토록 헛된 것인가?

물론 나는 그렇게 생각하지 않는다. 죽음은 우리가 생각하는 것과는 정반대다. 죽음이란 삶의 의미를 빼앗아가는 것이 아니라 삶의 의미를 가져다준다.

앞에서도 말했지만 남들보다 일찍 시작한 죽음과의 연애를 통해 나는 삶이 의미로 가득 차 있다는 것을 일찍부터 알았다. 죽음은 눈부신 연인이다. 만일 무의미와 권태감으로 사는 게 괴롭다고 느낀다면, 당신이 존재의 끝과 어떻게 진지한 관계를 맺고 있는지 떠올려보라. 이보다 더 좋은 방법은 아마 없을 것이다. 여느 위대한 사랑처럼, 죽음은 미스터리로 가득하고 그로부터 흥미로운 의미들을 찾아낼 수 있다. 왜냐하면 죽음의 미스터리와 씨름하는 동안 자기도 모르게 삶의 의미를 발견하기 때문이다.

물론 사람들 대부분은 자신이 죽는다는 것을 놓고 고민하는 걸 별로 좋아하지 않는다. 아예 생각조차 하기 싫어하는 사람도 많다. 그러나 죽음에 대한 생각을 거부하는 것은 인식 속에서 죽음을 몰아냄으로써 자신의 의식을 제한하는 결과를 낳을 뿐이다. 여기서 샌드버그의 시 〈특급열차〉가 우리에게 던져주는 의미를 다시 한번 살펴보자. 샌드버그는 이 시를 통해 기차에 관해 말하는 것은 물론이고 기차를 넘어서는 더 큰 의미를 전해준다. 시 속에서 어디로 가느냐는 물음에 오마하(미국의 네브래스카 주 동부에 위치한 도시로 상류 쪽에서 살아가는 사람들이라는 뜻이 있다)로 가고 있다고 대답한 흡연실 남자는 자신의 진정한 종착역인 죽음에 대한 통찰에는 아직 이르지 못했음을 알 수 있다.

하지만 자신의 의식을 제한하지 않은 사람들—수많은 위대한 작가나 사상가처럼—은 죽음에 어느 정도 매료되어 있었다. 알베르트 슈바이처Albert Schweitzer는 다음과 같이 쓰고 있다.

"우리가 진정 훌륭한 사람으로 성장하기 위해서는 저마다 죽음에 관한 사유에 익숙해질 필요가 있다. 그렇다고 하루도 빠짐없이, 순간순간마다 죽음을 생각할 것까지는 없다. 하지만 인생길에서 주변 광경이 희미하게 사라져버리는 지점에 이르렀을 때에는 그 끝에서 멀리 있는 광경을 바라보며 눈을 감아서는 안 된다. 눈을 감지 말고 잠시 멈추었다가 멀리 떨어진 경치를 본 다음 다시 계속해서 진행하면 된다. 이런 식으로 죽음을 생각하다 보면 틀림없이 삶을 사랑하게 된다. 죽음과 친숙해질수록 일주일을, 하루하루를 아주 귀중한 선물로 받아들이게 될 것이다. 조금씩이라도 삶을 받아들일 수 있을 때 삶은 비로소 소중해지는 것이다."

슈바이처의 이러한 생각이 죽음에 대한 일반적인 생각이라고 할 수는 없다. 실제로 심리 치료를 하는 동안 적어도 절반이 넘는 환자들에게 죽음이라는 현실을 직시하라고 강요할 수밖에 없었던 게 사실이다. 환자들이 죽음을 직시하지 않는 것이야말로 그들이 앓고 있는 질병의 일부처럼 보이기도 했다.

환자들은 동시에 자신의 삶이 지루하면서도 두렵다는 것을 알았다. 이들은 신문의 부고란도 읽지 않을 뿐만 아니라 조문 쓰는 것도 잊어버렸기 때문에 병원에 있는 친구를 찾아갈 수도 없다. 그리고 밤이 되면 물에 빠지는 악몽을 꾸어 땀에 흠뻑 젖은 채로 잠에서 깨곤 한다. 나는 환자를 치료해야 할 의사로서 이들이 자신의 의식에 스스로 부과하는 한계를 깨뜨려야 했다. 만일 그렇게 할 수 없다면 완전한 치료란 불가능했다. 자기 자신의 죽음과 관계를 맺지 못한다면 누구든 자신감과 용기를 갖고 살아갈 수 없다. 기꺼이 죽을 수 있는 그 어떤 것이 없다면 사람은 누구라도 충만한 삶을 영위할 수 없을 것이다.

사람들이 때때로 쇠약해지는 것은 이런 식으로 자신의 의식을 제한하기 때문이다. 의사 시절 초기에 공황 상태에 빠진 한 남자의 방문을 받은 적이 있다. 그는 형이 머리에 권총을 쏴 자살하는 모습을 직접 본 후, 약 사흘 동안 정신적인 혼란에서 빠져나오지 못하고 있었다. 이 남자는 너무나 겁에 질린 탓에 혼자서는 진료실에도 들어오지 못했다. 부인이 손을 꼭 잡고 함께 진료실로 들어왔다. 그는 불안한 눈빛으로 횡설수설했다.

"있잖아요, 형이 자기 머리에 총을 쐈어요. 그러니까 이런 총을 가지고요. 그러니까 겨우 이런 걸 가지고요. 그러니까 약간 힘을 줬을 뿐인데 형은 죽었어요. 겨우 이 정도밖에 안 되는 힘으로요. 나한테 총이 있다면, 사실 총은 없지만요, 총만 있으면 저도 자살하고 싶어요. 내가 할 수 있는 건 이 정도예요. 난 자살하고 싶지 않아요. 하지만 내가 하려는 것은 이 정도예요."

남자의 말을 들으면서 그를 공황 상태로 이끈 것은 죽은 형에 대한 슬픔이 아니라는 걸 확신할 수 있었다. 그는 자살하는 형의 죽음에서 스스로 생각하던 자신의 죽음을 보았던 것이다. 내가 그것을 말해주자 남자는 곧바로 내 말을 부정했다.

"아니에요! 나는 죽는 게 두렵지 않아요!"

그때 그의 부인이 끼어들어 남자에게 말했다.

"여보, 이제 의사 선생님께 다 말씀드리는 게 좋겠어요. 영구차와 장례식장에 대한 당신의 생각을 어서 말씀드리세요."

　그러자 남자는 순순히 말하기 시작했다. 그는 영구차와 장례식장을 몹시 두려워한다고 말했는데 그건 거의 공포 수준에 가까웠다. 실제로 어느 정도냐 하면, 날마다 장례식장을 피하기 위해 오 갈 때마다 각각 세 블록씩―하루에 여섯 블록―돌아서 간다고 했다. 또한 영구차가 지나갈 때마다 몸을 휙 돌리거나 문짝에 숨거나 심지어는 아무 데나 들어갈 곳이 있으면 안으로 들어가버린다고 했다.

　나는 이렇게 말했다. "당신은 정말로 죽음을 두려워하고 있어요." 하지만 그는 계속해서 우겼다. "아니에요, 절대로 아니에요. 난 죽음이 두렵지 않아요. 그놈의 영구차와 장례식장이 그저 귀찮고 짜증스러울 뿐이에요."

　정신 역학적으로 볼 때 공포증은 주로 전치displacement라는 기제에서 비롯된다. 이 남자는 너무나 죽음을 두려워한 나머지 죽음의 공포와 당당히 맞설 수가 없었다. 그래서 죽음을 영구차와 장례식장으로 바꾸어놓았던 것이다.

　내가 예를 드는 경우가 주로 심리 치료를 받는 환자들의 사례이다 보니, 어쩌면 이들이 보통 사람보다 훨씬 더 겁 많고 더 불안에 약할 거라고 생각할 수 있다. 하지만 꼭 그렇지만은 않다. 솔직히 말해서 치료를 받기 위해 병원을 찾는 사람들은 가장 현명하고 용기 있는 사람들이라 할 수 있다.

　문제없는 사람은 아무도 없다. 모든 사람은 크든 작든 자기만의 문제를 갖고 있다. 하지만 많은 사람들이 자기 문제에 맞닥뜨렸을 때 하는 일이라고는 고작 문제가 없는 척하거나 문제를 피해 도망 가는 것이 전부다. 또는 진탕 술을 마셔 억지로 잊으려 하거나 다른 여러 가지 핑계를 대며 아예 무시해버리는 방법을 택하기도 한다. 그런데 그렇게 하지 않고 제 발로 낯선 정신과 진료실을 찾아와 '자기 분석'이라는 힘든 과정을 기꺼이 감수하는 사람들은 그 누구보다 더 현명하고 용기 있는 사람들이다.

문제는 우리가 사는 이 사회의 문화가 비겁하게 죽음을 부인하는 문화라는 데에 있다. 한 정신과 동료 의사가 얼마 전 이런 이야기를 들려주었다. 자기 동네에 사는 한 고등학생이 백혈병으로 죽었는데 얼마 지나지 않아 또 다른 학생 하나가 그만 자동차 사고로 죽었다고 한다. 그러자 학생들이 교장 선생님께 탄원하기를, 학점이 부과되지 않는 선택 과목으로 죽음과 죽는 과정에 관한 강의를 개설해달라고 했다는 것이다. 마침 한 목사가 직접 와서 강의를 개설했는데, 이 강좌를 선생님들도 들었다. 이렇게 이 강의는 학생과 선생님 모두에게 열려 있었다.

하지만 학교에 새로운 과목을 개설하기 위해서는 이사회의 승인을 받아야 했다. 그런데 이사회의 결정은 학생들의 요구와는 정반대였다. 이사회에서는 혐오감을 준다는 이유로 이 과목의 개설을 9대 1로 반대했다. 그러자 이 결정에 항의하는 40~50여 명의 사람들이 신문사에 편지를 보내기 시작했다. 편지를 받은 신문사에서는 이 주제에 관한 사설을 신문에 실었다. 한 논설위원이 쓴 사설은 학교 이사회의 결정을 다시 한 번 생각해보도록 하는 충분한 항의와 탄원을 담고 있었다. 그러자 이사회는 다시 한 번 소집

되었다. 그러나 투표 결과는 바뀌지 않았다. 또다시 9대 1로 과목 개설을 반대하는 결과가 나온 것이다.

동료가 자세히 설명해준 바에 따르면, 신문사에 편지를 쓴 사람들과 사설을 쓴 논설위원, 그리고 과목 개설에 찬성표를 던진 단한 명의 이사회 임원, 이들은 모두 치료를 받거나 치료를 받았던 적이 있었다 했다. 이것은 우연의 일치가 아니다. 앞서 말했지만 심리 치료를 받는 환자들은 보통 사람들보다 겁이 많은 게 아니다. 이들은 오히려 용기 있는 사람들이다.

죽을 때를 선택하기

죽음을 부정하는 사회에서는 죽음을 일종의 사고로 여길 때가 많다. 이런 문화에서는 죽음이 아무 때나 아무 까닭 없이 무작정 닥치는 일이며, 어떤 식으로든 통제할 수 없게 사람들을 덮친다고 여긴다. 이런 관점에서 보면 죽음으로 인해 사람들은 일련의 악순환에 빠져들게 되므로 사태는 꽤 비통해 보인다. 많은 사람은 죽음을 너무나도 두려워한다. 그래서 생각보다 죽음을 두려워할 필요가 없다는 것을 깨닫기 위해 죽음에 조금이라도 가까이 다가가는 것조차 두려워한다.

죽음을 그저 알 수 없는 사고로 바라보는 이러한 관점은 명백한 잘못이다. 사실 사람들 대부분은 언제, 어디서, 어떻게 죽을지를 스스로 선택한다. 못 믿겠다는 사람이 많겠지만 엄연한 사실이다. 우리는 어떤 수준에서 어떤 식으로든 자기의 죽음에 대해 그런 결정을 한다.

자살이나 자동차 사고 같은 것을 이야기하는 것이 아니다. 또 죽음에 이를 때까지 술을 마시는 알코올의존증 환자나 계속해서 담배를 피우는 폐기종肺氣腫 환자를 이야기하는 것도 아니다. 또 익히 잘 알려진 정신적 장애나 신체적 장애를 이야기하는 것도 아니다.

여기서는 심장 질환이나 암과 같은 의학적인 장애에 대해서 이야기하는 것이다. 이와 같은 경우 사람들은 자신의 죽음에 대해 어떤 식으로든 선택을 한다. 이 주장을 뒷받침할 만한 과학적인 증거도 있다.

심장 절개 수술은 지금으로부터 약 30년 전에 처음으로 시도되었다. 물론 생소한 수술이었으므로 그 위험성이 지금보다 훨씬 높았지만 환자들은 저마다 수술을 받고자 했다. 이때 심장 절개 수술을 받을 환자들이 각기 어떤 결과를 얻게 될지 가장 잘 알아맞힌 사람들은 누구였을까? 흔히 심장외과 의사나 심장학자의 예견이 맞을 거라고 생각하지만 수술 결과를 가장 정확하게 내다본 사람들은 정신 의학자들이었다. 정신 의학자들은 한 연구를 통해 이러한 결과를 도출해냈다.

먼저 정신 의학자들은 환자들이 수술을 받기 전에 인터뷰를 진행하여 답변을 모았다. 그리고 그 답변을 바탕으로 환자들을 고·중·저 세 개의 위험 그룹으로 나누었다. 심장 수술에 대해 질문을 받자 저위험 그룹에 속한 어떤 환자는 이렇게 대답했다. "글쎄요,

수술 날짜는 금요일로 잡혔어요. 솔직히 말씀드리면 정신을 못 차릴 정도로 두렵습니다. 하지만 지난 8년 동안 나는 심장 때문에 아무 일도 할 수 없었어요. 너무 숨이 차서 골프도 치지 못했죠. 그런데 의사 선생님이 수술을 받고 회복이 잘되면 6주 안에 마치 새로 태어난 것처럼 상태가 좋아질 거라고 하셨습니다. 그리고 수술 후 6주가 지나면 골프도 칠 수 있다고 하시더군요. 그날이 바로 9월 1일입니다. 난 벌써 첫 타구 시간까지 정해놓았습니다. 아침 8시에 골프장에 나가 있을 거예요. 잔디에는 아직도 아침 이슬이 맺혀 있을 테지만요. 나는 마음속으로 모든 홀에 대한 구상을 이미 끝냈답니다."

한편 고위험 그룹에 속한 한 여인은 의사가 수술에 대해 묻자 이렇게 대답했다. "글쎄요, 그게 뭐 어떻다는 거죠?" 정신 의학자가 다시 물었다. "그러니까 왜 수술을 받으려고 하시는 거죠? 수술을 받아야만 하는 이유가 달리 있나요?" 그녀가 대답했다. "제 주치의가 그러라고 했으니까요."

"그렇다면 수술 후에 지금까지는 못하던 어떤 일을 할 수 있을 거라고 기대하시나요?"

"글쎄요, 아직 거기까지는 미처 생각하지 못했는데요."

"지난 8년 동안 환자분은 숨쉬기가 너무 힘들어서 쇼핑조차 할 수 없었어요. 쇼핑하러 가고 싶은 마음은 없으신가요?"

"아이고, 아니요. 요즘 들어서는 너무 무서워서 운전도 하지 못하겠더라고요."

이러한 극단적인 사례를 통해 이 연구가 밝혀낸 것은 참으로 대단한 것이었다. 내 기억이 틀리지 않는다면, 고위험 그룹에 속한 환자들 가운데 약 40퍼센트가 사망했고, 저위험 그룹에 속한 환자들 가운데는 겨우 2퍼센트만이 사망했다. 똑같은 심장병이었고 똑같은 외과 의사가 집도한 똑같은 방식의 수술을 받았지만 사망률은 그룹 간에 무려 20배나 차이가 났다. 그런데 이러한 사실이 정신 의학자들의 연구를 통해 수술 전에 예견될 수 있었던 것이다.

스탠퍼드 대학의 정신 의학자, 데이비드 시겔David Siegel은 또 다른 연구를 통해 놀라운 결과를 얻어냈다. 시겔은 전이성 암에 걸린 두 그룹의 여성 환자들을 대상으로 연구를 진행하고 있었는데 첫 번째 그룹은 일반적인 치료를 받게 했고, 두 번째 그룹은 일반적인 치료에다 추가로 심리 치료를 받게 하였다. 치료가 진행되면서 두 번째 그룹의 환자들은 첫 번째 그룹의 환자들보다 불안, 우울증, 고통 같은 증상을 호소하는 경우가 점점 줄어들었다. 연구에 참가한 환자 중 단 세 명만이 사망했는데, 시겔은 여기서 아주 놀라운 사실을 발견하였다. 그것은 바로 심리 치료를 받은 환자들이 그렇지 않은 환자들보다 두 배 정도 더 오래 살았다는 것이다.

'기적적인' 치료

아주 드물기는 하지만 이따금씩 암이 자연적으로 치유되는 경우를 의사들은 수세기에 걸쳐 몸소 경험해왔다. 암 수술을 마친 어떤 의사가 이렇게 말하는 것을 본 적이 있다. "환자의 몸을 열었을 때

속은 암투성이였어요. 우리는 아무것도 할 수 없었습니다. 암은 이미 치료 불가능한 상태로 퍼져 있었으니까요. 할 수 있는 일이라곤 환자의 몸을 다시 봉합하는 것뿐이었죠. 환자의 생명은 기껏해야 6개월 정도 남았을 겁니다." 그런데 5년, 10년이 지난 뒤에도 그 환자는 자기가 언제 암을 앓았냐는 듯이 버젓이 잘 살고 있다.

많은 사람은 의사들이 이처럼 드문 사례에 아주 큰 관심이 있다고 생각한다. 그래서 이런 사례들을 철저히 연구하고 조사했을 것이라고 믿는다. 하지만 의사들은 그렇지 않았다. 의사들은 아주 오랜 기간 동안 이런 일은 불가능하다고 주장해왔다. 이런 사례들에 관한 본격적인 연구가 시작된 것은 불과 15년밖에 되지 않는다. 따라서 이런 분야의 모든 연구 결과가 통계학적으로 의미 있는 목소리를 내기에는 아직도 이른 감이 있다. 즉, 과학적인 기준에 완전히 도달하기에는 미흡한 수준이라는 것이다. 하지만 이 모든 희귀한 사례에는 뭔가 공통적으로 나타나는 유사점이 있다. 그 유사점들 가운데 하나는 환자의 입장에서 삶에 매우 심오한 변화를 불러오는 경향이 있다는 것이다.

앞으로 살 수 있는 날이 1년밖에 남지 않았다는 소리를 듣는다면 사람들은 그 즉시 자신에게 이렇게 말할 것이다. "아직도 내가 IBM에서 일하고 싶어 할 거 같아? 그렇다면 내가 사람이 아니지. 난 가구를 손질하고 싶어. 난 늘 이 일이 하고 싶었어." 또는 "내가 정말로 1년밖에 살지 못한다면 난 절대로 내 남편 같은 작자랑 살고 싶지 않아. 내 남편은 너무나 구식이야. 쉰내 나는 고리타분한 늙은이라고." 이런 결정을 내린 후, 실제 환자들의 삶 속에서 그와 같은 변화가 일어나면 암은 정말로 감쪽같이 사라진다.

이러한 현상들은 UCLA에 적을 둔 몇몇 연구자들의 호기심을 자극했다. 그래서 이들은 심리 요법을 통해 정말로 삶의 변화가 이루어질 수 있는지 연구해보기로 했다. 그런데 문제가 있었다. 이 연구에 자진해서 참여할 환자를 찾아야 했는데 그게 말처럼 쉬운 일이 아니었다.

정신 의학자는 치료 불가능한 암으로 진단받은 환자를 찾아가서는 보통 이렇게 말한다.

"저희가 진행하는 심리 요법에 참여하여 자신의 삶을 바라보고 그 와중에 몇 가지 중요한 변화를 이뤄낸다면 환자분은 생명을 연장할 수 있을 것입니다. 저희는 몇 가지 이유에서 확실히 그렇게 믿고 있습니다."

이런 소리를 듣고 환자는 처음에 아주 반기는 반응을 보인다.

"오, 감사합니다! 제게 희망을 주신 분은 선생님이 처음입니다!"

그러면 의사는 이런 식으로 말한다.

"내일 아침 10시 4번 방에서 환자분과 같은 처지에 있는 몇몇 분들이 함께 모일 것입니다. 환자분도 오셔서 이 문제에 관해 함께 이야기를 나눠보시지 않겠어요?"

"물론입니다, 선생님. 잊지 않고 꼭 가겠습니다."

그러나 다음날 아침 10시, 그 환자는 4번 방에 나타나지 않는다. 의사가 다시 찾아가 왜 오지 않았느냐고 물어보면 환자는 이렇게 대답한다.

"어머, 죄송해요. 제가 그만 깜빡했군요."

"환자분께서는 이 심리 치료에 아직 관심이 있으신가요?"

"그럼요, 선생님. 관심 있고말고요."

"그렇다면 내일 오후 3시 4번 방에서 다른 모임이 또 있습니다. 어떠십니까? 그때는 괜찮으신가요?"

"네, 알겠습니다. 거기서 내일 뵐게요."

하지만 그 다음날에도 환자는 또다시 나타나지 않는다. 의사는 마지막으로 다시 한 번 말한다.

"환자분께서는 심리 치료를 받는다는 것이 그리 내키지 않으시나 봅니다."

마침내 환자는 의사의 말을 인정한다. "선생님, 그 문제에 관해 생각을 많이 했어요. 하지만 아무리 생각해봐도 새로운 것을 배우기에는 난 너무 늙었어요."

환자가 이렇게 생각하고 이렇게 반응한다 해서 비난받을 일은 아니다. 사람들은 흔히 정말로 힘이 없고 늙어서, 때로는 너무 지쳐서 새로운 것을 배울 수 없을 때도 있다.

의사들 또한 이런 경험이 있다. 나는 교육을 꽤 잘 받은 의사들과 지속적으로 만난다. 그들 중에는 심리적이든 육체적이든 병의 원인은 오직 하나뿐이라고 믿는 의사들이 꽤 많다. 질병의 원인은 나무줄기처럼 동시에 두 가지가 될 수도 있고, 때로는 그 이상도 될 수 있다는 것을 그들은 이해하지 못한다.

사실상 모든 질병의 원인은 심리적이고 정신적이고 사회적이고 육체적일 수 있다. 물론 선천적인 장애나 뇌성마비와 같은 예외적인 사례들도 있다. 하지만 이런 경우에도 환자의 생명을 연장하고 삶의 질을 높이는 결정적인 힘은 바로 삶에 대한 환자의 의지다.

안타깝게도 이 반대의 경우도 마찬가지다. 젊은 시절 나는 오키나와의 군부대에 있었는데 그때 열아홉 살 먹은 한 여성을 치료해달라는 부탁을 받았다. 그녀는 임신 중에 과도하게 토하는 임신오조(임신부의 심한 구역이나 구토와 같은 입덧―옮긴이) 증세로 고통을 겪고 있었다. 치료를 진행하면서 그녀가 미국 동부 연안에서 성장했고 어머니에게 병적으로 집착했다는 사실을 알았다.

그녀는 열일곱 살 때 삼촌과 생활하기 위해 삼촌이 사는 서부 연안으로 갔다가 그때부터 토하기 시작했다. 당시에는 임신하지 않은 상태였다. 하지만 너무 심하게 토하는 바람에 다시 동부로 돌아갈 수밖에 없었다. 그곳에서 한 병사를 만나 사랑에 빠져 결혼하고 아이를 갖게 되었다. 두 사람은 아주 행복했고 그녀는 건강했다. 얼마 후 그녀는 남편을 따라 오키나와행 비행기를 타고 일본으로 향했다. 그런데 비행기에서 내리자마자 다시 토하는 증상이 시작되었고 얼마 지나지 않아 병원에 입원해야 했다.

당시 내게는 환자가 너무 많이 아플 경우 구급용 헬기에 태워 집으로 돌려보낼 수 있는 권한이 있었다. 그리고 나는 그때 그녀를 집으로 돌려보내면 곧바로 토하는 증상이 멈출 것임을 알고 있었다. 또 그녀가 어머니와 떨어질 때마다 병적인 구토 증세에 절망적으로 시달리게 된다는 것도 알았다.

당시 나는 모든 것을 전능하신 하느님의 뜻에 맡겼다. 그래서 그녀를 집으로 돌려보내지 않고 이렇게 말했다. "당신은 이제 성숙해져야 합니다. 그리고 어머니와 떨어져서 살아가는 법을 배워야 합니다." 그 후 그녀는 상태가 좋아져서 퇴원했다. 그러나 곧 다시 나빠져서 병원에 왔고 또다시 토하기 시작했다. 나는 그녀에게 다시 한 번 집으로 돌려보내지 않겠다고 말했다. 그녀의 상태는 다시 좋아져서 퇴원할 수 있었다.

그런데 퇴원 이틀 후, 그녀는 자기 아파트에서 갑자기 쓰러져 사망했다. 아직 열아홉 살이었고 임신 4개월째에 접어들고 있었다. 사망 원인을 밝히기 위해 부검을 실시했지만 알아낼 수 없었다.

당시에는 그녀를 집으로 돌려보내지 않았던 것을 심각하게 후회했다. 하지만 나는 아직도 굳게 믿는다. 어떤 이유에서건 그녀는 살면서 아이로 남아 있기로 마음먹었던 것이라고 말이다. 따라서 의사인 나로서는 그녀를 아이로 남게 할 수 없었고 책임감을 갖는 어른으로 성장할 수 있도록 하고 싶었다. 그러나 그녀는 죽었다.

육체적 장애와 심신 장애

내가 의과 대학에 다닐 무렵에는 정신 분열증이나 조울병(양극성 기분장애) 그리고 알코올의존증 같은 질환을 '기능성' 장애로 보았다. 사람들은 '기능성'이란 말에 대해 확신하지 못했지만 언젠가 학자들이 아주 미세하더라도 신경 해부학적인 결함을 발견하거나 생물학적인 문제를 발견할 거라고 기대했다. 하지만 실제로 정신 의학자들은 이런 장애가 전적으로 심리학적이라고 믿었고 그래서 이런 장애가 보여주는 심리 상태를 좇으며 정밀하게 그리기에 바빴다.

하지만 지난 30년 동안 이 모든 정신 의학적인 장애에는 아주 깊은 생물학적인 근원, 그 이상이 있음이 밝혀졌다. 사실 오늘날의 정신 의학자들은 너무 생화학에 빠져 있다는 데에 문제가 있다. 그래서 여전히 효과 있는 과거의 몇몇 심리학적인 지혜들을 깡그리 잊어버릴 위험에 직면해 있다. 정신 분열증 같은 장애는 *단순히* 육체적인 장애만을 뜻하지 않는다. 그러한 장애 역시 심리적이고 정신적이며 사회적이고 육체적인 장애라 할 수 있다. 암 같은 질환도 마찬가지다. 이 모든 질병의 원인은 여러 방면에 걸쳐 나타난다. 즉, 육체적일 뿐만 아니라 몸과 마음이 서로 관련 있기도 하다.

우리가 겪는 고통이 이처럼 심신 상관적으로 구성되어 있다는 것은 사람들이 수세기 동안 써오던 언어 속에서도 확인할 수 있다. 정신 의학자들은 이런 말을 '장기어organ language(심리적인 불쾌감이나 긴장 혹은 기쁨 등을 몸의 특정 부위를 통해 표현하는 말들을 지칭한다. 이는 심리적 변화를 몸의 반응으로 표현하는 것으로, 심신 상관적 상태를 반영한다—옮긴이)'라고 부른다. 이 말은 일종의 심신 상관적인 지혜를 반영하는데 예를 들면 다음과 같다. "그 사람은 정말 골칫거리예요(He gives me a pain in the neck)." 또는 "너무 긴장이 돼서 미치겠어요(I've got butterflies in my stomach)." 또는 "심장이 터질 것 같아요(My heart is breaking)." 심장 마비를 일으키는 경우나 그렇지 않은 경우나 많은 사람이 가슴 통증을 호소하면서 깊은 밤에 응급실로 들어간다. 그러고는 곧바로 일종의 심장 발작을 겪는다.

척추에 뭔가 장애가 생기면 사람들은 소심해진다. 이것 역시 말 속에 고스란히 나타나는데 예를 들면 다음과 같다. "저 친구는 겁이 많아(He's got a yellow streak up his spine)." 또는 "저 친구는 줏대가 없어(He's spineless)." 또는 "이봐, 그 여자는 정신력이 정말 대단해(Boy, she's really got backbone)." 또는 "그 여자는 줏대가 있어(She's got lots of spine)." 나 또한 지금까지 살아오는 동안 줄곧 등에 문제가 있어서 고생했지만 척추염이라는 진단을 받았다. 특히 심각한 건 목 부분이었다. 누구든 내 목의 엑스레이를 보면 아마 이백 살 정도는 되었다고 생각할 것이다. 처음 진단을 받고 나서 신경외과 의사와 정형외과 의사에게 이렇게 물었다. "내 목이 왜 이렇게 늙어 보이죠?" 그러자 의사들이 이렇게 대답했다. "글쎄요, 당신은 아마도 어려서 목이 부러진 적이 있는 것 같군요."

내 목은 부러진 적이 없다. 이 사실을 알려주면 의사들은 모두 이렇게 대답했다. "실제로 척추염의 원인이 무엇인지 아직 정확히 모릅니다." 나는 이런 대답을 들으면 아주 기뻤다. 왜냐하면 누가 시키지 않았는데도 의사들이 스스로 나서서 "모릅니다" 하고 말하는 경우는 거의 없기 때문이다.

사실 나는 척추염의 원인이 무엇인지 잘 안다. 지금으로부터 약 30여 년 전에 알았다. 그때 한쪽 팔이 마비되면서 엄청난 통증으로 고통을 겪다 결국 장시간에 걸친 심각한 신경 수술을 받았다. 나는 스스로에게 말했다. "스캇, 앞으로 넌 아주 비싼 돈을 들여서, 게다가 아주 위험하기까지 한 치료를, 그것도 정기적으로 받게 될지 몰라. 아니면 네 목을 절개해야 할지도 모르지. 그런 상황에 빠지지 않으려면 적어도 네 스스로를 돌아봐야 할 거야. 지금 당장 이 장애에 맞서 네가 할 수 있는 게 뭐 없을까 생각해보라고. 정말로 이 상황을 해결할 방법이 없을까?"

스스로 던진 이 질문에 나는 즉시 좋은 방법이 있을 거라고 화답했다. 스스로 돌아보면서 나 자신을 깨달았기 때문이다. 나는 내 직업에서 최첨단을 걷고 있다고 자부하면서도 한편으로는 반감을 사게 되지는 않을까 늘 두려워했던 것이다. 예상한 만큼은 아닐지 몰라도 실제로 반감에 부딪친 경험이 있었기 때문에 내 두려움에는 근거가 없는 건 아니었다. 그래서였을까? 나는 피츠버그 스틸러스Steelers의 수비선을 향해 거침없이 달려나갈 준비를 하는 풋볼 선수처럼, 머리와 목을 구부리고 살아왔던 것이다. 30년 동안 이런 식으로 머리와 목을 지탱했다고 생각해보라. 그렇다면 누구라도 척추염의 원인이 뭔지 알게 될 것이다.

단순한 것은 아무것도 없다. 마찬가지로 대부분의 질병에는 복합적인 원인이 있다. 물론 나만큼은 아니지만 우연히 우리 아버지, 어머니 그리고 형도 비정상적인 목 척추염으로 고생해왔다. 우리 가족 가운데 그 누구도 '목을 쭉 내밀고' 다닌 사람이 없는데도 말이다. 따라서 내 척추염에는 분명히 생물학적—발생적이거나 유전적—요소가 있다. 사실상 모든 장애는 심신 상관적일 뿐만 아니라 심리적이고 정신적이며 사회적이고 육체적이라는 나의 주장을 다시 한 번 기억하기 바란다.

여기서 새로운 근거를 제시하려는 것이 아니다. 신체와 정신과의 관계에 관해서는 이미 많은 내용이 알려져 있다. 그래서 병이 들면 사람들은 죄책감을 느끼고 질병에 대한 심신 상관적인 관계를 인식하기 시작한다. 물론 감기에 걸릴 때마다 죄책감을 느낄 필요는 없다. 하지만 위중한 병이나 만성 질환을 앓고 있다면 자신을 돌아보고 스스로에게 물어보는 것이 반드시 필요하다. "이 병을 앓으면서 나는 어떤 역할을 수행할 수 있나?"

그러기 위해서는 스스로 너그러워져야만 한다. 산다는 것은 어떤 면에서 스트레스의 연속이라 할 수 있고, 그런 만큼 사는 것은 사람을 지치게 만드는 일이다. 사람은 죽는다. 그러니까 조만간 우리 모두는 잘 알지도 못하는 빌어먹을 심신 상관적인 장애나 또 다른 이유로 결국 누구나 죽을 수밖에 *없다는* 것을 기억하라.

다시 한 번 강조하지만 말기 암이 모두 심신 상관적이라는 말이 아니다. 또한 소아암 병동—부신 종양으로 죽어가는 네 살배기 아이, 수아종(소뇌종양의 일종—옮긴이)으로 죽어가는 여섯 살 아이, 윌름스 종양(신장의 태아성 암으로 5세 이하의 유아에게서 발병하며 원인 불명으로 알려져 있다—옮긴이)으로 죽어가는 여덟 살짜리 아이가 있는—이 그저 유아 자살자들의 매장소일 뿐이라는 말도 아니다. 게다가 비행기 추락 사고의 희생자들이 집단으로 자살하려고 일부러 공항에 모였다는 말도 아니다. 또 유대인 대학살 시기에 600만 명의 유대인들이 자발적으로 죽기 위해 강제수용소로 갔다고 주장하는 것도 아니다. 하지만 죽음을 단순히 일종의 사고일 뿐이라고 여긴다면, 결국 죽음이라는 현실뿐만 아니라 죽음의 미스터리마저 무시하는 결과를 낳는다.

죽음을 이해하기

죽음의 진정한 본질에 관해 점차 알아가는 과정에서, 획기적인 사건이 하나 일어났다. 의학 박사 엘리자베스 퀴블러-로스Elisabeth Kübler-Ross가 《죽음과 죽어감On Death and Dying》을 출간한 것이다. 사실 그때까지만 해도 죽음이란 의사가 아닌 성직자의 고유한 영역이었다. 대신 의사는 삶에 관심을 가졌다. 삶이란 살아 있는 사람들을 위한 것이었으므로 결국 죽음은 장의사의 몫으로 남았다.

하지만 퀴블러-로스는 죽음을 피하지 않고 죽어가는 사람들에게 대담하게 말을 건넸다. 그들이 무슨 생각을 하는지, 눈앞에 닥친 죽음에 대해 어떤 감정을 느끼는지 주저 없이 물었다.

퀴블러-로스는 실제로 혁명적인 업적을 이루어냈다. 그로부터 10년이란 세월이 채 지나기도 전에 죽음과 임종에 관한 강의가 전국 각지에서 열렸고, 호스피스가 만들어지거나 재건되었다. 호스피스란 죽어가는 사람들이 더 잘 죽기 위해 선택할 수 있는 아주 새로운 의미의 시설이었다. 퀴블러-로스는 둑을 터뜨린 것과 마찬가지였다.

그녀의 연구 성과를 바탕으로 이 주제에 관한 다른 책들이 잇따라 나오기 시작했다. 그 가운데 대표적인 것이 레이몬드 무디Raymond Moody의 《생 이후의 생Life after Life》, 죽음과 임사 체험의 순간에 대해 쓴 칼리스 오시스Karlis Osis와 얼렌더 해럴드슨Erlendur Haraldsson의 《죽음의 시간에At the Hour of Death》등이 있다.

이들의 연구에는 놀라울 정도로 비슷한 공통점이 있다. 과학자이자 정신 의학자인 레이먼드 무디는 임사 체험을 기억하는 대부분의 사람들이 일정한 차례에 따라 그들 자신의 변화를 설명한다고 보고했다. 변화의 과정과 순서는 다음과 같다.

먼저 그들은 마치 자신들이 천장에서 아래를 내려다본 것처럼 이야기한다. 즉, 천장 쪽에서 침대에 누워 있는 자기 몸을 내려다보았고, 위에 있었기 때문에 의사와 간호사들이 자신에게 무엇을 하는지 아주 정확히 볼 수 있었다고 기억한다. 그 다음에는—임사 체험에서 유일하게 무서운 부분으로—어떤 종류의 어두운 터널을 아주 빠르게 지나는 경험을 한다. 순식간에 휙 날아서 터널을 빠져나오면 하느님 또는 예수처럼 느껴지는 어떤 빛과 맞닥뜨린다.

이 같은 빛이 존재하는 덕분에 그들은 자신의 삶을 회상한다. 그러면서 삶이 얼마나 뒤죽박죽이었는지를 비로소 알아간다. 그러나 그 빛의 존재가 자신에게 엄청난 사랑과 용서를 베풀고 있음을 깨닫는다. 그러고 나서 그 빛이 돌아가라고 명령하면 설령 내키지 않는다 해도 그에 복종하여 되돌아온다.

무디는 이런 경험을 한 사람들이 이전부터 영적이었던 것은 아니라고 말한다. 그러나 임사 체험을 한 이후 영적으로 변했다는 것이다. 그들은 죽음 이후의 삶을 한결같이 믿게 되었고, 죽음에 대한 두려움이 전보다 훨씬 줄어들었다고 한다.

죽음 직전에까지 갔다가 다시 살아 돌아오면 죽음이 생각만큼 두렵지 않다는 것을 깨닫는다는 것, 정말 흥미롭지 않은가? 하지만 이것만으로는 큰 위안을 가져다주지 못한다. 어쩌면 이렇게 반문하는 사람도 있을 것이다. "이것이 삶과 어떤 관계가 있다는 말이죠? 인간처럼 유한한 존재에게 이것이 어떤 의미가 있습니까?"

만약 이런 질문을 한다면 당신은 틀림없이 자신의 존재가 제한적이라는 것을 잘 알고 있을 것이다. 따라서 존재론적인 의미를 찾기 위해 이런 질문을 하는 것임을 희미하게나마 알 수 있을 것이다. 하지만 의미를 찾으려고 하는 것 그 자체로 의미가 있다고 생각을 바꿔야 한다. 이것이야말로 게임의 일부고, 인간이 이 세상에 존재하는 이유의 한 부분이라고 생각하는 것이다. "인간은 여기에서 무언가를 찾기 위해 존재하는 것은 아닐까?" 만일 그렇다고 대답할 경우, 죽음은 그러한 탐색을 재촉한다.

이번 삶의 의미를 찾으며 죽음의 미스터리와 씨름하는 사이, 내가 찾으려는 것이 무엇인지 알게 되었는데 그것은 아주 간단했다. '인간은 배우기 위해 여기에 있다.' 나, 너, 우리에게 일어나는 모든 일은 나, 너, 우리가 무엇인가를 배울 수 있게 도와주는 구실을 한다. 그리고 죽음은 그 어떤 것보다도 더 많이 배울 수 있게 해 준다.

오랜 생각 끝에 나는 인간은 무엇인가를 배우는 데 아주 이상적인 환경을 부여받았다는 결론을 내렸다. 한번 상상해보라. 지금 주어진 삶보다 인간의 배움이란 목적에 더 이상적인 환경은 어떤 환경일까? 내 인생에서 가장 암울한 순간은 하느님이 만드신 일종의 신병 훈련소였다. 그곳은 지옥 같은 장애물 코스로 득실거렸지만, 그곳 역시 인간의 배움을 위해서 계획된 곳이라는 생각이 든다. 그리고 인생의 모든 장애물 가운데서도 가장 지독하게 만들어진 것은 성性이라는 장애물일 것이다. 실제로 죽음은 인간의 성이 만들어낸 결과물이다.

진화 단계에서 가장 맨 밑바닥에 있는 유기체는 성적으로 번식하지 않는다. 단순히 무성 생식을 통해 복제될 뿐이다. 자라면서 그 유전적인 물질은 계속 살아간다. 이것들은 누군가 지나가다가 밟지만 않는다면 그야말로 죽지도 않고, 노화나 자연적인 죽음을 겪지도 않는다. 유성 생식이 발견되는 시점은 진화 단계가 어느 정도 충분히 진행되고 나서도 한참이 지난 시점이었다. 유성 생식의 발견 시점에 와서야 비로소 노화나 자연적인 죽음과 같은 현상도 발견된다. 모든 일에는 치러야 할 대가가 있는 법이다.

인간은 막바지에 몰렸을 때 가장 잘 배운다. 이 얼마나 놀라운 사실인가! 심리 치료를 하면서 나는 특히 그룹으로 작업할 때 효과적이고 유용한 기법을 도입하였다. 그런데 그룹을 이루는 구성원들이 무한정 시간이 있는 것처럼 행동하면 갑자기 이렇게 말을 꺼냈다. "좋아요, 여러분. 이 그룹은 남은 시한이 6개월 정도입니다. 6개월 안에 이 그룹의 치료를 끝내야 합니다. 여러분에게는 이제 6개월이라는 시간이 주어졌습니다." 일단 최종 기한을 확실히 못박고 나면 사람들이 얼마나 재빠르게 움직이는지 놀랄 지경이다. 무슨 말을 해도 엉덩이만 붙이고 앉아 아무것도 하지 않을 것 같던 사람들도 마침내 움직이기 시작한다!

개인 심리 치료에서도 최종 기한을 설정하면 마찬가지의 효과를 낼 수 있다. 환자와 의사 간의 소중한 관계가 어느 날, 어느 시점에 끝난다는 것은 환자에게도 의사에게도 의미가 있다. 즉, 환자와 의사 간의 관계 종결은 죽음이라는 포괄적인 문제를 상징하는 것으로 이용될 수 있을 뿐만 아니라 환자에게는 죽음의 문제를 진지하게 고민해보는 기회 — 대부분의 사람은 이런 방식으로 하지 않으면 절대로 접해볼 수 없는 — 를 제공할 수 있다.

죽음과 성장의 단계들

엘리자베스 퀴블러-로스는 죽음에 관한 연구를 통해 죽어가는 사람들이 죽음을 받아들이는 과정을 밝혀냈다. 사람들이 죽음을 경험하는 일정한 단계는 다음과 같은 순서로 일어난다.

- 부인denial
- 분노anger
- 거래bargaining
- 절망depression
- 수용acceptance

첫 번째 단계는 부인이다. 죽어가는 사람들은 일단 죽음을 부인한다. 이들은 흔히 이렇게 말한다. "아냐, 그럴 리 없어! 나한테 이런 일이 생길 리가 없어! 내 검사 결과와 다른 사람의 검사 결과가 뒤바뀐 게 틀림없어." 그러나 부인의 단계가 그리 오래 가지는 않는다.

그러고 나서 두 번째 단계로 접어드는데 이때는 화를 낸다. 의사에게, 간호사에게, 병원에, 친지들에게, 신에게 분노를 표출한다.

화를 내도 갈 곳이 없어지면 세 번째 단계에 들어선다. 즉 거래를 시작하면서 이렇게 말한다. "교회에 가서 기도를 시작하면 어쩌면 암이 사라질지도 몰라." 또는 "기분 전환이 필요해. 그러면 아이들에게도 더 관대해질 거고 그 덕분에 몸 상태가 좋아지겠지."

이것도 효과가 없으면 네 번째 단계에 빠진다. 모든 게 다 끝났다는 것을 깨닫고 죽을 준비를 하는데 이 시점에서 그들은 끝없는 절망에 빠진다.

여기까지 버틸 수 있고 의사들이 말하는 '우울증 작업'을 겪고 나면 다섯 번째 단계를 맞을 수 있다. 이 마지막 단계는 절망의 다른 한쪽 끝을 통해 빠져나온 뒤에 들어갈 수 있는 수용의 단계다. 이 수용의 단계는 정신적으로 아주 평온하고 고요해져서 심지어는 아주 가벼워지는 단계다. 죽음을 받아들인 사람들은 내면 안에 환히 빛나는 빛을 품고 있다. 이것은 마치 한 번 죽었다가 어떤 심령적인 의미에서 부활한 것과 거의 같은 의미다. 곁에서 보기에도 정말 아름다운 일이다.

그러나 이런 일이 흔하게 나타나는 것은 아니다. 대부분의 사람들은 수용이라고 하는 이 아름다운 다섯 번째 단계에 이르지 못하고 중간 단계에서 죽고 만다. 많은 사람은 아직도 부인하고 아직도 분노하고 아직도 거래하고 아직도 절망하면서 죽어간다. 그 까닭은 네 번째 단계를 거치고서 겪는 우울증 작업이 너무나 고통스럽고 힘들기 때문에 거기서 포기하고서 다시 처음으로 되돌아가 또 부인하고 분노하며 거래하는 탓이다.

비록 당시에는 인식하지 못했을지라도, 심리적이고 영적인 성장의 측면에서 누구든 중대한 발걸음을 내디딜 때마다 퀴블러 로스가 밝혀낸 일정한 단계를 정확히 그 순서대로 밟게 된다는 사실은 참으로 놀라운 일이 아닐 수 없다.

인생이라는 거친 사막을 가로지르기 위해 커다란 발자국을 남길 때마다, 내적으로 중대한 발전을 이룰 때마다 사람들은 부정에서 출발하여 분노와 거래를 거쳐 절망에 이른 다음 수용이라는 과정을 겪는다.

예를 들어 내 성격에 아주 심각한 결점이 하나 있다고 치자. 그런데 친구들이 자꾸 그 결점을 헤집어서 끊임없이 나를 비난한다고 가정해보자. 나는 과연 처음에 어떤 반응을 보일까? 아마 이런 식으로 반응할 것이다. "흠, 제인이 오늘 아침 잠을 잘 못 잔 게 틀림없어" 하고 말하거나 "폴 그 녀석은 마누라에게 화가 단단히 났구먼그래. 그건 뭐, 나랑은 상관없는 일이잖아" 하고 말이다. 말 그대로 부인의 단계다.

그래도 친구들이 계속해서 비판한다면 이렇게 말할 것이다. "무슨 권리로 내 일에 감 놔라 배 놔라 사사건건 참견하는 거야? 내 입장이 뭔지 알지도 못하면서. 쳇, 다들 자기 일에나 신경 쓰시지!" 이는 분노의 단계다.

하지만 친구들이 나를 너무나 아끼는 마음에서 계속해서 충고하는 거라면 이렇게 생각하기 시작할 것이다. "이런, 최근에 친구들을 격려해준 적이 거의 없었군그래." 그러고는 얼굴 가득 웃음을 띠고서 다가가 친구들을 한껏 토닥인다. 물론 이렇게 하면 친구들의 입을 다물게 할 수 있을 거라고 희망하면서 말이다. 이것이 거래의 단계다.

그러나 친구들이 날 진정으로 사랑한 까닭에 쉬지 않고 비판한 것이라면 그제야 진의를 알아차릴 것이다. "혹시 친구들이 옳은 말을 하는 건 아닐까? 정말 내게 어떤 잘못이 있는 건 아닐까?" 그리고 고개를 끄덕거리며 그렇다는 답이 나오면 우울해지기 시작한다.

그러나 우울한 심정을 잠시 내려놓고 "좋아, 내게 문제가 있다면 그것이 무엇일까?" 하고 생각해볼 수 있다면, 그리고 그 문제를 숙고하고 분석하고 따로 떼어내어 확인할 수 있다면 그 문제를 없애고 자기 자신을 다듬는 과정으로 나아갈 수 있다. 이렇듯 완벽하게 우울증 작업을 끝내고 나면 또 다른 반대편 끝에서 새로운 사람으로 태어날 수 있다. 부활된 인간으로, 더 나은 사람으로 태어날 수 있다.

죽는 법 배우기

이런 내용은 사실 전혀 새롭지 않다.《아직도 가야 할 길》에서는 거의 2000년 전에 세상을 살다간 세네카의 말을 인용한 바 있다. "사람들은 평생 살아가는 방법을 배워야 한다. 그리고 더욱 놀라운 것은 죽을 때까지 죽는 법을 배워야 한다는 것이다." 사는 법과 죽는 법은 따로따로 배우는 게 아니라 같이 배우는 것이다. 사는 법을 배우려면 죽음과 가까워져야 한다. 왜냐하면 죽음은 우리에게 존재의 한계를 일깨워주기 때문이다. 우리에게 남아 있는 시간이 그리 길지 않다는 것을 의식할수록 주어진 시간을 최대로 활용할 수 있다.

카를로스 카스타네다Carlos Castaneda의 책에는 늙은 멕시코 인디언 지도자 돈 후안이란 인물이 나온다. 돈 후안은 죽음을 동맹군이라 부르며 죽음에 대해 설교했다. 돈 후안에 따르면, 동맹군은 길들일 수 있기 전까지는 맞붙어 싸워야만 하는 무서운 군대다. 이것이 바로 죽음이다. 우리는 죽음과 대결해야 하고, 죽음의 신비와 기꺼이 맞서 싸워야 한다. 그래야만 돈 후안처럼 죽음을 충분히 길들여서 자신의 왼쪽 어깨 위에 올려놓을 수 있다. 어깨 위에 앉은 죽음 덕분에 우리는 밤이고 낮이고 계속해서 죽음이 베풀어주는 현명한 조언의 혜택을 누릴 수 있다.

'동맹군'이란 친구를 뜻하는 말이지만 적어도 서구 문화에서는 죽음을 친구로 바라보는 게 그리 익숙하지 않다. 힌두교나 불교를 많이 믿는 동양 문화에서라면 죽음은 서양 문화에서보다 훨씬 더 좋은 대접을 받는다. 사실 윤회설—힌두교나 불교에서 모두 인정하는—에서 모든 보상과 모든 목표는 죽음에 있다. 이 생각은 인간이 이 땅에서 태어나 무엇을 배워야 할지를 깨달을 때까지는 계속해서 환생—다시 태어나고 다시 태어나고 다시 태어나는—한다는 것이다. 다시 말해 인간은 깨달음을 얻고 난 다음에야 끊임없이 되풀이되는 환생의 바퀴에서 내려와 마침내 영원히 잠들 수 있다.

이런 생각을 받아들이든 받아들이지 않든, 윤회설에서도 인생의 목적은 역시 배우는 데에 있음을 숙지해야 한다. 실제로 힌두교도나 불교도가 나머지 다른 종교를 믿는 사람들이나 무신론자보다 죽음을 훨씬 덜 무서워한다는 증거는 없다. 죽음을 *두려워하는* 것은 정상이다. 죽는다는 것은 미지의 세계로 들어가는 것이므로, 알 수 없는 세계로의 진입을 어느 정도 두려워한다는 것은 사실 매우 건강하다는 증거다. 오히려 죽음을 무시하려 드는 태도가 건강하지 않은 모습이라 할 수 있다.

무신론자인 친구들은 종종 나를 비판한다. 그들이 가장 자주 하는 비판 가운데 하나는 종교란 죽음의 불가사의와 공포를 정면으로 대하게 된 노인들을 위한 지팡이라는 것이다. 성숙한 종교는 죽음의 불가사의함과 싸우면서 시작되고 또 발전하였으므로 나는 친구들의 주장이 옳다고 생각한다. 하지만 별 의미도 없이 그저 신을 인정하지 않는 것이 조금이라도 더 용감해 보이기 때문에 그런 식의 말을 일삼으면서 종교를 지팡이로 여긴다는 점에서 그들은 옳지 않다. 죽음의 중요성을 인정하고 죽음을 직시함으로써 종교를 갖게 된 사람들이 그렇지 않은 사람들보다 실제로 더 용기가 있다. 나는 그렇게 생각한다. 반면에 무신론자들은 죽음이란 심장 박동이 멈추는 것에 불과하다고 선언하고서는 곧바로 죽음을 외면하면서 죽음의 중요성을 부인하려 든다. 이것은 일종의 회피다. 이런 사람들은 죽음의 이면을 들여다볼 수 있을 만큼 죽음에 가까이 다가가고 싶어 하지 않는다.

하지만 주의할 것이 있다. 규칙적으로 교회에 나가는 대다수의 사람들은 어떨 것 같은가? 그들은 오히려 무신론자들보다 죽음의 불가사의에 대해서 고심하지 않는다. 대부분의 교인은 피상적으로 물려받은 기성 종교를 아무 생각 없이 받아들인다. 이러한 종교는 물려받은 옷처럼 편하기는 하지만 장식물에 불과하다. 여기서 "하느님에게는 손자가 없다"고 말하는 이유가 무엇인지 생각해봐야 한다. 누구든 부모를 통해서 하느님과 관계할 수는 없다. 자기 자신이 직접적으로 하느님과의 관계를 설정해야 한다. 다른 사람들로 하여금—목사나 종교 지도자 그리고 부모—우리의 죽음이 지닌 불가사의를 고뇌하게 할 수는 없다.

인생을 살아가면서 누구에게나 고독하게 수행해야 하는 영적인 여정이 있기 마련이다. 그런 것들 가운데 하나가 죽음의 불가사의에 관해 고심하는 것이다. 다른 사람들에게 자신의 고뇌를 떠넘길 수는 없다.

많은 교인들은 죽음의 문제를 무슨 역병이라도 되는 것처럼 피하려 든다. 사실 대부분의 기독교 종파는 예수를 십자가에서 떼어 놓고 생각하는 경향이 있다. 그 이유가 뭔지 궁금해서 물어보면 십자가에 못 박힌 예수보다는 부활한 예수를 더 강조하기 위해서라고 대답한다. 하지만 예수의 피흘림과 죽음 그리고 그들의 눈앞에 보이는 죽음의 현실을 단순히 외면하고 싶기 때문은 아닌지, 가끔은 의아스러운 생각이 든다.

죽음에 대한 두려움과 나르시시즘

그런데 우리는 왜 그토록 죽음을 두려워하는가?

　그 까닭은 주로 인간의 나르시시즘 때문이다. 나르시시즘이란 기이하고도 매우 복잡한 현상이다. 이런 현상은 인간의 생존 본능이라는 심리학적인 측면에서는 어느 정도 필요하다. 그러나 유아기를 거치면서 나르시시즘은 대체로 자기 파괴적으로 변한다. 억제되지 않은 나르시시즘은 심리적이고 영적인 질병에서 나타나는 주요한 징조다. 영적으로 건강한 삶은 나르시시즘에서 점차적으로 빠져나와 차츰 성장한다. 물론 빠져나오지 못하고 성장하지 않는 경우도 무척 흔한 일이다. 그런 경우 사람은 극도로 파괴적으로 변한다.

　정신과 의사들은 자존심이 받는 상처에 관해 이야기하면서 그것을 '나르시시즘의 상처'라고 부른다. 그리고 이 나르시시즘의 상처가 심해지면 결국 죽음에 이른다. 사람은 누구나 항상 나르시시즘적인 상처를 조금씩은 받으며 살아간다. 예를 들어 친구가 멍청이라고 부를 때, 배구팀에 뽑히지 못했을 때, 대학에 떨어졌을 때, 고용주가 책망할 때, 직장에서 해고됐을 때, 자녀들이 받아들여주지 않을 때 등등 상처받는 상황은 수없이 많다. 이러한 나르시시즘의 상처는 결과적으로 우리를 비참하게 만들기도 하지만 때로는 성장하게도 한다. 하지만 죽음은 커다란 문제다. 우리에게 존재론적인 소멸이 다가오는 것인 만큼 자기 자신에게 있는 나르시시즘적인 애착과 자부심을 위협하는 것은 아무것도 없다. 따라서 우리가 죽음을 두려워하는 것은 지극히 당연한 일이다.

이러한 두려움에 대처하는 방법에는 두 가지가 있는데, 평범한 방법과 현명한 방법이 그것이다. 평범한 방법이란 두려움을 마음에 두지 않고, 의식하려 하지 않으며, 아예 생각조차 하지 않는 것이다. 젊을 때에는 이 방법이 효과적이다. 그러나 더 멀리 떼어버리려고 할수록 두려움은 더 가까이 다가오는 법이다. 시간이 한참흐른 뒤, 나이가 지긋해지면 주변의 모든 것이 죽음을 떠올리게 한다―자녀의 졸업식, 병들어가는 친구들, 삐걱거리는 관절들. 달리말해서 평범한 방법은 그다지 현명한 대처 방법 같지는 않다. 죽음과 대면하기를 미룰수록 나이를 먹는 것이 더욱 두려워지기 때문이다.

현명한 방법이란 가능한 한 빨리 죽음을 직시하는 것이다. 그렇게 할 때만이 정말로 단순한 진리를 깨달을 수 있다. 즉, 자기 자신의 나르시시즘을 극복할 수 있다면―완전하게 극복할 수는 없겠지만―죽음에 대한 두려움을 극복할 수 있다는 것이다.

이것이 가능한 사람들의 경우, 죽음을 멀리서 바라보는 행위가 심리적이고 영적인 성장에 커다란 자극이 된다. 이런 사람들은 스스로에게 이렇게 말한다. "사람은 영원히 살지 못해. 어차피 누구나 죽게 되어 있는데 무엇 때문에 어리석고 늙은 내 자신에 집착하겠어?" 그리고 사심 없이 여행을 떠난다.

이 여행은 쉬운 여행이 아니다. 인간의 나르시시즘이라는 촉수는 아주 민감하고 날카로워서 날마다, 일주일마다, 달마다, 해마다, 10년마다 잘라내줘야 한다. 나 또한 나르시시즘을 처음으로 인지한 후 40년 동안 줄곧 여전히 잘라내고 있다.

쉬운 여행은 아니더라도 이 여행은 떠날 만한 가치가 충분하다. 왜냐하면 자기 안의 나르시시즘, 자기중심주의, 오만함을 더 줄여 나갈수록 더욱더 죽음을 두려워하지 않는 자신을 발견할 수 있기 때문이다. 또한 삶에 대해서도 두려워하지 않을 수 있다. 그렇게 되면 사랑도 더 많이 나눌 수 있다. 더 이상 자기 자신을 보호해야 할 필요가 없어지므로 자신에게서 눈을 돌려 진심으로 다른 사람들을 알아보는 것이다. 점차 자기 자신을 잊고 신을 기억하기 전까지는 느껴보지 못하던 지속적이고 근원적인 행복감을 더욱더 풍요롭게 느끼기 시작한다.

이것이 바로 모든 위대한 종교가 전하는 중요한 메시지다. 죽는 방법을 배워라. 나르시시즘으로부터 빠져나오는 길이야말로 의미 있는 삶으로 가는 길이라고, 종교는 되풀이해서 말한다. 불교도와 힌두교도는 이것을 자기 이탈의 필요라는 관점에서 말한다. 그래서 실제로 그들에게 자아라는 관념은 환영에 불과하다. 예수도 이와 비슷한 말을 했다. "누구든지 생명을 구하려는 자는(즉, 누구든지 자신의 나르시시즘을 고집하는 자) 생명을 잃을 것이요, 누구든지 나를 위해 자기 생명을 잃는 자는 생명을 얻을지니."

신비의 취향

내게는 오랜 스승이 한 분 있다. 그러나 그 스승을 직접 만나본 적은 없는데, 그가 매혹적인 짧은 유대 이야기에 나오는 랍비이기 때문이다. 그는 19세기 말에 러시아의 작은 마을에서 살았다. 랍비는 인생의 종교적인 문제와 영적인 문제에 대해 20년 동안 매우 깊이 성찰한 후에, 마침내 그 밑바닥까지 파고들었을 때 자신이 아무것도 모르고 있었다는 결론에 도달했다.

이러한 결론을 내린 직후에, 그는 마을 광장을 가로질러 기도를 하러 유대 교회로 가고 있었다. 그런데 마침 기분이 몹시 좋지 않던 한 코사크 기병 혹은 제정 지역 경찰이 랍비에게 화풀이를 하려고 소리쳐 불렀다. "이봐, 랍비! 지금 어딜 가는 거요?"

그러자 랍비는 대답했다. "모릅니다."

대답을 듣고 난 경찰이 더욱 화를 내며 소리쳤다. "모른다니 그게 무슨 소리야? 당신은 날마다 오전 11시에 마을 광장을 가로질러 유대 교회로 기도하러 가잖아. 지금이 오전 11시야. 그리고 당신은 유대 교회 쪽으로 가고 있고. 그런데 어디로 가고 있는지 모른다고 대답을 해? 나를 바보로 만들고 싶은 모양인데, 그러지 못하도록 따끔하게 가르쳐주지."

그래서 경찰은 랍비를 붙잡아 감옥에 집어넣었다. 감방에 랍비를 집어넣으려는 바로 그 순간, 랍비가 경찰을 향해 돌아서며 이렇게 말했다. "그것 보시오, 당신도 모르지 않소."

이렇듯 나도 모른다. 어느 누구도 알지 못한다. 우리는 매우 불가사의한 우주에 살고 있다. 토머스 에디슨은 이렇게 말한 적이 있다. "우리는 어떤 것의 99퍼센트 가운데 1퍼센트도 이해하지 못한다."

안타깝게도 이런 진리를 깨달은 사람들은 극소수에 불과하다. 사람들은 대부분 많은 것을 알고 있다고 생각한다. 자신의 주소, 전화번호, 주민등록번호 등은 알고 있다. 일하러 갈 때 어느 길로 가야 하는지도 알고, 물론 돌아오는 길도 안다. 자동차 안에는 차를 움직이게 하는 내연 엔진이라는 게 있는 것도 알고, 시동 장치에 키를 넣고 돌리면 엔진이 가동된다는 것도 안다. 아침이면 해가 뜨고 밤이면 해가 진다는 것, 내일이 되면 태양은 다시 떠오른다는 것도 안다. 그런데 대체 뭐가 그토록 불가사의하다는 말인가?

나는 이런 식으로 생각했다. 그러니까 의과 대학에 다닐 때, 의학계에는 더 이상 미개척 분야가 남아 있지 않아서 참으로 유감스럽다고 말이다. 중대한 질병들은 이미 모두 발견되어서 대부분 실체가 파악됐으니, 분명한 것은 내가 인류 공익에 이바지한 요나스 솔크 Jonas Salk(효험 있는 소아마비 백신을 최초로 개발한 미국의 의사이며 의학자—옮긴이)처럼 될 수 없다는 것이었다.

또한 우리 인간이 많은 것을 모른다는 사실을 깨닫게 해준 일도 몇 가지 있었다. 입학하고 얼마 후, 학생들은 신경학과 학장이 진행하는 발표회에 참석했다. 학생들로 가득 찬 계단식 강의실에서 학장은 불쌍하게도 거의 옷을 입지 않은 남자를 실험 모델로 앉혀놓고 강의를 진행했다. 학장은 매우 정확한 신경 해부학적 지식을 동원해가며 이 사람이 어떻게 해서 소뇌 내부에, 척수의 위쪽 끝 부분에, 또 척수 아래쪽 끝에 있는 병소 때문에 장애를 겪고 있는지를 소상히 설명했다. 아주 인상적인 강의였다.

강의 끝 무렵에 한 친구가 질문을 했다. "교수님, 이분은 왜 이런 장애를 겪습니까? 이분에게 무슨 문제라도 있는 겁니까?" 신경학과 학장은 한숨을 내쉬며 분명히 말했다. "이 환자는 특발성 신경 장애를 앓고 있다네."

학생들은 모두 방으로 달려가서 책을 뒤적이며 그 용어를 찾았다. 특발성이란 '원인을 알 수 없는'이란 뜻이었다. 특발성 신경 장애란 그러니까 알 수 없는 원인에 따른 신경계 질환을 의미했다.

그래서 우리는 특발성 신경 장애, 특발적 용혈성 빈혈증 그리고 특발성 질환에 관한 논문들과 아직도 잘 이해하지 못하는 특발성 질병들이 매우 드물게 있다는 사실을 알았다. 하지만 대부분의 것들은 이미 알려져 있는 것들이었다.

의과 대학에 다니는 동안, 질문을 자주 하는 편이었지만 담당 교수들은 항상 내 질문에 답을 갖고 있었다. 나는 교수들이 "모른다"고 대답하는 것을 단 한 번도 들어보지 못했다. 교수들의 대답을 늘 이해한 건 아니었지만 그것은 내 잘못이라고 생각했다. 내 작은 머리로는 절대로 위대한 의학적 발견을 하지 못하리라는 것은 자명해 보였다.

그런데 학교를 졸업하고 10년쯤 뒤, 나는 의학적으로 대단한 발견을 이루어냈다. 내가 발견한 것은 우리가 의학에 관해서 아는 것이 별로 없다는 거였다. 내가 이런 발견을 한 이유는 "우리는 무엇을 알고 있는가?" 하고 묻지 않고 "우리가 모르는 것은 무엇인가?" 하고 묻기 시작했기 때문이다. 이렇게 묻기 시작하면서부터 닫혀 있다고 생각했던 모든 미개척 분야의 문이 내 눈앞에서 스르르 열렸다.

예를 하나 들어보자. 뇌수막염은 아주 잘 알려진 질병 가운데 하나다. 그리 흔한 질병은 아니지만 그럼에도 잘 알려진 편으로, 겨울마다 5만 명에 1명꼴로 이 병에 걸린다. 의사들에게 뇌수막염의 원인을 물어보면 이렇게 대답할 것이다. "그야 물론 당연히 수막구균 때문이죠." 어떤 면에서 이 대답은 옳다. 왜냐하면 이 무서운 질병에 걸려 사망한 사람—50퍼센트 정도는 사망하고 25퍼센트 정도는 불구가 된다—을 부검하려고 두개골을 열어보면, 뇌를 덮고 있는 세포막이나 수막에 고름이 가득 차 있는 것을 볼 수 있기 때문이다. 현미경으로 그 고름을 들여다보면, 헤아릴 수 없이 많은 세균들이 여기저기로 헤엄쳐 다닌다. 그 세균들을 적절한 배양기로 배양해보면 무엇이 보일까? 당연히 수막구균이 보인다.

그런데 여기 짚고 넘어갈 문제가 하나 있다. 지난겨울에 내 고향 코네티컷의 뉴 프레스턴에 사는 주민들과 플린트나 미시간과 같은 북부 도시에 사는 주민들의 가래를 배양해보았다면, 아마 조사한 사람들의 85퍼센트 정도에서 이 세균들을 발견하고도 남았을 것이다. 게다가 뉴 프레스턴에 사는 어느 누구도 지난겨울이나 지난 세대 동안에 또는 앞으로 다가올 세대에도 수막염에 걸리거나 그 때문에 죽지 않을 것이라는 사실도 알게 되었을 것이다.

이 세균이, 그러니까 도처에 퍼져 있는 이 박테리아가 49,999명의 사람에게는 아무런 해도 주지 않고 그저 간헐적으로 존재하다가, 이전까지는 건강하던 한 젊은 사람의 뇌에 들어가 치명적인 감염을 일으키는 기제와 원인은 무엇일까?

답은 "모른다"이다.

책에 나오는 거의 모든 질병도 이와 마찬가지다. 유감스럽긴 하지만 뇌수막염보다도 더 일반적인 예를 하나 더 들어보면, 잘 알려진 질병으로 폐암이 있다. 사람들은 흔히 흡연이 폐암의 원인이라고 알고 있다. 하지만 담배를 입에 대지 않던 사람들도 폐암에 걸려 죽는다. 우리 할아버지 같은 분은 92년에 걸친 한평생 동안 엄청난 기간을 담배와 함께했지만 폐암에 걸리지 않았다. 따라서 폐암의 원인에는 확실히 흡연 이외의 다른 무언가가 있다. 그렇다면 그것은 무엇일까? 그에 대한 대답 역시 "잘 모른다"이다.

이런 상황은 거의 모든 질병은 물론이고 그 질병의 치료에도 적용된다. 치료할 때 특정 약물을 처방해주면 환자들은 이따금씩 묻는다. "펙 박사님, 이 약은 어떤 작용을 하나요?" 나는 이렇게 대답한다. "그 약은 뇌의 변연계에서 카테콜아민의 균형을 바꾸어줍니다." 그러면 환자들은 더 이상 말을 하지 않는다. 하지만 정확하게 말해서, 어떤 화학 약품이 뇌 안의 변연계에서 어떤 식으로 카테콜아민의 균형을 바꾸어주기 때문에 우울하던 사람을 덜 우울하게 만들고, 정신 분열증 환자가 더 명확하게 사고하게 될까? 짐작했겠지만, 이에 대한 대답 또한 "모른다"이다.

여러분은 의사들도 모르는 것이 많다는 것을 이미 알아차렸을지 모른다. 하지만 알고 있는 의사들도 있다. 왜 그렇지 않겠는가? 의학은 일종의 기예와 같을 수 있지만, 물리학이 그렇듯이, 자연 과학은 정해진 법칙을 갖고 있다는 뜻이다.

근대 물리학은 여러모로 아이작 뉴턴에게서 시작되었다. 머리 위로 사과가 떨어졌을 때 뉴턴은 중력을 발견했을 뿐만 아니라 실제로 중력에 대한 수학 공식도 만들어냈다. 그래서 이제는 모든 사람들이 알고 있듯이, 두 물체는 질량에 정비례하고 거리의 제곱에 반비례하는 힘으로 서로를 끌어당긴다. 이런 법칙은 상당히 무미건조해 보인다.

그렇다면 왜 그럴까? 왜 두 물체는 서로를 끌어당기는가? 왜 이러한 힘이 있어야 하는가? 그 힘은 무엇으로 이루어져 있는가? 이에 대한 답 역시 "모른다"이다. 뉴턴이 만들어낸 수학 공식은 단순히 그러한 현상을 기술할 뿐이다. 왜 그런 현상이 애초에 존재하는지, 어떻게 작동되는지는 설명해주지 못한다. 즉, 모르는 것이다. 이 엄청난 기술 시대에도 생명체가 어떻게 해서 발을 땅에 붙이고 살 수 있는지 이해하지 못한다. 따라서 우리는 아직까지 자연 과학에 대해서도 역시 잘 모르는 것이다.

하지만 누군가는 확실히 무엇인가를 알고 있어야 한다. 수학을 매우 무미건조하다고 말했지만, 수학자들은 진실을 알고 있어야한다. 학창 시절 우리 모두는 두 개의 평행선은 만나지 않는다고하는 대진리를 배웠다. 그러고 나서 대학교 2학년 무렵, 나는 학교교정을 내려가다가 누군가가 리만 기하학에 대해 말하는 소리를들었다. 그것을 계기로 나는 리만을 알게 되었다. 베른하르트 리만Bernhard Riemann은 19세기 중반에 살았던 독일의 수학자로, "두개의 평행선이 만나면 어떻게 될까?"라고 자문했다. 두 개의 평행선이 만난다는 가정과 유클리드 공리를 몇 가지 바꾸어서, 리만은전혀 다른 기하학을 발전시켰다. 잘 알고 있듯이 원자 폭탄의 발명을 가져왔던 연구(상대성 원리를 매개로 한)를 포함해서 알베르트 아인슈타인의 대부분의 연구가 바로 리만 기하학을 기초로 이루어진 것이다. 만일 아인슈타인의 연구가 유클리드 기하학을 기초로 하지 않고 리만 기하학을 기초로 했다는 사실이 드러나지 않았더라면, 리만의 연구는 기껏해야 머리핀 위에서 몇 명의 천사가춤을 출 수 있을지를 알아내는 정도의 지적인 실험이나 놀이로 보였을지도 모른다.

　수학자 친구들은 내게 잠재적인 기하학의 수는 무한하다고 말해주었다. 리만 시대 이후로 여섯 개의 기하학이 추가로 발달해왔다. 그래서 현재는 여덟 개의 서로 다른 기하학이 작동하고 있는셈이다. 어떤 것이 진짜일까? 알 수 없다.

연금술로서의 심리학

딱딱한 자연 과학을 가지고도 충분히 알 수 없으니, 내가 공부한 '말랑거리는' 심리학('hard science'는 물질을 다루는 학문이라는 점에서 단단하고 딱딱한 느낌인 반면, 심리학은 마음을 다룬다는 점에서 물질에 비해 말랑거린다는 느낌에서 'soft'라는 말을 썼다—옮긴이)으로 되돌아가보자. 어떤 사람들은 심리학을 연금술에 비유한다. 연금술의 시대, 즉 과학자들이 비금속을 금으로 바꾸려 했던 시대에는 이 세상이 네 가지 '원소', 즉 흙, 공기, 불 그리고 물로 이루어졌다는 정도만 알고 있었다. 그 이후로 원소의 주기율을 표로 만들어냈고, 수소·산소·탄소 등과 같은 100가지 이상의 기본 원소가 있다는 것도 발견했다. 하지만 심리학은 아직도 어두운 연금술의 시대에 머물러 있는 것 같다.

예를 들어 여성해방운동은 남녀 사이에 해부학적인 차이가 없고 유사하다는 가정을 기반으로 한다. 그런데 해부학적인 차이가 없고 유사하다는 것은 무슨 뜻인가? 문화적 또는 사회적으로는 얼마나 차이가 나는가? 그리고 생물학적으로는 얼마나 차이가 나는가? 우리는 알지 못한다. 20세기 말을 사는 지금도, 지구에서 우리를 날려버릴 방법은 알고 있어도 성이 도대체 무엇인지조차 우리는 잘 이해하지 못한다.

신비라는 주제와 상당히 관련이 많은 인간의 특성 중 하나인 호기심을 생각해보자. 모든 사람들은 똑같은 호기심을 지니고 태어날까 아니면 각기 다른 만큼의 호기심을 갖고 있을까? 호기심이란 유전적으로 전달되는 것인가 아니면 문화 속에서 성장하면서 배우는 것인가? 우리 내부에서 나타나는 것인가 아니면 외부에서 주입되는 것인가? 우리는 알지 못한다. 가장 중요한 인간의 특징에 대해서 과학적으로 알 수 있는 희망의 빛은 아직 도래하지 않았다.

그토록 아는 것이 별로 없고 실제로 아무것도 모르면서 어째서 인간은 사실을 안다고 끊임없이 생각하는 걸까? 그 까닭은 두 가지다. 겁이 많고 게으르기 때문이다.

우리는 사실 지금 무슨 일을 하고 있는지, 어디로 가고 있는지 모른다. 하지만 자신이 어둠 속에서 더듬거리는 어린애라고 생각하는 건 두려워한다. 그래서 실제보다 훨씬 더 많이 알고 있다는 착각 속에서 사는 게 더 마음이 편한 것이다.

우리는 또한 게으르기 때문에 착각 속에 빠져 산다. 우리가 지독히 무지하다는 현실에 눈을 떴더라면, 스스로 매우 어리석은 존재라고 생각했거나 최소한 수고스럽더라도 스스로 일생 동안 기꺼이 배우려 했을 것이다. 대부분의 사람들은 이처럼 자기를 어리석다고 생각하거나 수고스럽게 인생을 보내려 하지 않으므로, 실제로 아는 것보다 더 많이 안다는 그럴듯한 환상 속에서 사는 것이 훨씬 더 편안한 것이다.

문제는 그런 생각이 착각이라는 데 있다. 그것은 실상이 아니다! 기억할지 모르겠지만《아직도 가야 할 길》에서는 정신 건강을 이렇게 정의했다. 정신 건강이란 어떤 대가를 치르더라도 실상에 충실하려는 지속적인 과정이다. 여기서 '어떤 대가를 치르더라도'라는 말은 '실상이 우리를 아무리 불편하게 만들더라도'라는 의미다.

오늘날, 고통을 회피하는 문화 속에서는 정신 건강이 늘 장려되는 것이 아니다. 누군가가 감정적 좌절을 겪고 있을 때 사람들은 흔히 "가엾은 조이, 정신을 차리고 있구나" 하고 말한다. 하지만 그런 식보다는 이런 식으로 말해줘야 한다. "잘됐구나, 조이. 정신을 차리고 있다니." 하지만 사람들은 "저런, 불쌍한 조이. 이제야 사태를 제대로 파악하는군. 가엾은 녀석"이라고 말한다. 마치 실상을 인식하는 것이 나쁜 일이라도 되는 것처럼 말이다.

마찬가지로 치료를 진행하면서 환자들이 어렸을 때 괴롭힘을 당하거나 학대받았다는 사실을 알았을 때, 의사들은 "안됐군요" 하고 말할 수 없다. 그 까닭은 그 고통이야말로 결과적으로 그들의 건강을 촉진하기 때문이다.

당연히 모든 규칙에는 예외가 있기 마련이다. 나는 심리학자들이 소위 '건강한 착각'이라고 부르는 데에는 상당한 일가견이 있다고 생각한다. 예를 들면 집중 치료 병실에서 치료받는 심장병을 앓고 있는 의사는 의사가 아닌 사람들보다 사망할 가능성이 두 배는 더 많다. 왜 그럴까? 그 이유는 잘못될 수 있는 모든 과정을 알고 있기 때문이다. 반면 일반 사람들은 "전 그저 심장병이 있을 뿐이에요"라는 정도로만 자기 병을 안다. 따라서 가끔 착각이 건강에 좋을 수도 있다.

그렇지만 착각에서 깨어나야만 한다. 일반적으로 현실에 잘 적응할수록 더 잘살 수 있다. 그러나 인간은 신비에 대한 심미안을 가졌을 때에만 현실 세계에서 살 수 있다. 왜냐하면 인간의 지식이란 무지의 바다와 신비의 대양에서 오르락내리락하는 초라한 뗏목에 불과하다는 것이 현실적 상황이기 때문이다. 이들이 물을 좋아하지 않는다면 행운도 기대할 수 없다. 그리고 만일 이들이 신비로움을 사랑하고, 그 안에 빠져들어 헤엄치고 물을 튕기며 마시고 맛보기를 사랑한다면, 운이 따라올 것이다. 그렇게 되면 이들은 실제로 행운을 만날 수 있다.

호기심과 무관심

정신적으로 가장 건강하지 않고 가장 성숙하지 못한 인간의 특징 가운데 하나는 신비에 대한 심미안이 부족하거나 상대적으로 호기심이 부족한 상태다. 정신 병원을 방문할 때마다 가장 곤혹스러운 이유는 정신 이상이나 흥분 상태, 두려움이나 분노, 우울증 때문이 아니라 무관심 때문이다. 약 때문에 가끔 이런 현상이 나타날 수도 있지만, 지독한 무관심은 정신 장애의 특징이기도 하다.

　눈이 오기 시작하면 몸과 마음이 건강한 사람들은 어떻게 반응할까? 사람들은 창가로 다가가 밖을 내다보며 말한다. "야, 눈이 오는걸", "와, 눈이 엄청 내리는군", "야, 정말 눈보라가 날리는구나." 그런데 정신 병원에서 누군가가 "눈이 내려요" 하고 말하면, 환자들은 대체로 "카드 게임 방해하지 말아요" 하는 식의 반응을 보인다. 아니면 자신들의 망상이 방해받는 것을 바라지 않기에 그들은 창가로 가지도 않고, 눈이라는 신비로운 현상을 보려고 밖을 내다보지도 않는다.

정신병이 취할 수 있는 또 다른 형태는 불가사의함을 견딜 수가 없어서 정말로 설명할 수 없는 것을 억지로 꾸며낼 때 나타난다. 예를 들면 몇 년 전에 나는 매우 슬픈 내용의 8쪽짜리 편지를 받았다. 첫 페이지부터 정리가 잘되어 있었는데, 무심코 자신에게 호지킨병Hodgkin's disease을 앓고 있는 아들이 있다고 언급했다. 그런데 편지가 계속되면서, 이 사람의 글은 상당히 혼란스러워지고 있었다. 그는 다음과 같이 썼다. "펙 박사님, 고대의 지혜에 따르면 우리 모두에게는 우리와 항상 함께하는 보이지 않는 쌍둥이가 있다고 합니다. 그리고 우리의 정상적인 육체, 물질적인 육체 그리고 눈에 보이지 않는 쌍둥이 사이를 왔다 갔다 하는 이온화 인자가 있답니다. 그런데 병은 이러한 이온화 인자 때문에 생긴다고 합니다. 혹시 아시나요?"

물론 나는 이런 이야기에 관해서 전혀 알지 못했다. 이런 이야기는 가끔 비교적秘教的인 이론에서나 주장하는 것이다. 하지만 우리가 아직도 최소한의 증거만을 가지고 있는 것은 이뿐만이 아니다. 따라서 이 남자는 어떤 점에서 아들이 앓고 있는 호지킨병에 대한 자기 나름의 설명을 찾아냈던 것이다. 어쩌면 이런 식의 이야기를 통해 도무지 알 수 없었던 병의 불가사의를 해결함으로써 남자는 위안을 받았을 것이다. 하지만 그가 확신하고 있는 것은 망상에 불과하다.

반면에 정신적으로 건강한 사람들의 특징 가운데 하나는 미스터리를 대단히 좋아하고 깊은 호기심을 보인다는 것이다. 이런 사람들은 모든 것을 궁금해한다. 퀘이사(먼 거리에 있지만 높은 광도와 강한 전파 방출이 관측되는 희귀한 천체로, 준항성체 또는 준성전파원이라고도 부른다—옮긴이)나 레이저, 정신 분열증, 사마귀와 별에도 호기심이 있다. 이런 사람들은 모든 것에서 자극을 받는다. 하지만 사람들 대부분은 정신적으로 완벽히 건강한 상태와 심각한 정신병 사이 그 어딘가에 위치해 있고, 대부분의 경우 신비로움에 대한 취향은 잠복해 있다.

치료를 하면서 나는 환자들에게 이렇게 말하곤 했다. "여러분은 내적인 공간을 경험하기 위한 안내자로서 나를 찾고 있습니다." 환자들이 나를 찾는 이유는 내가 먼저 그들의 내적 공간을 경험해서가 아니라 내적 공간을 탐사하는 규칙을 조금이나마 알고 있기 때문이다. 심리 치료를 할 때 사람들의 내적 공간은 저마다 다르다. 치료는 매번 다른 여정을 거치는데, 이것이야말로 흥미롭다.

내적 공간을 탐사하려면 탐험가가 되어야 한다. 그리고 탐험가가 되려면 신비로움을 좋아해야 한다. 루이스와 클락에게는 "애팔래치아 산맥 저편에 무엇이 있을까?"라는 것이 신비였다. 우주 비행사에게 신비의 대상은 우주 공간이다. 심리 치료를 받는 환자에게는 주로 자신의 내부가 신비의 대상이다. 만일 치료를 받는 환자가 자신의 초기 유년기의 신비에 대한 호기심을 일깨운다면, 그래서 자신이 잊고 있던 기억과 자신의 인생에 영향을 준 경험들 그리고 인생에서 벌어진 사건, 자신의 유전자나 기질, 천성이나 교양, 자신의 꿈, 그 꿈이 의미하는 것 등을 탐사하기 시작한다면, 치료는 더욱더 진전할 것이다. 반대로 자신의 천성과 유전자, 유년기나 자신이 소망하는 꿈의 신비로움에 대한 기호가 환자로부터 깨어나지 않는다면 탐사 여정은 더디게 진전될 것이다.

신비와 관련한 기호가 '깨어난다'라고 언급한 이유는, 비록 아직은 입증할 만한 과학적인 증거는 없지만, 신비에 대한 기호란 적어도 어떤 사람에게는 위스키에 대한 애호처럼 발전할 여지가 있는 그 어떤 것이라고 믿기 때문이다. 단, 신비는 마시면 마실수록 더 많이 공급되므로 키워나가기에 더할 나위 없이 좋다. 아무리 마셔도 숙취가 없고 돈도 들지 않으며 수입세나 소비세도 물지 않는다. 이것이야말로 여러분에게 진심으로 권할 수 있는 유일한 중독이다.

신비로움과 영적인 여정

현실에서 살기는 정신 건강만의 목표가 아니다. 그것은 영적인 여정의 목표이기도 하다. 결국 인생의 *진정한* 의미를 찾으려는 영적인 여행이란 무엇일까? 바라건대 우리는 *진정한* 신을 찾고 있는 것이다.

종교가 혼란스러운 이유 중 하나는 사람들이 각기 다른 원인으로 종교에 빠져든다는 것이다. 신비에 가까이 다가가려고 종교에 이끌린 사람도 있지만, 신비에서 벗어나려고 종교에 이끌린 사람도 있다.

신비에서 벗어나려고 종교를 이용한 사람들을 트집 잡으려는 것이 아니다. 왜냐하면 심리적으로 또는 영적으로 특정한 발전 단계에 도달해서(마치 알코올의존증환자협회에 방금 들어온 환자나 도덕적으로 새롭게 살기로 한 범죄자처럼), 살아가기 위한 자양분으로 명쾌하고 교리적인 신앙과 신념 그리고 원리들을 필요로 하는 사람들이 있기 때문이다. 그럼에도 영적으로 완전히 성숙한 사람이란 교리에 집착하는 사람이라기보다는 어느 모로 보나 과학자와 같은 탐험가라고 할 수 있다. 완벽한 신념이란 것은 없다. 그것이 내가 하고 싶은 말이다. 신과 마찬가지로 현실은 우리가 단지 접근만 할 수 있는 대상이다.

> 현실을 이해하려고 노력할 때, 우리는 닫힌 시계의 기계적인 구조를 알려는 사람과 조금은 비슷해진다. 그는 시계판과 움직이는 바늘을 보고 똑딱거리는 소리를 듣지만, 시계를 여는 방법은 모른다. 만일 이 사람이 천재라면, 자신이 관찰한 모든 현상을 일으킨 기계 장치의 도면을 그릴 수도 있을 것이다. 하지만 자신이 그린 도면이 직접 관찰한 것을 설명해줄 수 있는 유일한 것이라고는 절대 확신할 수 없다. 그는 절대로 도면과 진짜 기계 구조를 비교할 수 없을 것이고, 그 둘을 비교함으로써 어떤 의미를 얻을 수 있는지조차도 상상할 수 없다.

이 글은 알베르트 아인슈타인의 펜 끝에서 나왔다. 대부분의 사람들은 아인슈타인이 이 세상의 누구보다도 많은 것을 알았을 거라고 생각한다. 실제로 아인슈타인이라는 이름은 천재와 동의어로 통한다. 그런데도 그런 대단한 천재가, 관찰하고 이론을 세울 수는 있지만 알 수는 없다고 쓰고 있다. 현실은 우리가 접근할 수만 있는 어떤 것이다.

종교가 있는 사람들이 저지르는 잘못 중 하나는 뒷주머니에 신을 넣고 다닌다고 생각하는 것이다. 하지만 영적으로 완전히 성숙한 사람들은 더 잘 안다. 신과 마찬가지로 현실이란 몇 안 되는 지식꾸러미 안에 깔끔하게 묶어둘 수도 없고, 서류 가방 안에 넣어서 갖고 다닐 수 있는 것도 아니다. 신처럼, 현실은 인간이 소유할 수 있는 것이 아니다. 또한 신처럼, 현실은 우리를 소유한다.

과학이 진리를 추구하는 것과 마찬가지로 영적인 여행은 진리를 추구한다. 완전히 성숙한 사람은 과학자들과 마찬가지로 어디까지나 진리를 추구하는 사람이어야 하고 어쩌면 그 이상이어야 한다. 어떤 사람이 신비에서 벗어나려고 종교를 찾는 것처럼, 어떤 사람은 신비에서 벗어나려고 과학을 찾기 때문이다.

이 세상의 과학자들 중에는 평생 비둘기 전립선 세포의 호모제네이트homogenate(균질 현탁액)에 있는 pH 3.7에서 pH 3.9의 색소 단백질 산소화 효소를 연구하는 사람들이 있다. 이 과학자들이 우주 안에서 관심을 갖는 범위는 이 정도에 불과하다. 이들은 자신만의 이 작은 영역을 개척해왔고 다른 사람들보다 이 주제에 관한 논문을 더 많이 연구하고 공부했다. 그래서 이 분야에 대한 이들의 지식은 어디 한 군데 나무랄 데가 없으며, 이들 스스로도 그렇다고 확신한다. 하지만 진짜로 진리를 추구하기 위해서는 안전한 분야를 갈고 다듬어 그 안에 몸을 숨길 수가 없다. 그곳에서 나와 알려지지 않은 곳, 신비스러운 곳으로 들어가야 한다.

치료 과정에서 환자들은 가끔 정신병자가 아니라 아주 평범한 사람처럼 내게 말을 건넨다. "펙 박사님, 전 너무너무 혼란스러워요." 그러면 나는 "멋진 일이군요!" 하고 말해준다. 그럼 환자가 "아니, 그게 무슨 말씀이세요? 저는 끔찍하다고요." 하고 말한다. 그러면 나는 다시 "아뇨, 아뇨. 그건 환자분께서 축복을 받았다는 뜻이에요" 하고 말해준다. 그러면 환자는 "뭐라고요? 끔찍하다고요, 끔찍하단 말이에요! 제가 어떻게 축복을 받을 수 있나요?" 하고 목소리를 높인다.

그러면 나는 "아시겠지만, 예수께서 설교하실 때 처음으로 하신 말씀이 '마음이 가난한 자는 복이 있나니'였답니다" 하고 말한다. '마음이 가난한'이란 말은 여러 방식으로 해석할 수 있지만, 지적인 측면에서 가장 좋은 해석은 '혼란스럽다'라고 할 수 있다. 축복을 받았다는 것은 혼란스럽다는 것이다. 예수가 왜 그런 말을 했느냐고 묻는다면, 혼란이야말로 해명을 필요로 하고 이 혼란을 해결하는 과정에서 많은 것을 배울 수 있기 때문이라고 답해줄 것이다.

예를 들면 15세기를 산 사람들은 지구가 평평하다고 철석같이 믿었다. 그런데 1492년 어느 날 아침에 깨어보니 하루아침에 지구가 둥글어졌다는 것을 알고는 불안해서 잠자리에 들지 못했다. 그 당시 사람들은 결말을 알 수 없는 혼란과 탐구의 시대를 온몸으로 경험했다. 낡은 사상이 사라지고 새롭고 더 좋은 사상이 발생하려면 이런 혼란의 시대를 거쳐야만 한다.

이런 시대에 산다는 것은 불편하고 때로는 고통스럽다. 그럼에도 그것은 축복이다. 시대를 살면서 마음이 가난함을 느끼지만 새롭고 더 나은 방법을 찾고 있기 때문이다. 이렇게 인간은 새로운 것에 마음을 열고, 바라보며, 성장한다. 이것이 예수가 "혼란을 겪는 자들은 복이 있나니" 하고 말했던 진정한 의미다. 사실상 이 세상의 모든 악은 자신들이 무슨 짓을 하고 있는지 확신하는 사람들이 저질렀다. 스스로 혼란스럽다고 여기는 사람들은 악을 저지르지 않는다. 마음이 가난한 자는 악을 저지르지 않는다.

《아직도 가야 할 길》에서 신성에 이르는 길은 모든 것에 질문을 던지는 데에 있다고 말했다. 구하라, 그러면 짜 맞추기에 충분한 진리의 편린들을 발견하게 될 것이다. 그러나 절대로 퍼즐을 완성할 수는 없다. 하지만 어느 정도 조각들을 짜 맞출 수는 있어서 얼추 완성된 그림을 보면서 그것이 정말로 아름답다는 것을 알게 될 것이다.

인생 전체가 미스터리로 가득해서 정말로 어디로 가고 있는지 알 수 없다면, 우리가 어둠 속을 더듬거리는 지적인 유아들이라면, 인간은 어떻게 생존할 수가 있을까? 이 질문에는 단 두 가지로 대답한다. 첫 번째는 스캇 펙과 알베르트 아인슈타인이 틀렸고, 그래서 우리는 스캇 펙과 아인슈타인보다 더 많이 안다고 결론 내리는 것이다. 두 번째는 우리가 *보호받고 있다고* 결론짓는 것이다. 물론 내가 도달한 결론은 바로 이것이다. 만일 누군가가 신의 이름 안에서 어떤 식으로 보호받고 있느냐고 묻는다면, 어쨌든 그런 보호가 신의 이름 안에 *있다*는 것 이외에는 모른다고 대답하겠다.

내 진료실에는 다양한 옷을 입은 각기 다른 일곱 천사의 형상이 걸려 있다. 그들이 진료실에 걸린 이유는 날개가 달려 있거나 인간을 닮은 피조물을 내가 본 적이 있기 때문이 아니다. 그러나 이러한 보호가 내려지는 방식, 은총이 내려지는 방식—정말로 신께서 우리의 머리카락 수를 어떻게 헤아릴지(지금은 이런 일이 신의 일과는 거리가 멀다고 생각한다)—을 생각해보면, 신은 당신께서 호령하는 천사 군단을 거느리고 있을 거라고만 상상할 뿐이다.

이 천사들 가운데 일부가 인간의 모습을 하고 정말로 찾아온다고 나는 믿는다. 필리스 소로우Phyllis Theroux는 《야간등 : 어둠을 헤치는 부모를 위한 잠자리 이야기 *Nightlights : Bedtime Stories for Parents in the Dark*》라는 제목의 영적으로 번득이는 에세이를 썼다. 그중 한 이야기에서 그녀는 자신이 전에 공무원 시험을 어떻게 치렀는지를 자세히 이야기한다. 이런 종류의 시험에서는 정신병자나 편집증 환자를 가려내기 위해 네댓 개의 전형적인 질문이 나오는 게 보통이다. 그녀는 하나의 질문만을 또렷이 기억할 수 있다고 했는데, 이런 질문이었다. "당신은 자신을 신의 특수 요원이라고 생각합니까?"

공무원으로서 받을 수 있는 모든 혜택이 이 질문에 대한 답변에 달려 있다고 생각하자 잠시 동안 온몸이 마비되는 것 같았다고 그녀는 회상했다. 마침내 신중함은 용기의 핵심(피하는 것이 상책이라는 뜻이다―옮긴이)이라고 결론짓고는 연필을 들어 거짓으로 답을 썼다. "아니요."

　그래서 나는 이렇게 생각한다. 우리 주변에는 특수한 대리인이 있어서 사람들이 어둠 속에서 헤매거나 신비로운 여행을 하고 있을 때 우리를 보호해주는 것은 아닌가 하고 말이다. 특히 기독교와 기독교 이전에 행해진 여러 의식 가운데 가장 신비스러운 할로윈 때쯤이면 그렇게 생각하고 싶어진다. 이때가 되면 그토록 유명하지만 이름은 잘 알려지지 않은 17세기 스코틀랜드의 기도문이 저절로 떠오른다. 기도문은 다음과 같다.

　　악귀와 유령들에게서
　　포악한 짐승들에게서
　　밤에 불쑥 나타나는 것들에게서
　　주께서 우리를 구원하소서.

　이 기도문을 현재 20세기의 상황에 맞게 바꿔보면 이렇게 바꿀 수 있을 것이다.

　　우리의 이해할 수 없는 악령에 대한 감정이나 잘못 알려진 적의에게서,
　　우리가 집착했던 유령이라는 낡은 관념과 우리의 지혜와 권능에 대한 착각으로부터,
　　우리에게 있는 무지와 편견 그리고 자만이라는 포악한 짐승들에

게서,

　그리고 알지 못해서 마냥 두려운 것과 밤에 존재하는 까닭에 우리의 좁은 시야로는 볼 수 없는 신비스러운 모든 것들에게서,

　주께서 우리를 구원하소서. 당신, 나, 그리고 아직도 어린아이처럼 아등바등하는 모든 인류를 구원하소서.

제2부
다음 단계: 너 자신을 알라

자기애와 자만심

겸손은 그 사람이 어떤 사람인지 정말로 잘 알려주는 덕목이다. 이 것은 14세기 익명의 수도사가 쓴 《무지의 구름 *Cloud of Unknowing*》에 나온 말을 살짝 바꾼 것이다. 이 말은 심오한 진술로서 자기 자신을 아는 데 필수적이다.

예를 들어 내가 사람들에게 "나는 저열한 작가입니다" 하고 말했다면, 이것은 사실상 겸손이 아니다. 최고는 아닐지 몰라도 사람들이 생각하는 것만큼 "나는 비교적 괜찮은 작가입니다" 하고 말하는 편이 오히려 솔직하다고 할 수 있다. 그래서 이러한 진술을 '가짜 겸손'이라고 부른다. 반면에 "나는 훌륭한 골퍼였다"고 말한다면, 실제로는 기껏해야 이류에 지나지 않았으므로 그것은 지나친 거만이 될 것이다. 진정한 겸손이란 항상 *사실에 바탕*을 두어야 하기 때문이다.

사실에 딱 맞는 것, 자신이 어떤지를 제대로 아는 것 그리고 자신의 좋은 점과 나쁜 점 모두를 인정하는 것이 중요하다. 더 나아가 자기애와 자만심 사이에는 차이가 있는 것 같다. 그런데 자기애(바람직한 것으로 제안할 수 있다)와 자만심(바람직하지 않을 수도 있다)의 차이는 언제나 혼동되기 일쑤다. 실제로 여기서 토론해야 할 현상에 대한 정확한 표현들이 없기 때문이다. 바라건대 이런 문제는 결국 새로운 말이 개발되어야 어느 정도 해결될 것이다. 그러니 당분간은 어쩔 수 없이 지나간 표현을 쓸 수밖에 없다.

첫째, 자기애란 무엇인가?

내가 군의관으로 있을 때, 군은 성공한 사람들을 성공하게 만드는 것이 과연 무엇인지에 대해 관심이 많았다. 그래서 이 연구를 진행하기 위해 각기 다른 분야에서 성공한 사람들을 열 명 이상 불러모았다. 이 사람들은 모두 상당히 성공을 거둔 삼십 대 후반에서 사십 대 초반의 남자와 여자로 구성되었다. 이들은 동료보다 앞서 승진했고 평판도 좋았다. 결혼한 사람들은 행복한 가정생활을 꾸려나갔으며 아이들은 성적이 좋았고 잘 자랐다. 이 사람들은 꽤나 성공을 이룬 듯이 보였다.

이들에 대해서 다각적인 연구가 진행되었는데 때로는 집단으로, 때로는 개별적으로 이루어졌다. 어느 날 이들에게 종이에다 자기 인생에서 가장 중요한 것을 우선순위로 적게 했다. 단, 이 주제에 대해서 서로 상의할 기회는 미리 주지 않았다.

이들 집단이 과제를 처리하는 방식에서 상당히 주목할 만한 현상이 두 가지 나타났다. 첫 번째는 사람들이 이 문제를 심각하게 받아들였다는 것이었다. 제일 먼저 답안지를 제출한 사람이 40분 이상이나 걸렸고, 다른 사람들이 답안지를 제출한 것을 알고도 한 시간 이상 시간을 끈 사람도 많았다. 주목할 만한 또 한 가지 사실은 순위의 두 번째, 세 번째 항목은 제각각 다양한 영역에 걸쳐 대답이 분포되어 있는데 반해, 첫 번째 항목에 대해서는 열두 명 모두가 정확하게 똑같은 답을 썼다는 것이다. 그 답은 '사랑', '신', '내 가족' 같은 것들이 아니라 '내 자신', 오직 '내 자신'이었다.

이러한 결과는 성숙한 자기애를 표현한 것이라고 생각한다. 자기애는 자기에 대한 배려, 존중 그리고 책임과 자기 이해를 함축한다. 자기를 사랑하지 않는다면, 다른 사람도 사랑할 수 없다. 하지만 자기애와 자기중심을 혼동해서는 안 된다. 성공한 이들은 하나같이 배우자와 부모를 사랑하고 상사를 배려했다.

그렇다면 자부심이란 무엇인가?

군대에서 집단 연구를 경험하고 나서 약 8~9년이 지난 뒤, 거짓말하는 사람들을 가까이에서 접할 기회가 있었다. 여러분도 기억하겠지만, 나는 거짓말하는 사람들은 기본적으로 나쁘다고 정의한다. 이런 유형의 사람과는 가까이하기가 몹시 힘들지만, 그런 사람과 어느 정도 친해져 이렇게 물을 수 있었다. "인생에서 가장 중요한 단 하나가 있다면 무엇일까요?"

그의 대답은 무엇이었을까? 그는 이렇게 대답했다.

"나의 자부심."

두 가지 대답이 얼마나 가까운지 주의해보라. 성공한 열두 명의 사람들은 '내 자신'이라고 썼고, 이 사람은 '나의 자부심'이라고 했다.

거짓말하는 사람들의 사고나 행동 방식을 짚어볼 때 이들의 대답은 맞다. 이들의 자부심은 인생에서 유일하게 가장 중요한 것이다. 이 사람들은 자부심을 지키고 유지하기 위해서라면, 언제든지 어떤 대가를 치르더라도 어떤 일이든 할 것이다. 무엇인가가 자부심을 위협한다면, 자신의 불완전함을 드러내는 증거가 있다면, 자신에 대해서 나쁜 감정을 느끼게 하는 무엇인가가 있다면, 이런 증거나 나쁜 감정들을 이용하여 고쳐나가기보다는 그런 증거를 흔적도 없이 지워버리려 안간힘을 쓸 것이다. 나쁜 행동은 이런 데서 나오는 것이다. 그들은 어떤 대가를 치르더라도 자부심만은 반드시 지켜야 하기 때문이다.

스스로를 중요하게 여기는 것(자기애)과 자신에 대해 항상 좋은 감정을 가져야 한다는 것(지속적으로 자부심을 지켜야 한다는 것과 같은 의미)과는 분명 차이가 있다.

이런 차이를 이해하고 구분하는 것은 자기를 이해하는 데 결정적이다. 훌륭하고 건강한 사람이 되려면, 이따금씩 자부심을 제쳐놓아야 하고 자신에 대해 항상 좋은 감정을 가져서도 안 된다. 그러나 우리는 항상 자신을 사랑하고 소중히 해야 한다. 비록 늘 자부심을 가질 수는 없더라도 말이다.

죄책감의 이로움

자기 교정이 필요할 때, 자신에 대해 좋은 감정을 갖지 않도록 돕는 장치는 존재론적인 죄책감이다. 인간이 존재하기 위해서는 어느 정도의 죄책감, 어느 정도의 회개가 필요하다. 죄책감이 없다면, 자기 교정이라는 필수적인 심적 기제가 부족할 수밖에 없다. 자신이 늘 옳다고 생각한다면, 당연히 내부의 좋지 않은 부분을 교정할 수 없다.

토머스 해리스Thomas Harris의 책《나도 괜찮고, 당신도 괜찮다 *I'm OK, You're OK*》는 좋은 책이지만 제목은 마음에 들지 않는다. 괜찮지 않으면 어찌한단 말인가? 만일 물에 빠지는 꿈을 꾸어 땀에 흠뻑 젖은 채로 날마다 새벽 두 시에 깨어난다고 해보자. 너무 무서워서 새벽 여섯 시까지도 잠자리에 들지 못하고 밤마다 이런 일이 밤마다 어떻게 하겠는가? 그래도 괜찮다고 생각하겠는가?

또 상점에 들어갈 때마다 공황 발작을 일으킨다면 어떻게 할 것인가? 그래도 괜찮다고 생각하겠는가? 당신이 의식하지 못하는 사이에 아이들이 약물에 중독되거나 곤경에 빠지면 어떻게 할 것인가? 그래도 괜찮다고 생각하는 것이 옳단 말인가?

나는 알코올의존증환자협회에서 쓰는 표현이 훨씬 더 좋다고 생각한다.

"나도 괜찮지 않고, 당신도 괜찮지 않지만 그래도 괜찮다."

심리 치료를 하다 보면, 경제적으로나 모든 면에서 자신이 괜찮지 않다고 생각하는 사람들에게 상당한 관심과 시간을 기울이게 된다. 스스로 괜찮다고 생각하는 사람들은 심리 치료를 받으러 오지 않기 때문이다. 겸손하게 도움을 청하면서 자기를 알기 위한 여행을 먼저 떠날 수 있는 사람들은 자신이 괜찮지 않다고 생각하는 사람들뿐이다.

나 자신을 예로 들어보겠다. 심리 치료에 뛰어들기 일 년 전, 나는 심리 치료야말로 내가 할 수 있는 가장 좋은 일이라는 결론을 내렸다. 당시 군대에서 정신과 의사 연수를 받고 있었는데, 내가 다니던 병원에는 정통해 보이는 임상의가 있었다. 그는 고맙게도 무료 상담을 해주었다. 그런데 내 생각을 털어놓자 그는 왜 이걸 하고 싶은지를 물었다. 그래서 나는 이렇게 대답했다. "글쎄요, 전 이런저런 고민거리가 좀 있어요. 그 일은 교육적으로도 유용한 경험이 될 것 같고, 또 제 이력에도 도움이 될 것 같아요." 그러자 그는 이렇게 말했다. "당신은 아직 준비가 덜 돼 있어요." 그러고는 더 이상 상담해주지 않았다.

화가 나서 씩씩거리며 사무실을 나왔지만, 사실 그가 전적으로 옳았다. 그의 말대로 준비가 돼 있지 않으면서도 나 혼자서 괜찮다고 만족할 뿐이었다. 스스로 생각할 때 준비가 되었다고 느낀 것은 그로부터 약 일 년이 지난 뒤였다.

그날의 일을 말하기에 앞서, 이 문제를 제대로 파악하지 못하던 시절에는 소위 권위(위신)라는 문제에 시달렸음을 먼저 말해야 할 것 같다. 지난 20년간, 일하고 공부하던 곳마다 정말로 싫어하는 사람들이 나를 담당했다. 그들은 항상 나이가 많았다. 가는 곳마다 사람은 달랐지만 나를 괴롭히는 작자는 꼭 있었다. 그런데 문제는 내 사고방식에도 있었다. 항상 상대방한테 잘못이 있고, 나는 그런 잘못과는 아무런 상관도 없다는 식으로 생각했던 것이다.

특히 군대에 있을 때는 스미스라는 사람을 징그럽게도 싫어했는데, 그는 병원의 총괄 책임자였다. 나는 그 스미스 장군을 정말이지 혐오했다. 그래서였는지 모르지만 스미스 장군 역시 나를 친근하게 대하지 않았다. 틀림없이 그도 내가 자기를 싫어한다는 걸 느꼈던 것 같다.

치료를 시작하던 날 사례 발표회도 함께 시작되었는데, 그때 나는 환자와 했던 인터뷰 테이프를 틀었다. 동료들과 감독관 중에서 한 사람은 그 내용을 끝까지 다 듣고 나서는 서툴고 미숙한 나를 호되게 질책했다. 그날은 시작부터 몹시 안 좋았다. 하지만 이런 일은 정신과 레지던트나 심리 치료를 배우는 학생이라면 누구나 겪어야 할 전형적인 시련에 불과하다고 스스로 위로하면서 자부심을 계속 유지할 수 있었다. 이런 일은 비참한 기분이 들게 하지만 그 때문에 내가 어떤 식으로든, 어떤 모양으로든, 어떤 형태로든 능력이 부족하다거나 틀렸다는 의미는 아니라고 자위했다. 그 일이 여전히 유쾌한 것은 아니었지만 말이다.

그러다가 자유 시간이 생기자 머리를 좀 깎아야겠다는 생각이 들었다. 그때까지는 머리를 깎을 필요가 없다고 생각했지만, 여기는 군대고 스미스 장군은 어쩌면 내가 머리를 깎아야 한다고 생각할지 몰랐다. 또 동료들이나 감독관에게 이미 핀잔을 받은 터라 원하지는 않았지만 머리를 깎으러 나갔다.

이발관으로 가는 길에 혹시 편지가 왔나 해서 우편함을 점검했다. 그런데 당황스럽게도 교통 위반 딱지가 떡하니 와 있었다. 2개월 전에 전 지휘관이던 코너 대령—내가 좋아하는 분이다—과 테니스를 치러 가는 길에 초소 앞에서 정지 신호를 무시해서 딱지를 뗀 적이 있었다. 그런데 초소 헌병에게 딱지를 떼이면 그 사본을 항상 지휘관에게 보낸다는 것이 문제였다—이 경우에는 바로 스미스 장군이다.

나는 이미 스미스 장군의 요주의자 명단에 올라 있었으므로, 나에 대한 또 다른 건수를 잡는다 해도 별로 신경 쓰이지 않았다. 그래서 코너 대령과 테니스를 치는 곳에 도착했을 때, 가장 교묘한 잔꾀를 써서—이전에는 이런 식으로 해본 적이 없었다—이렇게 말했다.

"늦어서 죄송합니다만, 이곳에 때맞춰오느라고 정지 신호를 무시하고 지나가다가 그만 *대령님의* 헌병에게 걸렸습니다." 그는 딱지를 가져가더니 "걱정 말게, 내가 처리할 테니" 하고 말했다. 정말로 다음날 헌병 사령관인지 초소 서장인지 하는 사람이 나를 불러서는 이렇게 말했다. "펙 박사, 어제 교통 딱지를 받으셨죠? 그게 우편함에서 사라졌다는 것을 알려주려고요. 다음부터는 조심해서 운전하십시오." 나는 "대단히 감사합니다" 하고 말했다.

그런데 약 6주 후, 그 헌병 사령관이 너무 급작스럽게 보직이 해임되는 바람에 책상을 정리할 시간조차 없었던 것이다. 사람들이 책상을 치우러 갔다가 정리된 딱지 다발을 발견했고 그것을 다시 분류해서 결국 내 우편함에 다시 딱지가 날아온 것이다. 그래서 그날, 동료들과 감독관에게 질책을 받고 머리를 깎으러 가는 길에, 여태껏 안심하고 있던 그 교통 딱지가 처리되지 않았음을 알게 된 것이다. 나는 점점 기분이 상한 채 이발관으로 향했다.

4분의 3쯤 머리를 깎았을 때, 누군가가 이발관으로 들어왔다. 누구였겠는가? 바로 스미스 장군이었다. 그가 그러고 싶었는지는 알 수 없지만, 아무리 장군이라도 머리를 깎고 있는 사람을 의자에서 밀어낼 수는 없는 일이었다. 하는 수 없이 장군은 앉아서 차례를 기다려야 했다. 그리고 얼마나 흉한 몰골을 하고 있는지 막 보여주려는 순간에도, 나는 온통 이런 생각밖에 할 수 없었다. '이 작자에게 인사를 해야 하나 말아야 하나? 해야 해 말아야 해?' 나는 계속해서 생각했다. '인사를 해야 돼 말아야 돼?'

가끔 사람들은 이렇게 묻는다. "언제 심리 치료를 받으러 가야 하나요?" 그러면 나는 이렇게 대답한다. "어쩔 줄 모를 때요." 나는 그때 정말이지 어쩔 줄 몰랐다.

마침내 도의상의 의무와 임기응변을 발휘하여 행동하기로 마음먹었다. 머리를 다 깎고 의자에서 내려와 지나가면서 "안녕하세요, 스미스 장군님!"이라고 인사했다. 그러고는 그 길로 이발관을 나왔다. 바로 그때 이발사가 복도까지 쫓아와서는 말했다. "의사 선생님, 이발비를 내셔야죠!" 그래서 나는 이발관으로 되돌아갈 수밖에 없었다. 그런데 너무 긴장한 나머지 스미스 장군의 발아래에 잔돈을 모두 떨어뜨리고 말았다. 나는 바로 그 앞에 무릎을 꿇었고, 그는 내 난처한 상황을 우스워하는 표정으로 내려다보며 말 그대로 내 위에 있었다.

마침내 그곳을 빠져나오는데 온몸이 부들부들 떨렸다. 난 혼자 중얼거렸다.

"펙, 넌 문제가 있어. 도움이 필요하다고!"

깨지는 순간에 얻어지는 은총

그것은 매우 고통스러운 순간이었다. 이런 고통스러운 순간을 나는 '깨지는 순간'이라고 부른다. 깨지는 순간이 닥치면 실제로 그 순간에는 오히려 차분해졌다. 그런 순간을 내 인생의 익숙한 양식으로 받아들였다. 신께서는 내가 많은 고통을 견디지 못한다는 것을 알고 있다고 생각한다.

그러나 아주 고통스러운 순간, 그러니까 깨지는 순간이라 할지라도 때로는 가장 아름다운 순간이 되기도 한다. 왜냐하면 그 순간만큼은 스스로 변화해보려는 진실한 의도를 갖고 흔들리는 손가락으로 자진해서 전화번호부를 뒤적이며 정신과 의사를 찾고 있었기 때문이다. 아무리 고통스럽더라도 이것은 성장을 위해 내딛는 첫걸음이었다. 사막을 거쳐서 구원을 향해, 나를 치유하기 위해 크게 내디딘 첫걸음이었다.

깨어짐이라는 것은 실제로 교회의 의식에서 따온 것이다. 예배 중에 성찬식이 본격적으로 진행되는 순간 사제는 빵 한 조각을 제단 위로 들어 올려 부순다. 깨어짐의 순간. 이 의식을 행할 때 사람들은—자신이 이렇게 할지 안 할지 알지도 못하고 또 대체로 실행하지는 않지만—자기 스스로 기꺼이 깨지겠다는 마음을 드러낸다. 이러한 깨어짐을 통해 마음이 열리고, 앞으로 한 발짝 성큼 내디딜 수 있다는 것을 깨닫지 못한다면 이러한 의식은 기독교를 정말로 이상한 종교로 보이게 할 것이다. 실제로 종교를 가진 사람들은 기꺼이 또는 스스로 원해서 깨지는 것이다.

우리가 괜찮지 않다는 것, 모두 좋은 상황에 있지 않다는 것, 완전하지 않다는 것, 죄 없이 존재할 수 없다는 것 들을 깨닫기 위해서는 깨지는 순간이 필요하다. 사람이 성장하려면 죄의식을 느끼는 순간, 회개의 순간, 자만심을 버리는 순간, 자기 자신을 불편하게 만드는 시련을 견디는 순간들이 반드시 필요하다.

하지만 이런 순간에도 자기 자신을 소중히 하고 사랑해야 한다. 자신을 사랑하면서도 스스로 완전하지 않다고 깨닫는 것은 동시에 가능하다. 그래야만 자기 내부에서 뭔가를 움직일 필요가 있다는 자각을 얻을 수 있기 때문이다.

귀중한 짐

16년 전쯤, 한 환자가 있었다. 열일곱 살 된 소년이었는데, 열네 살부터 혼자 살면서 자립한 아이였다. 그 아이는 가혹한 양육 과정을 거쳤다. 치료 중에 나는 이렇게 말했다. "잭, 가장 큰 문제는 네가 너 자신을 사랑하지도 않고 소중히 여기지도 않는다는 거야."

그날 밤 나는 심한 폭우 속에서 코네티컷에서 뉴욕으로 차를 몰아야 했다. 거센 빗줄기가 퍼붓는 바람에 앞이 잘 보이지 않을 정도여서 고속도로는 갓길도 중앙선도 구별할 수 없었다. 몹시 피곤했지만 정신을 극도로 집중해 길에 딱 달라붙어 가야만 했다. 단일 초라도 집중하지 않으면, 길 밖으로 튀어나갔을 것이다. 이렇게 지독한 폭우 속에서 시속 90마일로 갈 수 있는 유일한 방법은 계속해서 자신에게 말을 거는 거였다. "좋아, 펙! 이 조그만 폭스바겐은 아주 귀중한 짐을 운반하고 있다고. 이건 너무나도 귀중한 짐이라서 뉴욕까지 안전하게 도착해야만 돼." 그리고 나는 그렇게 했다.

사흘 후 코네티컷으로 돌아와서 다시 어린 환자를 만났을 때, 폭우가 내리던 그날 밤, 그 아이도 운전을 했다는 걸 알았다. 그러나 나만큼 피곤한 상태도 아니었고, 상당히 짧은 거리를 운전했는데도 아이의 차는 길을 벗어났다. 다행히도 아이는 심하게 다치지 않았다. 그 아이가 이런 일을 당한 이유는 자살을 하려고 했기 때문이 아니라—자기애가 부족하면 자살 충동에 빠져들 수도 있지만—스스로에게 *자신의* 작은 차 안에 아주 귀중한 짐을 싣고 간다고 말을 건넬 수 없었기 때문이다.

다른 예를 하나 더 들어보자. 《아직도 가야 할 길》을 출간한 직후, 한 여성을 치료했다. 그녀는 뉴저지 중심가에서 살았는데 치료를 받기 위해 왕복 여섯 시간이나 걸려서 나를 찾아왔다. 책이 마음에 들어서 나를 만나러 왔다는 그녀는 일생을 기독교 교회에서 보낸 분으로 교회에서 자라 목사와 결혼했다. 첫해에 우리는 일주일에 한 번 만나서 치료를 했는데 아무런 효과를 보지 못했고 전혀 진전이 없었다. 그러던 어느 날, 치료를 시작하면서 그녀가 이렇게 말했다. "오늘 아침 여기까지 운전해서 오는데, 문득 내 영혼의 성장이 가장 중요하다는 것을 깨달았어요." 나는 '이 환자가 마침내 깨달았구나' 하는 생각에 유쾌한 웃음을 터뜨렸다. 그러나 한편으론 《아직도 가야 할 길》을 좋아해서 날 찾아왔고, 일주일에

한 번 나를 만나기 위해 왕복 여섯 시간이나 걸리는 장거리를 기꺼이 달려왔으며, 교회에 자신의 모든 생애를 바쳤던 이 여성이 진작부터 자신의 영혼을 발전시키는 일이 가장 중요하다는 사실을 알고 있었다는 생각에 씁쓸하기도 했다. 그러나 그녀는 그런 사실을 깨닫지 못했을 뿐이고 대부분의 기독교인도 마찬가지일 거라는 생각이 들었다. 일단 깨닫고 나자, 치료는 순식간에 일사천리로 진행되었다.

준비 작업

자신을 사랑하는 것은 너무도 중요하다. 너무나 중요해서 이에 관해서 성경을 인용하고 싶을 정도다. 몇 년 전 시카고에 있는 대규모 가톨릭 센터에서 묵상을 이끌던 때였다. 묵상은 센터의 화려한 교회 안에서 일요일 오후 공식 미사와 함께하기로 했다. 묵상을 준비하던 한 신부가 내게 미사에서 설교를 하는지 물었다. 나는 아무 생각 없이 "물론 그렇지요" 하고 대답했다. 어리석고 거만하게도 그때 나는 가톨릭교회에서는 특정 주제는 설교할 수 없다는 것을 일시적으로 망각하고 있었다. 가톨릭교회에서는 '의식'에 따라 설교하거나, 특정한 날짜에 정해진 강독을 하고, 대체로 정해진 복음서 강독을 하였다.

하지만 곧바로 그 사실을 기억해내고는 잠시 조용한 시간을 보내면서, 성경책을 꺼내들고는 이번 일요일에 정해진 복음서 강독을 찾아보았다. 그것은 다섯 명의 슬기로운 처녀와 다섯 명의 어리석은 처녀에 관한 이야기였다. 나는 깜짝 놀랐다. 전에는 그 이야기를 좋아하지도 않았고 단 한 번도 *이해*한 적이 없었다.

이 이야기는 열 명의 처녀들이 앞으로 나타날 신랑 — 예수나 하느님 — 을 기다리면서 어떻게 하는지를 전하고 있다. 신랑이 밤중에 나타나자 처녀들은 어둠 속으로 달려가 신랑을 맞이하는데, 다섯 명의 처녀들은 램프에 기름을 가득 채웠고, 나머지 다섯 명의 처녀들은 아직도 램프에 기름을 채우지 않았다. 어쨌든 밤중에 누군가가 문을 두드렸고 하인의 목소리가 들려왔다. "신랑이 오십니다, 신랑이 오십니다. 어서 나와 신랑을 맞이하세요."

다섯 명의 슬기로운 처녀들이 곧바로 램프에 불을 밝히고 문밖으로 나가려는데 다섯 명의 어리석은 처녀들이 말했다. "우리에게 기름을 조금만 나누어주세요. 우리도 신랑을 맞이하고 싶어요. 기름 전부도 아니고 반도 아닌 그저 조금만 나누어주세요." 하지만 다섯 명의 슬기로운 처녀들은 그 부탁을 거절하고 밖으로 나갔다.

이 처녀들이 신랑을 만났을 때, 나는 그들의 신랑이 이렇게 말하기를 기대했다. "이 인색하고 비열하고 불결한 여인들아! 너희는 어째서 저 가엾고 복 없는 처녀들에게 최소한의 기름도 나누어주지 않느냐?" 하지만 그들은 그렇게 말하지 않았다. 실제로 신랑들은 이렇게 말했다. "오, 슬기롭고 아름다운 처녀들아, 나는 너희를 사랑하노라. 우리들은 영원히 푸른 초원에서 뛰어놀 것이다. 그리고 저 어리석은 처녀들은 이를 갈며 영원히 지옥에서 말라 죽을 것이다."

이 이야기는 너무도 비기독교적으로 느껴졌다. 나눔이 없다면 도대체 기독교는 무엇이란 말인가? 하지만 나는 이 이야기로 강론을 해야 했고 따라서 이 문제를 생각하지 않을 수 없었다. 사람들이 생각할 때 이따금씩 상당히 놀라운 일이 일어난다. 이 이야기에서 기름이란 준비를 상징한다는 것, 현실주의자였던 예수가 우리에게 전하는 말은 준비는 나눌 수 없다는 것이다. 그것을 깨닫는 데 그리 오랜 시간이 걸리지는 않았다.

마찬가지로 누구든 다른 사람의 과제를 대신 해줄 수 없다. 만일 다른 사람의 과제를 대신 해줄 수 있다 해도 학위를 대신 따줄 수는 없다. 학위란 그 사람이 준비가 되었음을 상징한다. 그러므로 우리는 자신의 준비를 나누어줄 수가 없는 것이다. 우리가 할 수 있는 일이란, 늘 어려운 일이지만, 최선을 다해서 다른 사람에게 스스로 준비할 수 있도록 동기를 부여하는 것뿐이다. 그리고 나는 신의 눈에 그들이 얼마나 중요한지, 얼마나 아름답고 호감이 가는지 가르쳐주려는 일 이외에는 다른 방법을 알지 못한다.

자기 자신이 중요하지도 않고 사랑스럽지도 않으며 호감도 가지 않는다고 생각하는 것보다 정신적 건강과 사회적 건강 그리고 신으로부터 더 멀어지게 하는 것은 아무것도 없다. 나는 사람들이 스스로를 얼마나 하찮게 여기는지 인식할 때마다 깜짝깜짝 놀란다. 10년 전쯤 만찬회에 참석한 적이 있었다. 거기서 손님들은 유명한 영화 제작자에 관해 이야기하면서 그가 역사에 얼마나 큰 흔적을 남겼는지 떠들고 있었다. 나는 무심결에 불쑥 말을 꺼냈다.

"우리도 모두 역사에 각자의 흔적을 남깁니다." 그러자 사방이 쥐 죽은 듯 고요해지더니 마치 내가 추잡한 말이라도 한 것처럼 일순간 대화가 끊겼다.

어떤 면에서 우리는 자신을 중요한 존재로 여기고 싶어 하지 않는다. 그렇게 하면 자신에게 책임을 지우게 된다고 생각하기 때문이다. 크렘린 궁에 있는 권력자나 워싱턴의 상원의원이나 하원 의원은 중요하다고 생각하면서 자신은 평범하므로 중요하지 않다고 생각한다면? 그렇게 된다면 역사에 책임감을 느끼지 않아도 된다. 그렇지 않은가? 하지만 좋든 싫든 우리는 아주 중요한 사람들이다. 그리고 정도의 차이가 있을지 몰라도 의식적이든 무의식적이든 역사에 흔적을 남길 수밖에 없다. 이런 말도 있다. "당신이 아니면 누가? 지금이 아니라면 언제?"

사람들은 스스로 중요하지도 않고 사랑스럽지도 않으며 호감도 가지 않는다고, 비현실적으로 생각한다. 6년 전 과학자 회의에서의 연설 때문에 댈러스에 간 적이 있다. 호텔 프런트에서 열쇠를 받아 방으로 가려는데, 한 젊은이가 다가와서 말을 걸었다. "펙 박사님이시죠? 제 친구가 이 회의에 참석하고 싶었는데 올 수가 없었어요. 친구가 박사님을 우연히 만나게 되면 신께서 당신을 용서하실 거라는 말을 꼭 전해달라고 하더군요."

이건 정말로 누군가에게 말하기조차 괴상한 일이다. 방에 들어와 짐을 푼 후에, 이 문제를 곰곰이 생각해보았다. 그러면서 아직도 여드름투성이의 미숙한 열다섯 살짜리 아이 같은 면이 내 안에 있음을 깨달았다. 정말로 그렇다면, 과학자 회의에 참석한 그 누구도 내 이야기에서 확실히 경청할 것을 찾아내지 못할 수도 있다. 하지만 내 안에 있는 그 일부를 자각했다고 해서 진정한 겸손함이 드러나는 것은 아니었다. 그것은 건강하지도 현실적이지도 않다. 그것은 치료가 필요했다. 그것은 포기되어야 하고 용서를 받아 깨끗이 할 필요가 있었다.

그래서 나는 거듭해서 되뇌었다. 우리 모두가 중요하지도 않고 사랑스럽지도 않으며 호감도 가지 않는다고 생각하는 것만큼 정신적 건강과 사회적 건강 그리고 신에게서 멀어지게 하는 것은 없다고. 실상은 하느님이 신랑이라는 것 그리고 하느님이 우리에게 말하려는 것은 "나와 잠자리에 들라"이다.

하지만 우리는 "안 돼요, 안 돼! 전 너무 뚱뚱해요" 하고 대답하려고 한다.

그래서 하느님이 "너는 이해를 못하는구나. 나는 너를 사랑한다. 나는 너를 원한다. 너는 아름답단다. 나와 잠자리에 들라" 하고 말하면 우리는 자신이 너무 늙거나 너무 어려서, 중요하지도 않고 너무 추해서 그리고 그럴 만한 가치가 없다고 단정하면서 계속해서 피하려고만 든다.

마음의 준비를 하라. 아무렇게나 해대는 상상을 뛰어넘어 자신이 얼마나 중요하고, 얼마나 아름답고, 얼마나 바람직한 사람인지를 스스로 일깨우면서 마음의 준비를 하라. 그리고 세상으로 나가서 최선을 다해 다른 사람들에게도 똑같이 하라. 그들이 얼마나 중요하고, 얼마나 아름답고, 그들이 멋대로 상상하는 것 이상으로 얼마나 동경의 대상이 되는지를 그들에게 가르치도록 하라.

신화와 인간의 본성

사람들은 대부분 신화가 진실이 아니라고 생각한다. 하지만 지난 60년 이상 동안 정신 의학과 심리학에서 이루어낸 업적 가운데 하나는—주로 칼 융과 더 최근에는 조지프 캠벨Joseph Campbell과 같은 사람들 덕분에—신화는 그것이 진실이라서 분명 신화임을 밝혀낸 것이다.

신화는 모든 문화에서 발견되는 이야기다. 종종 이 이야기들은 여러 문화권에서 약간씩 다른 방식으로 살이 붙어 변형되기도 하지만, 문화권마다 시대마다 같은 신화는 꼭 발견된다. 그 분명한 까닭은 신화가 실제로 인간의 본성에 관한 엄청난 진실을 담고 있기 때문이다. 그리고 신화는 인간의 본성에 관해 많은 것을 가르쳐 주기 때문에, 우리 자신을 이해하는 데 아주 유용하게 쓰인다.

전설

대부분의 위대한 고고학자들은 사람들이 진실이 아니라고 믿은 과거의 전설이나 이야기를 믿었으므로 때로는 미쳤다는 소리를 들었다. 그중 가장 좋은 예는 아마도 하인리히 슐리만Heinrich Schliemann일 것이다. 1830년대에 소년 하인리히는 식료품 가게에서 수습생으로 일했다. 점심때면 어떤 노인이 식사를 하러 가게를 자주 찾았는데, 노인은 컵에 씌어 있는 호메로스의《일리아드 Iliad》의 구절을 술술 읽곤 했다. 노인의 이야기를 듣고 하인리히는 트로이의 이야기에 매료되었다. 그리고 어른이 되면 트로이를 찾으러 가겠다고 결심했다.

하인리히가 이런 이야기를 할 때마다 사람들은 이렇게 말했다. "어리석은 짓 하지 마라. 호메로스의《일리아드》는 그냥 신화일 뿐이야. 트로이라는 곳은 이 세상에 없어. 신화 속에 있는 상상의 장소에 불과하다고." 그렇지만 하인리히는 트로이의 존재를 굳게 믿었고, 탐사에 필요한 돈을 벌기 위해서 사업을 시작했다. 서른여섯 살이 되었을 때 하인리히는 상당한 부자가 되었다. 이제 사업을 그만두고 트로이를 찾으러 떠날 때가 온 것이다. 그리고 10여 년이 지난 뒤, 하인리히는 터키의 서쪽 해안에서 마침내 트로이를 찾아냈다. 그와 더불어 나중에는《일리아드》에 나오는 유물들도 단순한 신화가 아니라 실제로 근거가 있음을 입증하였다.

또 다른 사례로는 에드워드 톰슨Edward Thompson이라는 고고학자를 들 수 있다. 19세기 말, 톰슨은 한 우물에 관한 오래된 마야의 전설을 들었다. 우물 밑바닥에는 비의 신이 산다고 알려졌는데 그 신에게 제물을 바치기 위해 살아 있는 처녀들―이들은 처음에는 가라앉을 수 있도록 금으로 된 장신구를 착용한 것으로 추정된다―을 우물에 던졌다는 전설이었다. 사람들은 그저 '말도 안 되는 전설일 뿐'이라고 말했지만, 톰슨은 우물을 찾으러 가기로 결심했다.

그는 멕시코로 갔고, 거기에서 유카탄 정글 깊숙이 있는 폐허가 된 거대한 마야 도시를 알게 되었다. 그 고대 도시는 '우물의 입'이라는 뜻의 치첸이트사Chichén Itzá였다. 톰슨은 폐허 근처의 농장을 사들여 곧바로 그 지역에 두 개의 커다란 우물 또는 세노테cenotes(신성한 저수지)가 있었음을 발견했다. 이 폐허를 분석한 톰슨은 직경이 약 60야드 되는 큰 쪽의 우물이 어쩌면 자신이 찾는 것일지도 모른다고 추정하였다. 그러고 나서는 고향 보스턴으로 돌아와 친구들에게서 미친 듯이 돈을 긁어모아 준설 장비와 심해 잠수 장비를 사들였고 직접 잠수하는 법도 배웠다.

그 뒤 물 밑을 샅샅이 훑어보았지만 아무런 소득이 없었다. 몇 해가 지나도록 우물 밑에서 파낸 것이라고는 엄청난 양의 진흙뿐이었다. 금도 나오지 않았고, 뼈도 나오지 않았다. 거의 5년이란 세월을 고생한 후, 돈도 거의 바닥이 난 상태가 되었지만 톰슨은 절망하지 않고 직접 잠수를 해서 마침내 최초의 뼈를 발견하였다. 실제로 그는 엄청난 귀금속과 함께 고고학적으로 숨겨져 있던 전체 유적지를 발견하였다. 빌린 돈을 모두 갚았을 뿐 아니라 자존심 또한 되찾았다. 장신구로 치장시켜 우물에 던져진 처녀에 관한 전설은 결국 실화였음을 톰슨은 마침내 증명했다.

바다 밑으로 가라앉았다고 전해지는 섬, 아틀란티스의 전설을 나는 믿지 않았다. 그런데 1978년 부모님은 우리 부부와 세 아이, 형 내외와 세 조카를 데리고 가족의 친목을 위해서 그리스로 여행을 떠났다. 우리는 보트를 빌려서 키클라데스cyclades라고 알려진 그리스의 군도 주변을 항해했다. 이 섬들의 최남단 지역은 두 가지 이름으로 불리는데, 하나는 그리스식 이름인 테라Thera이고, 다른 하나는 이탈리아식 이름인 산토리니Santorini였다. 이렇게 두 개의 이름으로 불리게 된 까닭은 이탈리아 사람들이 13세기에 이 섬을 정복했기 때문이다. 우리 일행이 산토리니 또는 테라를 향하여 항해할 때 아버지는 안내서를 읽고 계셨는데, 거기에는 이 섬이 어쩌면 아틀란티스일지도 모른다고 생각하는 사람들도 있다는 내용이 적혀 있었다.

그런 생각에 나는 웃음이 나왔다. 그러나 두 개의 섬 사이에 만灣처럼 생긴 곳을 통과하자마자 곧바로 웃음이 사라졌다. 왜냐하면 우리 일행이 직경이 약 20마일이나 되는 거대한 화산의 분화구 안으로 항해해왔다는 것을 알았기 때문이다.

우리는 나중에 섬 둘레의 외곽 부분을 탐사하면서 이런 이야기를 들었다. 1967년 어느 날 밤, 어떤 농부가 노새로 밭을 갈고 있었다. 밭의 가장자리에서는 농부의 아내와 아이들 그리고 이웃 아낙네가 모여 잡담을 나누고 있었는데, 갑자기 농부가 사라졌다는 것이다. 그들은 농부에게 무슨 일이 일어났는지 몰랐다. 그들은 마지막으로 농부를 보았던 곳으로 달려갔다가 희미하게 울부짖는 소리를 들었다. 그 땅에는 거대한 구멍이 나 있었다. 농부의 가족은 그가 구멍 안에 빠졌다는 것을 알게 되었다. 그런데 그 구멍은 단순한 구멍이 아니라 말하자면 어떤 도시 안으로 통하는 구멍이었다. 농부는 그 속에 빠졌던 것이다. 그곳은 오래전 화산재에 묻혀버린 아크로티리Akrotiri라는 도시였다. 이 도시가 발굴되기 시작하면서 고고학자들은 이전에 발견된 문명과는 전혀 다른 성격의 온전한 문명을 새로이 접할 수 있었다. 이 문명은 청동기 시대로 거슬러 올라가 그리스와 아프리카의 문화가 혼합된 곳이었다. 이곳에서는 전망창이 세계 최초로 발견되기도 했다. 이 문명에서 발견된 것들은 너무나 흥미로워서 10년 전 우리가 그리스를 방문했을 때에만 해도 새로 발굴된 신관은 이미 아테네의 박물관으로 옮겨져 아크로티리의 미술품과 다른 발견물들과 함께 소장돼 있었다.

그 발견 후 나는 아틀란티스를 믿게 되었다. 나는 아틀란티스를 다녀온 것 같은 생각이 든다.

신화와 동화

전설과 신화는 다르다. 전설은 사실일 수도 있고 사실이 아닐 수도 있는 과거의 이야기다. 트로이의 전설은 사실이고, 치첸이트사의 신성한 우물에 관한 전설도 사실이다. 내 생각에는 아틀란티스의 전설도 사실인 것 같다. 사실이든 아니든 간에, 치첸이트사의 우물

이야기 같은 전설이 그 자체로 우리에 관해 많은 것을 가르쳐주는 것은 아니다. 하지만 호메로스의 《일리아드》는 사실적인 전설일 뿐만 아니라 신화이기도 하다. 트로이 이야기에는 인간의 본성에 관한 온갖 종류의 의미들이 엮여 있다. 그런 점이 바로 단순한 전설과 신화를 구분해주는 것이다.

동화와 신화도 다르다. 산타클로스는 단순한 동화에 불과하고 겨우 200년 정도 된 가상의 인물이다. 그리고 지구의 5분의 1에 해당하는 사람들에게만 알려져 있다. 반면에 용은 신화다. 누군가가 산타클로스를 만들어내기 오래전부터, 기독교의 수사들은 유럽의 수도원에서 고생스럽게 베낀 필사본의 가장자리에 용을 그려넣었다. 중국의 도가, 일본의 불교도, 인도의 힌두교도, 아랍의 이슬람교도 등도 마찬가지다.

그런데 어째서 용일까? 이 같은 신화적인 존재가 왜 그토록 전 세계에 두루두루 퍼져 보편화되었을까?

그 대답은 용이 인간 존재의 상징물이기 때문이다.

용은 날개 달린 뱀이고 날 수 있는 연충蠕蟲이다. 이것이 바로 인간이다. 인간은 파충류처럼 죄 많은 성향과 문화적 편견이라는 진흙탕에 더럽혀진 채 땅바닥에 가까이 붙어 살금살금 걷는다. 한편으로는 새―또는 천사―처럼 하늘 높이 솟아오를 수 있는 능력도 있어서 죄 많은 성향과 편협한 문화적 편견을 뛰어넘을 능력도 지니고 있다.

내 생각에, 사람들이 용을 그토록 선호한 이유 중 하나는 그것이 가장 단순한 신화라서다. 그러나 그렇다 해도, 용은 그렇게 단순하지만은 않다. 용은 다차원적이고 양면적인 창조물로서 역설을 상징한다. 그리고 이런 것들이야말로 신화가 존재하는 이유 즉, 다면적이고 종종 역설적이기도 한 인간의 본성을 포착하게 해주는 것이다.

역설적이고 다면적이기 때문에, 신화를 믿는다 해도 곤경에 빠지는 일은 없다. 하지만 일반적인 동화는 일면적이고 지나치게 단순한 경향이 있다. 이런 동화를 믿게 되면 상당히 곤란해질 수 있다. 마치 인생을 살면서 어떤 것을 지나치게 단순하게 생각하는 것이 곤란을 초래하는 것처럼 말이다. 지나치게 단순한 생각은 모두를 힘들게 한다. 사람들은 어떤 일이 흑 아니면 백이기를 바란다. 대여섯 가지 정도는 아니더라도 삶의 모든 양상이 적어도 두 가지 측면을 동시에 지니지만, 사람들은 단순하고 명확하게 이것 아니면 저것이기를 원한다.

예를 들면 청중 가운데서도 어떤 기독교인은 이렇게 질문한다. "펙 박사님, 성직자들은 동성애자에게 안수를 해줘야 하나요?" 이런 사람은 마치 동성애가 단순히 이것 아니면 저것인 것처럼 묻는다. 비록 나의 심리 치료 경험이 제한적이기는 하지만 그 경험을 통해 확인한 바에 따르면, 극단적으로 문제가 있는 가족 안에서 성장하면서 동성애자가 된 사람도 있고(따라서 이 경우 어렵기는 하지만 이론적으로는 치료할 수 있는 상태다), 유전적으로 동성애자가 된 사람도 있고, 신이 동성애자로 창조한 사람도 있다. 그러므로 생물학적이고 심리학적인 원인으로 동성애자가 된 사람은 이런 여러 요소들이 모두 혼합된 것이다. 따라서 동성애를 그저 단순하게 받아들이면, 미묘하고 복잡한 신의 창조물에게 폭력을 가하는 셈이나 마찬가지다. "동성애자에게 안수를 해줘야 하나요?"라는 질문에 대한 대답은 "이성애자에게 안수를 해줘야 하나요?"라는 질문에 대한 대답과 똑같다. 결국 해답은 동성애자 그 자신에게 달려 있고, 이성애자 그 자신에게 달려 있다.

책임의 신화

신화란 인간의 본성이 지닌 역설적이고 다면적이고 복잡한 양상에 대해서 배울 수 있는 훌륭한 원천이다. 기억할지 모르겠지만, 《아직도 가야 할 길》에서 클라이템네스트라와 아가멤논의 아들 오레스테스의 신화를 언급한 적이 있다. 호메로스에 따르면, 클라이템네스트라는 연인을 꼬드겨서 남편인 아가멤논을 함께 살해했다. 이 일로 오레스테스는 곤란한 지경에 빠진다. 어린 그리스 소년이 짊어진 감당하기 어려운 의무는 바로 아버지를 살해한 원수에게 복수하는 것이다. 그러나 그 원흉은 자신의 어머니였다. 따라서 이 소년이 해야 할 최악의 일은 바로 자신의 어머니를 죽이는 것이었다.

오레스테스는 아버지의 죽음에 복수하기 위해 어머니와 어머니의 정부를 살해했다. 하지만 대가를 치러야만 했다. 신들의 저주를 받은 오레스테스는 퓨리스(복수의 여신)라는 세 여신이 자신을 둘러싼 채 계속해서 귀에다 대고 시끄럽게 지껄여대는 바람에 환각에 빠져 미쳐버리고 말았다. 그 뒤 오레스테스는 자신이 저지른 일을 속죄하며 여러 해 동안 세상을 떠돌아다녔고 복수의 세 여신은 그를 쫓아다녔다. 마침내 오레스테스는 저주를 풀어달라고 신께 부탁했고 드디어 신들의 재판이 열렸다. 그 자리에서 오레스테스를 변호한 아폴론 신은 이 모든 뒤틀린 일이 신들의 잘못이라고 주장했다. 왜냐하면 오레스테스는 이 사건에서 실질적으로 아무런 결정권도 없었기 때문에 결과적으로 그 자신이 저지른 일에 대해 비난받아서는 안 된다는 것이었다.

바로 그때 오레스테스가 일어나 아폴론의 의견에 반대하며 말했다. "어머니를 살해한 것은 신들이 아니라 바로 저였습니다. 이 일을 저지른 것은 바로 저였습니다."

자신이 져야 할 책임을 신에게 돌릴 수 있었던 순간에, 그 누구도 자신의 행위에 대해 이런 식으로 전적인 책임을 떠안은 적은 없었다. 오레스테스의 말을 듣고 신들은 토론을 벌여 저주를 풀어주기로 결정했다. 퓨리스는 에우메니데스(에리니에스)로 그 호칭이 변했는데, 이는 글자 그대로 '자비의 여신들'이라는 뜻이다. 그 후 복수의 여신들은 신랄하고 시끄럽고 부정적인 목소리를 내는 대신에 지혜의 목소리를 냈다.

이 신화는 일종의 정신 질환이 매우 건강한 상태로 변화하는 과정을 상징한다. 이러한 놀라운 변화는 자신과 자기 행동에 대해 책임을 진 대가라고 할 수 있다.

전능의 신화

《평화 만들기*The Different Drum*》에서 언급한 또 하나의 신화는 이카로스 이야기다. 이카로스와 그의 아버지는 깃털과 밀랍으로 직접 날개를 만들어 감옥에서 탈출하려 했다. 이카로스는 날 수 있게 되자 태양에 닿을 때까지 계속 날고 싶었다. 하지만 태양에 가까워지면서 뜨거운 열 때문에 밀랍으로 만든 날개가 녹아버려서 곧바로 떨어져 죽는다.

이 신화가 뜻하는 바는 신과 같은 권능을 가지려는 짓은 어리석다는 것이다. 태양은 종종 신을 상징한다. 그래서 이 신화의 또 다른 의미는, 내가 보기에, 인간의 힘만으로는 신에게 다가갈 수 없다는 것 같다. 신이 이끌 때만 우리는 신에게 다가갈 수 있다. 이렇게 생각하지 않으면 우리는 곤경에 빠져 곧바로 떨어져 파멸할 수밖에 없다.

'영적인 성장'을 알고 나면 자신이 영적인 여정에 있다는 것을 처음으로 완벽하게 깨달을 때가 있다. 그때 여러 가지 문제에 부닥치게 된다. 그 가운데 하나가 바로 신에게 곧바로 다가갈 수 있다고 생각하는 것이다. 수도원으로 들어가 일주일간 피정하고, 명상 교실에 등록하고, 수피교의 춤에 집중하고, 심신 통일 훈련 EST 연수회에 참석하면 니르바나(열반)에 도달할 거라고 믿는다. 그러나 안타깝게도 다 바라는 대로 되진 않는다. 이런 일은 신이 직접 이끌어줄 때만 효과가 있다. 스스로 할 수 있다고 생각하면 이카로스처럼 곤경에 빠질 수 있다.

영적인 성장을 위해 계획을 세울 수 있다고 생각해도 생각만큼 잘되지 않을 것이다. 연수회나 그 외의 다른 자기 계발 프로그램을 폄하할 생각은 없다. 그것들은 그것들대로 가치가 있을 수 있다. 소명 받은 느낌대로 행하라. 그러면서 자신이 무엇을 배우게 될지 꼭 알 수 없다는 사실을 받아들일 준비를 하라. 자신이 통제할 수 없는 힘에 기꺼이 놀라면서, 우리가 인생의 여정에서 중요하게 배워야 할 것은 항복의 기술임을 깨달아야 한다.

성경 속의 신화

성경에는 어떤 의미가 있을까? 쓰여 있는 그대로 모두 사실일까? 신화를 모아둔 것일까? 그저 낡아빠진 율법일 뿐일까? 성경이란 무엇일까? 성경은 우리 삶과 어떤 관계가 있는 것일까?

한 여성이 이런 말을 했던 기억이 난다. "정설을 모아놓은 책이라고 여길 때에는 성경을 대할 때마다 상당히 부담스러웠어요. 그런데 어느 날 문득 성경은 역설적인 책이라는 것을 깨닫고 나서는 성경책이 너무 좋아지더군요."

사실 성경은 역설적인 이야기를 모아놓은 책이다. 그리고 역설의 모음에 걸맞게 성경은 그 자체가 역설적이다. 성경에는 여러 전설이 뒤섞여 있는데, 그 가운데 어떤 것은 사실이고 어떤 것은 사실이 아니다. 성경에는 상당히 정확한 역사와 그다지 정확하지 않은 역사가 뒤엉켜 있다. 낡은 율법도 나오고 상당히 좋은 율법도 나온다. 성경에는 신화와 은유가 다 들어 있다.

사람들은 성경을 어떻게 해석하고 있을까? 내 경험에 따르면, 근본주의자들은 성경을 상당히 중요하게 생각하지만 이상하게 오용한다. 실제로 '근본주의자'란 용어는 잘못 붙여진 이름이다. 그에 대한 적당한 용어는 '성서 전면 신봉자' 정도가 딱 맞을 것이다. 이들은, 성경은 신성한 영감을 받은 신의 말씀일 뿐만 아니라 신의 말씀이 그대로 전해져서 영원히 변치 않을 거라고 믿는다. 또 성경을 글자 그대로 해석할 수 있는 유일한 권한은 오직 자기들에게만 있다고 믿는다. 이런 생각은 성경을 메마르게 만들 뿐이다.

목회 상담 운동을 창시한 두 사람 가운데 하나인 웨인 오츠 Wayne Oates가 이 문제를 언급한 걸 들은 적이 있다. 예수가 "너의 눈이 죄를 지으면, 뽑아내어라" 하고 말했다는 이유로 자신의 한쪽 눈을 도려냈던 한 젊은 남자를 거론하며, 웨인은 이렇게 말했다.

"잘 아시겠지만, 전 오래된 남부 침례교를 믿는 착한 아들입니다. 저는 진심으로 나의 주 예수님을 사랑합니다. 하지만 저는 주께서 그렇게 말씀하지 않으셨기를 진심으로 간절히 원합니다."

문제는 예수가 한 말에 있는 것이 아니다. 이 젊은 남자가 예수의 말을 곧이곧대로 실행에 옮겼다는 데에 문제가 있다. 예수는 당연히 은유적으로 말했던 것이다. 예수는 사람들이 제 팔을 자르고 제 눈을 도려내기를 원했던 것이 아니다. 예수가 전달하고자 한 의미는 사람들의 정신 건강을 가로막거나 영적인 성장을 가로막는 무엇인가가 있다면, 그것을 없애야 한다는 것이다. 그 무엇인가에 불평을 늘어놓기만 하면서 빈둥대서는 안 된다.

따라서 성경을 항상 말 그대로 해석하는 우를 범해서는 안 된다. 성경의 상당 부분은 은유와 신화로 되어 있다. 그리고 매우 복잡해서 종종 역설적으로 해석되기에 딱 좋은 것이 성경이다.

선악의 신화

에덴동산의 아담과 이브의 신화가 나오는 창세기 3장은 가장 복잡하고 다의적인 이야기로 유명하다. 꿈과 마찬가지로 신화는 프로이트가 응축이라고 말한 방식으로 작용할 수 있다. 단 한 편의 꿈에는 단 하나의 의미만 있는 것이 아니라 두세 가지 이상의 다른 의미가 응축되어 있다. 이런 원리는 에덴동산의 신화에도 분명히 적용된다. 그 안에는 단 하나의 심오한 진리만 있는 것이 아니다. 둘이나 셋도 아닌 열 가지 이상의 심오한 진리를 담고 있다. 에덴동산 신화는 인간의 본성에 관해서 가르쳐주는 놀라운 이야기다.

근본주의자들—성서 절대 신봉자, 창조론자—은 좋아하지 않겠지만, 에덴동산의 신화가 우리에게 가르쳐주는 것 가운데 또 하나가 바로 진화다. 그렇다고 신이 진화에 관여하지 않았다는 뜻은 아니다. 오히려 그 반대로 신은 진화에 많이 관여한 것처럼 느껴진다. 특히 창세기 3장은 인간이라는 존재가 어떻게 의식을 갖도록 진화했는지에 관한 신화다. 이미 1부에서 이러한 진화의 결과가 어떤 것인지 언급하면서 명쾌하게 밝힌 바 있다. 즉, 인간의 부끄러움이나 자의식, 자연으로부터의 소외감, 더 폭넓은 의식으로 진화하고자 하는 욕구 등등에 관해서 말이다.

이제 의식이란 선과 악에 대한 깨달음과 함께 나온다는 것에 주의해야 한다.

이 놀랍도록 풍부한 이야기를 통해 배울 수 있는 또 다른 하나는 바로 선택의 힘이다. 선악과나무에서 열매를 따 먹기 전까지 인간에게는 진정한 선택권이 없었다. 창세기 3장에 묘사되었듯이, 인간이 자유 의지를 갖게 된 것은 바로 의식을 갖게 되면서부터다. 의식을 갖게 되면서 인간은 진리를 따를 것인지 아니면 거짓을 따를 것인지 하는 선택에 직면했다. 그러므로 에덴의 이야기는 선과 악의 모든 발생 과정과 상당한 관계가 있다. 선택이 없으면 악도 있을 수 없다. 신이 인간에게 자유 의지를 허락하면서 불가피하게 악의 문도 이 세상에 함께 열어놓은 셈이다.

창세기 1장에는 선과 악은 물론이요, 진화와 관련한 또 다른 무엇인가가 있다. 신은 먼저 창공을 창조했고 그러고 나서 육지와 바다 그리고 식물과 동물을 창조했다고 씌어 있다. 이러한 창조 순서는 지질학과 고생물학에서 주장하는 것과 같다. 과학자들이 단정할 수 있는 것은 비록 그 모든 일이 7일 안에 일어났다고는 말할 수 없지만, 그와 같은 순서대로 진화가 이루어졌다는 사실이다.

'신이 처음에 빛을 창조하고 보았더니 좋았더라'라는 구절을 떠올려보니 창세기 1장 전체의 새로운 의미가 서서히 떠올랐다. 신은 땅을 창조했는데 보기에 좋았다. 그러고 나서 땅과 바다를 갈라놓았는데 이 또한 보기에 좋았다. 신은 계속해서 식물과 동물을 창조했다. 신은 이 모든 것들이 보기에 너무 좋았고 그래서 인간을 창조했다. 그러므로 내 생각에 선을 행하려는 충동은 창조성과 상당한 관계가 있는 것 같다.

마찬가지로 악을 행하려는 충동은 창조적이기보다는 파괴적이다. 선과 악, 창조와 파괴 가운데 무엇을 선택할 것인가는 우리 자신의 몫이다. 그리고 궁극적으로 우리는 책임을 지고 결과를 받아들여야 한다.

영웅의 신화

조지프 캠벨은 신화 속 숨은 진실에 관해서 많은 것을 가르쳐준다. 세계의 위대한 신화 가운데 캠벨이 특히 인상적으로 밝혀낸 것 가운데 하나는 캠벨의 《영웅의 원정 *The Quest of the Hero*》에 나오는 '영웅 탄생의 신화'다. 전형적인 신화들이 그렇듯이, 이 신화도 다른 문화권마다 조금씩 다르게 변형되어 나타나지만 그 뼈대는 똑같다. 태양의 신과 달의 여신이 부부가 되고, 이 부부는 아이를 낳는데 항상 남자아이를 낳는다(아마도 시간이 흐르면서 이야기의 세부 사항은 바뀔 수 있다). 이 소년은 성장하면서 엄청난 투쟁과 혼란, 고통의 시기를 겪고, 그러면서 영웅으로 태어난다.

이런 종류의 신화가 뜻하는 것은 무엇인가? 먼저 영웅이란 어떤 존재인지 생각해보기로 하자. 영웅이란 다른 사람들이 풀 수 없는 문제를 해결할 수 있는 사람이다. 예를 들면 어느 살기 좋은 아름다운 나라에 어떤 왕이 있었는데, 사람들을 괴롭히는 야비하고 불쾌하기 짝이 없는 용만 없으면 더 살기 좋은 나라가 된다고 해 보자. 그래서 왕은 굳게 마음먹고 누구든지 이 용을 죽일 수 있는 자는 아름다운 공주 에스메랄다와 결혼시키겠다고 말했다. 이 말이 온 나라에 퍼지자 하버드대와 예일대의 방식으로 교육받은 용감한 기사들이 한 명씩 찾아와 용과 싸웠고, 차례로 잡아먹혔다. 상황은 긴박하게 돌아갔고 모든 희망이 사라지는 것 같았다. 그때 브롱크스 숲에서 뉴욕대 방식으로 교육받은 총명한 유대 청년이 나타난다. 이 청년은 용을 죽이는 법을 알아내서 실행에 옮긴다. 유대인을 사위로 맞아들인다는 것이 마냥 행복한 일은 아니었지만, 왕은 약속을 지킨다. 그래서 그 청년은 아름다운 공주 에스메랄다와 결혼하여 아름다운 나라에서 영원토록 행복하게 산다.

이 청년은 다른 사람들이 풀 수 없는 문제, 즉 여기서는 용을 죽이는 방법을 해결했기 때문에 영웅이 되었다. 그런데 이 청년은 어떻게 그 같은 총명함을 얻게 되었을까?

신화에 따르면, 진정한 영웅이란 태양의 신과 달의 여신 사이에서 낳은 자손이어야 한다는 점을 기억하자. 그러므로 이 신화 역시 태양의 신과 달의 여신이 상징하는 대로 전형적으로 남성성과 여성성에 관한 이야기다.

우리는 전설에서나 실제의 삶 속에서도 남성과 여성이라는 이분법에 오랫동안 길들여져 왔다. 예를 들면 오늘날에는 여러 종류의 사고를 지배하는 우뇌와 좌뇌에 관한 연구가 활발히 진행 중이다. 이러한 상황은 '영웅 탄생의 신화'에도 적용될 수 있다. 태양의 신은 남성성, 빛, 이성 그리고 합리적이고 과학적인 지식처럼 소위 좌뇌의 분석적인 사고를 대변한다. 그리고 달의 여신은 여성성, 어둠, 감정 그리고 직관처럼 소위 우뇌에서 일어나는 사고를 대변한다. 이 둘이 부부가 되어 한 몸에 태양의 신과 달의 여신이 모두 들어가 있는 아이를 낳았다. 그러므로 이것은 소위 남녀추니androgyny에 관한 신화인 것이다.

결론적으로 말해서 분명한 것은 만일 우리 안에 있는 여성성과 남성성을 모두 이용하는 법을 배울 수 있다면, 즉 우뇌와 좌뇌를 모두 이용할 수 있다면 분명히 영웅이 될 수 있다는 것이다. 사실 극소수의 사람들만이 이렇게 할 수 있다. 대신에 대부분의 사람들은 자라면서 자기 안의 여성성을 희생하여 남성성을 강조하도록 배우거나 남성성을 희생하여 여성성을 강화하도록 배운다. 아니면 어떤 문제는 남성적인 좌뇌 방식으로 접근하고, 또 어떤 문제는 여성적인 우뇌 방식으로 접근하도록 배운다. 하지만 같은 문제를 우뇌와 좌뇌 모두 이용해서 접근하도록 배우는 사람은 극히 드물다.

우리 안의 남성성과 여성성은 아주 힘들게 통합된다. 이러한 과정은 신화 속에서 아이가 성장하면서 치러야 하는 싸움과 같다. 만일 우리가 힘든 통합의 싸움을 거뜬히 치러내고 같은 문제에 대해서 우뇌와 좌뇌, 여성성과 남성성을 가지고 동시에 접근할 수 있다면 우리도 얼마든지 영웅이 될 수 있다. 세상이 아직도 해결하지 못한 문제들을 우리가 나서서 해결할 수 있을 것이다. 그리고 세상은 영웅이 나와서 수많은 문제들을 해결해주기만을 지금도 간절히 바라고 있다.

해석의 선택

다시 성경으로 돌아오자. 성경에 나온 이야기들을 어떤 식으로 해석해야 할지는 읽을 때마다 선택해야 한다는 점을 강조한다. 성경의 이야기들은 항상 문자 그대로 해석할 수 있다. 역시 창세기에 나와 있는 롯의 아내 이야기를 예로 들어보자. 신은 죄가 만연한 도시 소돔과 고모라를 멸망시키면서 롯과 그의 아내만은 뒤를 돌아보지 말라는 조건을 붙여서 도망가도록 허락했다. 하지만 롯의 아내가 뒤를 돌아보는 바람에 그 자리에서 소금 기둥으로 변해버렸다. 문자 그대로 받아들이면, 이 이야기는 신에게 복종하지 않으면 어떤 벌을 받는지 그리고 인간에게 어떤 일이 일어나는지를 보여주는 이야기일 뿐이다.

100여 년이 넘는 지난 세월 동안 '과학적인' 성경 해석을 표방하는 새로운 학파가 발전하였다. 이 학파는 성경에 묘사된 기적들—홍해의 갈라짐 같은—에 대해서 '합리적'으로 해석하기를 제안한다. 예를 들면 홍해에는 아주 얕은 지점이 있어서 조수의 발생이 100년에 한 번꼴로 똑같아지는데, 이때 같으면 실제로 걸어서 바다를 건널 수 있다고 설명한다. 이 학파는 롯의 아내 이야기도 그들 방식대로 손을 대었다. 그래서 뉴 옥스퍼드 성경에는 이 이야기에 관한 주가 달려 있는데 그 내용은 다음과 같다. "이 이야기는 오늘날 제벨 우스단Jebel Usdan에서 볼 수 있는 것처럼 이 지역의 특이하게 생긴 소금 형상들을 설명하는 오래된 방식이다."

하지만 이와 같은 소위 과학적인 설명 방식은 조금 차갑게 느껴지는 것 같다. 그래서 나는 이 문제를 좀 더 생각해보았는데, 그러자 왜 신은 롯과 그의 아내로 하여금 뒤를 돌아보지 말라고 했는지 궁금해졌다. 왜 뒤를 돌아보면 안 된단 말인가? 결국 내 생각은 '인생의 대부분을 뒤만 돌아보고 과거에 집착하면서 후회하기만 하는 사람들에게는 어떤 일이 벌어질까?' 하는 데에 이르렀다. 그리고 마침내 이런 사람들은 롯과 그의 아내가 마치 살아 있는 소금 기둥으로 변해버린 것처럼, 본질적으로 절어버린다는 것을 깨달았다. 이런 식으로 성경을 은유적으로 해석하면서, 롯의 아내 이야기가 담고 있는 깊은 뜻과 인간의 본성에 관한 심오한 진리를 깨달은 것이다.

나는 종종 사람들에게 종교적인 교육을 받아본 경험이 거의 없어서 엄청난 축복을 받았노라고 말한다. 내게는 극복해야 할 것이 전혀 없었기 때문이다. 내가 '거의'라고 말한 까닭은 단 하루 주일학교에 나간 적이 있기 때문이다. 무슨 이유에서였는지 부모님은 내가 여덟 살이 되고 형이 열두 살이 되자 우리에게 종교적인 교육이 필요하다고 결정하시고는 우리를 주일학교에 보내셨다. 아직도 그날이 생생히 기억난다. 왜냐하면 이삭을 제물로 바치는 아브라함의 그림을 그려야 했기 때문이다.

돌이켜보면 그때부터 내게는 조금이나마 정신과 의사가 될 싹이 보였던 것 같다. 나는 여덟 살 어린 나이에, 아브라함으로 하여금 아들을 죽이도록 명했던 하느님이나 하느님의 뜻대로 그 일을 하려 했던 아브라함이나 모두 제정신이 아니라고 결론 내렸던 것이다. 무엇보다도 행복에 넘치는 표정으로 제물로 바쳐지기를 기다리며 내 스케치북 한쪽에 누워 있던 이삭도 제정신은 아닌 것 같았다.

결국 형은 다시는 주일학교에 가지 않겠다고 고집스럽게 버텼는데, 열두 살 먹은 권능으로 자기 뜻을 관철했다. 그래서 나는 열두 살짜리 코트 뒷자락을 올라타고 주일학교에서 나올 수 있었다. 이것이 내가 받은 종교 교육의 전부였다. 그리고 난 아직도 아브라함과 이삭의 이야기는 여덟 살짜리 아이에게 가르치기에는 적절하지 않다고 생각한다. 그 이유는 장 피아제Jean Piaget의 정신 발달 단계를 받아들여 생각해보면 그 나이 또래의 아이들은 있는 그대로 생각하는 경향이 있어서 사태를 해석해서 받아들이는 능력이 충분히 발달하지 못하기 때문이다. 이야기를 듣기에 적절하지 않은 때가 있는 것처럼 이야기를 해석할 수 있는 적절한 나이와 올바른 시기도 있는 법이다.

그러나 장년이 된 내게 이삭을 제물로 바치는 아브라함의 이야기는 심오한 의미로 다가온다. 게다가 사춘기나 좀 더 나이가 든 자녀를 둔 사람들에게는 이 이야기가 정말로 중요한 의미로 다가올 것이라고 역시 믿는다. 은유적으로 해석해보면, 이 놀라운 이야기―또는 신화―를 통해 우리는 언제고 자녀를 포기해야 할 때가 온다는 것을 배울 수 있다. 물론 자녀는 우리에게 주어진 선물이고 마땅히 우리의 보살핌을 받아야 하지만 영원히 그럴 수는 없는 일이다. 어떤 시점을 지나서까지 자녀를 놓아주지 않는다면, 자녀는 물론이고 부모 자신을 송두리째 파괴할 수 있다. 우리는 이 선물을 되돌려주는 법과 자녀를 신에게 맡기는 법을 배울 필요가 있다. 이

제 자녀는 더 이상 우리의 소유물이 아니다. 이제부터 아이들은 하느님의 자녀가 되는 것이다.

영성과 인간의 본성

사람들은 가끔씩 아주 대답하기 힘든 질문을 던진다. 예를 들면 이런 질문이다. "펙 박사님, 인간의 본성이란 어떤 것인가요?" 그런데 부모님이 나를 책임감 있는 아이로 기르신 탓에, 이처럼 쉽게 대답할 수 없는 문제라도 나는 답을 구하려고 무진장 애를 쓴다. 그래서 처음에는 이런 대답을 내놓았다. "인간의 본성이란 팬티를 입은 채 볼일을 보는 겁니다."

정말로 그렇다. 인간은 선천적인 본성에 따라 행동하다가 원하면 언제든지 제멋대로 거리낌 없이 행동한다. 두 살 무렵이면 일어나는 일로 엄마 또는 아빠가—대체로 이런 이야기를 주입하는 사람은 엄마인 경우가 많지만—다가와 이렇게 말한다. "넌 착한 아이야. 엄마(아빠)는 널 너무 좋아해. 네가 행동이 바른 아이가 된다면 더할 나위 없이 감사할 거야."

어떤 아이라도 이런 잔소리가 처음엔 무슨 뜻인지 전혀 이해하지 못한다. 아이가 이해할 수 있는 것이라고는 본성에 따라 행동하면서 하고 싶을 때 마음대로 하는 것이다. 게다가 그 결과는 항상 재밌고 번번이 다르다. 대체로 벽에다 낙서를 하거나 침대 밖으로 작고 딱딱한 공을 던져서 공이 튀는 모습을 지켜보는 식이다. 이 아이들에게는 정말로 부자연스러운 일을 하는 것, 즉 엉덩이에 잔뜩 힘을 주고 정확한 타이밍에 맞춰 화장실로 달려가서는 시원하게 볼일을 보고 그 아름다운 것이 쓸려나가도록 물을 내리는 따위의 일은 전혀 아무런 의미가 없다.

하지만 아이와 엄마 사이의 관계가 좋고, 엄마가 참을성이 많아 지나치게 아이를 닦달하거나 통제하려 들지 않는다면, —불행히도 이런 상황은 좀처럼 만나기 어려운데 그렇기 때문에 정신 의학자들이 그토록 용변 교육에 관심을 갖는 것이다—그래서 이러한 상황이 만족되면 아이는 스스로 이렇게 생각한다. "그래, 엄마는 좋은 분이고 지난 2년 동안 나한테 너무 잘해주셨어. 그럼 나도 뭔가 보답을 해드려야겠지? 좋아, 고마움의 표시로 선물을 드려야지. 근데, 난 아직 어리고 힘없는 두 살짜리군. 이 미친 짓을 그만두는 것 말고 엄마가 원하고 필요로 하는 것이 또 뭐가 있겠어?"

그래서 아이는 엄마에 대한 일종의 선물로 부자연스러운 일을 하기 시작한다. 그냥 똥을 싸버리지 않고 엉덩이에 힘을 주며 화장실로 달려가는 것이다. 하지만 앞으로 다가올 몇 년 동안 무슨 일이 벌어지는지 눈을 크게 뜨고 보라. 너무나 불가사의한 일들이 벌어질 것이다. 아이가 네다섯 살이 되면, 스트레스를 받거나 피곤할 때 자기도 모르게 실례를 하기도 한다. 이때 아이는 자기가 저지른 실수를 *부자연스럽게* 느끼는 반면, 화장실에 가는 것은 아주 자연스럽게 생각한다. 그리 길지 않은 짧은 시간 동안에 엄마에 대한 선물로 행하던 행위가 아이의 본성을 바꾸어놓은 것이다.

본능과 인간의 본성

사람들이 "펙 박사님, 인간의 본성이란 무엇인가요?" 하고 물으면, 대부분의 경우 그런 것은 없다고 대답한다. 이것이야말로 다른 무엇보다도 인간이라는 존재가 받은 영광이다.

인간이 다른 피조물과 구분되는 것은 무지대립근(엄지손가락을 자유롭게 운동하게 해주는 근육. 엄지손가락이 다른 손가락과 조응하여 물건을 잡는 구조는 인간이 다른 동물들과 달리 지능이 발달했다는 해부학적 근거이기도 하다—옮긴이)이 있어서도 아니고, 말을 할 수 있게 해주는 놀라운 후두나 엄청나게 큰 대뇌 피질이 있어서도 아니다. 그것은 바로 본능이나 미리 형성되어 틀에 짜 맞추어진 행위의 패턴 같은 것을 인간이 다른 피조물보다 비교적 덜 물려받는다는 점이다. 이에 비하면 다른 피조물들은 인간에 비해 정해진 본성을 훨씬 더 많이 갖고 있다.

나는 코네티컷 근처의 커다란 호숫가 가까이에 산다. 해마다 3월이 되어 얼음이 녹을 때쯤이면 이 호수에 갈매기 떼가 몰려왔다가 12월에 호수가 다시 얼어붙으면 남쪽으로 날아간다. 나는 갈매기들이 어디로 날아가는지 전혀 몰랐는데, 최근에 친구들이 플로렌스와 앨라배마라고 알려주었다.

이동성 갈매기든 아니든, 철새를 연구해온 과학자들은 이 새들이 실제로 별을 이용해서 이동한다는 것을 알았다. 이 새들은 유전을 통해서 플로렌스든 앨라배마든 매번 정확한 지점에 도착할 수 있게 해주는 천체항법장치와 같은 복잡한 패턴을 내장하고 있다는 것이다. 유일한 문제가 있다면 고정된 틀에서 벗어나 자유롭게 이동할 수 없다는 것이다. 갈매기들은 이렇게 말할 수 없다. "이번 겨울은 버뮤다나 바하마 아니면 바베이도스에서 보냈으면 좋겠어." 이 녀석들은 플로렌스나 앨라배마 말고는 어디에도 못 간다.

이와 달리, 무한한 자유와 변덕스러운 행위야말로 인간을 다른 피조물과 구분 짓는 특징이다. 인간은 필요한 수단만 충족되면 버뮤다나 바하마, 바베이도스에도 갈 수 있다. 그리고 너무나 부자연스럽게 보이는 짓도 서슴없이 할 수 있다. 한겨울에 스토나 버몬트 또는 콜로라도 산맥이 있는 북쪽으로 가서 나무나 섬유 유리로 된 작은 스키를 타고 얼음 언덕을 미끄러져 내려온다. 이처럼 변화무쌍하고 겉으로 보기에 이상한 행동을 할 수 있는 특별한 자유야말로 인간 본성의 가장 두드러진 특징이다.

화이트T. H. White의 책《돌 속의 칼The Sword in the Stone》만큼 이러한 상황을 잘 묘사한 책은 아마 없을 것이다. 이 아름다운 책에 나온 한 가지 이야기를 요약하면 다음과 같다. 이 이야기는 아주 초기 시대, 지구의 모든 생명체가 아직 발달하지 않은 형태로 있을 때로 거슬러 올라간다. 하느님이 어느 날 오후 작은 배아들embryos을 모두 불러놓고 이렇게 말했다. "너희가 원하는 것은 뭐든지 세 가지를 주려고 한다. 차례대로 이리 와서 무엇이든지 원하는 세 가지를 말하면 다 주겠노라."

그러자 첫 번째로 작은 배아가 다가와서 말했다. "신이시여, 삽처럼 생긴 손과 발이 있었으면 좋겠습니다. 제가 직접 땅 밑에 안전한 집을 지을 수 있게요. 그리고 겨울에 따뜻하게 지낼 수 있도록 피부가 두툼한 털로 뒤덮였으면 좋겠어요. 그리고 풀을 씹어먹을 수 있게 날카로운 앞니가 좀 있었으면 해요."

그러자 하느님이 "좋다. 가서 마멋(다람쥐과의 일종)이 되어라" 하고 말했다.

그다음 배아가 다가와서 말했다. "하느님, 전 물이 좋아요. 그래서 물속에서 헤엄칠 수 있도록 몸이 유연했으면 좋겠어요. 또 아가미 같은 것이 있어서 물속에서도 숨을 쉴 수 있었으면 좋겠어요. 마지막으로 물의 온도에 상관없이 몸을 따뜻하게 할 수 있었으면 합니다."

하느님이 말했다. "좋다. 가서 물고기가 되어라."

하느님은 모든 배아를 만났고 이제 단 하나의 배아만 남았다. 그런데 이 녀석은 유별나게 부끄럼을 타는 것 같았다. 어쩌면 이미 앞에서 언급했듯이 성경에 나와 있는 이유 때문인지도 몰랐다. 그 배아가 너무 부끄럼을 타는 바람에 하느님이 직접 다가가서 물어볼 수밖에 없었다. "그래, 네가 원하는 세 가지는 무엇이냐?" 그러자 마지막 배아가 말했다. "미리 뭔가를 생각하고 싶지 않아요. 그렇다고 지금 제 모습에… 그러니까… 감사하지 않는다는 말은 아니에요. 전 분명히 감사하고 있으니까요. 그런데… 제가 알고 싶은 건요, 만약에… 하느님만 괜찮다면… 지금 이대로 있을 수 있었으면 해요. 그냥 배아로요. 나중에 제가 똑똑해져서 정말로 원하는 세 가지를 알게 되면, 하느님께 부탁할 수 있을 거예요. 그리고 제가 뭐가 됐으면 하고 바라는 게 있으시면 하느님이 생각하기에 제게 필요한 세 가지를 주세요."

그러자 하느님이 웃으며 이렇게 말했다. "아, 너는 *인간이* 되어라. 네가 영원한 배아로 남기를 원하였으니, 너에게 모든 피조물을 다스릴 권한을 주겠노라."

물론 우리는 태아기를 벗어났다. 나이를 먹으면 현재의 방식에 굳어져 본성도 굳어진다. 오륙십 대에 접어들던 나의 부모나 다른 사람들을 봐도 그때에는 새로운 것에 시큰둥해지고 자신의 생각이나 세계관이 옳다는 신념이 더욱 확고해지는 것 같다.

사실 스무 살이 될 때까지는 그렇게 되는 것이 당연하다고 생각했다. 스무 살이 되던 해 여름, 나는 예순다섯의 유명한 작가 존 마퀀드John Marquand와 함께 지냈다. 그분은 나의 의표를 찔렀다. 예순다섯이나 된 노인이 나를 포함한 모든 것에 흥미가 있음을 처음 알았다. 그 이전에는 예순다섯 살 먹은 어떤 노인도 별 볼일 없는 스무 살짜리 풋내기 청년에게 진지하게 관심을 가지지 않았다. 우리는 날마다 밤늦도록 토론하였고 어떤 논쟁에서는 내가 확실히 이기기도 했다. 또 어떤 때는 실제로 마퀀드 씨의 생각을 바꿀 수 있었다. 그해 여름이 끝날 때까지, 일주일에 서너 번 정도 마퀀드 씨는 자신의 생각을 바꾸었다. 이분은 정신적으로 늙어간다기보다는 오히려 젊어졌고, 대부분의 아이들이나 청소년보다 생각이 더 활짝 열려 있었으며, 더 유연한 사고를 지녔다는 것을 알 수 있었다.

　바로 그때, 처음으로 깨달은 것은 정신적으로 나이를 먹을 필요가 없다는 것이었다. 육체적으로는 나이를 먹을 수밖에 없겠지만, 그래서 결국 노쇠해서 죽기 마련이지만, 인간은 정신적으로 성장을 멈출 필요가 없다. 대체로는 까맣게 잊고 살지만, 끊임없이 달라지고 모양을 바꾸는 능력이야말로 인간의 본성 가운데 가장 두드러진 특징이라 할 수 있다.

영적 성장의 단계

달라지고 모양을 바꾸는 인간의 독특한 능력은 인간의 영성靈性에서 반영된다. 나이가 들면서, 스스로를 돌아볼 줄 아는 사려 깊은 사람들을 보면 사람이 영적으로나 종교적으로 모두 같은 위치에 있는 것이 아님을 알 수 있다. 영적 성장이나 종교적인 발달 단계는 사람에 따라 다르다. 이 문제에 관해 글을 쓰는 이들 가운데 현재 가장 유명한 사람은 《신앙의 단계*Stages of Faith*》라는 책을 쓴 에모리 대학교 캔들러 신학교 교수인 제임스 파울러James Fowler 교수다.

　파울러 교수는 영적인 성장을 여섯 단계로 서술한다. 나는 그것을 네 가지 정도로 다시 정리했지만, 본질적으로는 같은 이야기다. 파울러 교수의 책은 내 책보다 훨씬 더 학구적이고 피아제, 에릭슨, 콜버그 같은 단계 이론가들에 대한 학술적인 언급이 많다. 내가 이러한 단계에 관해서 통찰하게 된 것은 책으로부터 배운 것이 아니라 경험을 통해서인데, 특히 소위 '예상치 못한' 경험을 통해서인 경우가 많다. 이런 경험을 처음 했던 것은 열다섯 살 때로 내가 살던 지역에 있는 기독교 교회를 방문했을 때였다. 교회를 방문한 목적은 어느 정도는 기독교에 관련된 일들이 어떻게 돌아가는지를 살피는 것이었지만, 무엇보다도 주된 관심거리는 여자아이들을 살피는 것이었다.

처음 방문하기로 마음먹은 교회는 시내에서 몇 블록밖에 떨어져 있지 않았다. 당시 이 교회에는 상당히 유명한 목사님이 있었는데, 그분의 설교는 근처의 모든 라디오 방송국의 전파를 타고 곳곳으로 방송되었을 정도다. 겨우 열다섯 살이었지만 나는 어렵지 않게 그가 위선자라는 것을 알아챘다. 다음으로는 시내 위쪽으로 올라가 아까 가본 교회의 반대 방향에 있는 교회로 갔다. 이 교회에도 역시 먼젓번 교회의 목사만큼은 아니지만 꽤 알려진 목사님이 있었다. 그분의 이름은 조지 버트릭George Buttrick이었는데, 열다섯 살짜리 눈으로 보아도 이분이야말로 성인이고 정말로 하느님이 보내신 분이라는 것을 알 수 있었다.

열다섯 살짜리의 덜 성숙한 머리로 왜 그렇게 생각했는지는 확실히 알 수 없다. 당시 꽤 유명한 목사가 있었지만 영적인 성장 면에서는 열다섯 살밖에 되지 않은 내가 그 목사를 앞서고 있었다. 하지만 또 다른 기독교 교회에는 나보다 영적으로 엄청난 광년을 앞서 가는 목사도 있었던 것이다. 그 뒤 25년 동안이나 교회와 등을 돌리게 된 이유가 바로 이런 것 때문이라고 한다면 그다지 일리가 있어 보이지 않을 것이다.

이런 예상치 못한 경험을 한참 후에 또 한 번 겪었다. 몇 년 동안 심리 치료를 담당하면서 나는 이상한 패턴을 발견할 수 있었다. 종교를 믿는 사람들이 고통이나 골칫거리 또는 여러 종류의 어려움에 빠져든 후 심리 치료를 받고 나면, 이들은 대개 의심을 품고 질문을 남발하는 회의론자나 불가지론자 심지어는 무신론자가 되었다. 그런데 정반대로 무신론자나 불가지론자 또는 회의론자였던 사람들이 고통과 불화와 어려움에 부닥쳐서 이후 열심히 치료를 받고 나면, 그들은 대체로 종교적으로 신실하고 영적으로도 관심이 많은 사람이 됐다.

이러한 현상은 이해할 수도, 예상할 수도 없다. 같은 의사가 같은 치료법을 사용해도 성공과 실패의 정반대의 결과가 나오기도 하는 것이다. 이런 상황을 깨달을 수 있었던 것은 사람들이 영적으로 같은 *위치*에 있는 것이 아니고 저마다 다른 단계에 있다는 것을 서서히 알게 되면서부터다. 그렇지만 우리는 그것을 주의 깊고 유연하게 지켜보아야 한다. 신은 가끔씩 조금 특이한 방식으로 내가 정한 카테고리에 참견하려 들고, 사람들은 내가 나름대로 만들어놓은 정신 의학적이고 영적인 분류 방식에 기대만큼 깔끔하게 맞아떨어지지 않기 때문이다.

최초의 혹은 가장 밑바닥에 있는 1단계는 '혼돈·반사회적 단계'라고 부를 수 있다. 이 단계에는 거짓말하는 사람들을 포함해서 인구의 약 20퍼센트 정도가 해당한다. 대체로 이 단계에는 영성이란 것이 없고 사람들은 원칙 없이 행동하는 경향이 있다. 나는 이 단계를 '반사회성'이라고 부른다. 왜냐하면 실제로 다른 사람과의 모든 관계에서 자기 이익만을 꾀하고 겉으로는 안 그런 척하면서, 속으로는 교묘히 속이고 진실한 것처럼 꾸밀 수 있기 때문이다. 원칙이 없는 이런 사람들은 자기 의지 이외에는 스스로를 통제할 메커니즘이 없기 때문에 혼돈스럽다. 통제되지 않는 의지는 오늘은 이쪽으로 갔다가 내일은 저쪽으로 갈 수 있다. 따라서 이들의 존재도 결국 혼돈스러운 것이다.

이 단계의 사람들은 곤경이나 어려움에 처해 있기도 하지만, 종종 감옥이나 병원 또는 길거리에서도 흔히 볼 수 있다. 그렇지만 이들 가운데 일부는 이따금씩 자기 절제를 할 수 있기 때문에 자신의 야망에 따라 상당한 명성과 권력의 자리에 오른다. 이런 사람들은 심지어 사장이나 유명한 목사가 되기도 한다.

1단계에 있는 사람들은 자신의 존재 자체에 가끔 혼돈에 빠질 수도 있다. 그럴 때면 인간으로서 느낄 수 있는 유일하고 가장 고통스러운 경험을 맛보게 된다. 대체로 그런 경험으로부터 금방 벗어나지만, 이러한 고통스러운 경험이 계속되면 자살할 수도 있다. 내가 보기엔 이유를 알 수 없는 자살이 바로 이 범주에 들어가는 것 같다. 그렇지 않으면 가끔이지만 사람들은 2단계로 전환된다.

이런 식의 전환은 대체로—여기서 '대체로'라고 말한 까닭은 항상 예외가 있기 때문이다—급작스럽고 극적으로 이루어진다. 이것은 마치 신이 아래로 내려와 어떤 사람의 영혼을 가로채서 갑자기 엄청나게 도약하는 것과 같다. 뭔가 깜짝 놀랄 일이 그 사람에게 벌어진 것이고, 이는 주로 완전히 무의식적이다. 만일 이 과정이 의식적으로 이루어졌다면, 그것은 마치 그 사람이 스스로에게 이렇게 말하는 것과 같다. "나는 이 혼돈에서 나 자신을 해방하기 위해 어떤 일이든, 정말 *어떤 일이든* 기꺼이 할 것입니다. 심지어 나를 통제하는 제도까지도 기꺼이 감수할 것입니다."

그러고 나서 이 사람들은 2단계로 전환된다. 나는 이 단계를 '형식적·제도적 단계'라고 부른다. 제도적이라고 이름 붙인 까닭은 이 단계에 있는 사람들은 자신에 대한 통제 수단으로 제도에 의존하기 때문이다. 그 제도란 사람에 따라 감옥을 지칭할 수도 있다.

내 경험에 따르면, 정신과 의사가 교도소에 가면 집단 치료를 하기 위해 수감자들을 불러모은다. 그곳에는 교도소장의 오른팔이 되어 큰 수난을 당하지 않고도 그럭저럭 지내는 죄수가 항상 있기 마련이다. 이런 사람은 모범적인 죄수나 시민이 된다. 이 사람은 제도에 아주 잘 적응하기 때문에 가장 먼저 가석방될 기회를 얻는다. 곧바로 이 사람은 걸어다니는 범죄자가 되어 일주일도 안 돼서 다시 철창신세를 진다. 그는 교도소에서 자신을 길들이려는 제도의 울타리 안에서 다시 한 번 모범적인 시민이 된다.

어떤 사람에게는 제도가 군대를 의미할 수도 있다. 우리 사회나 다른 사회에서도 군대는 꽤 긍정적인 역할을 한다. 다소 남성 중심적이면서도 어떤 점에서는 모계적으로 이루어진 군대라는 조직이 없었다면, 수많은 사람들의 삶은 그야말로 혼란스러웠을 것이다. 또 어떤 사람에게는 고도로 조직화된 사업체가 자신이 통제받아야 할 제도가 될 수도 있다.

하지만 대부분의 사람들에게 제도란 교회를 의미한다. 실제 대다수의 교인은 2단계, 즉 형식적·제도적 단계에 빠져 있다. 이 단계들 간에는 점진적인 변화가 있고 미리 정해진 틀이 있는 것은 절대 아니지만, 2단계 안에는 사람들의 종교적인 행위를 특징짓는 어떤 것이 있다. 이미 언급했듯이 이 부류의 사람들은 자신의 통제를 교회라는 제도에 의존한다. 내가 그것을 형식적이라고 부른 이유는 종교의 형식에 너무 집착하기 때문이다.

2단계 사람들은 누군가가 의식이나 형식을 바꾸고, 자신이 쓰던 기도서를 바꾸고, 새로운 찬송가를 도입하기 시작하면 무척 못마땅해한다. 예를 들자면 1970년대 중반의 성공회에서는 일요일마다 똑같은 내용을 설교하던 기존의 형식에 다른 대안이 있을 수 있다고 결정했는데, 많은 사람이 이에 분개하여 극심한 분열을 겪었다. 또 하나의 예로는 1960년대 로마 가톨릭의 바티칸 제2공의회는 교회 내적으로 상당한 변화를 불러왔다. 그런데 그 후 30년이 지난 지금 교황 요한 바오로 2세는 이러한 변화들을 마치 처음부터 없었다는 듯이 되돌려놓으려는 것처럼 보인다. 이러한 상황은 성공회 교인이나 가톨릭 신자에게만 국한되는 것은 아니다. 이런 종류의 소요는 전 세계 모든 종교의 교파마다 끊임없이 계속되고 있다.

2단계의 사람들이 종교 형식이 바뀌었을 때 굉장히 혼란스러워하는 것은 당연하다. 왜냐하면 이 사람들은 이러한 형식에 의존한 덕분에 어느 정도까지는 혼돈에서 벗어나는 느낌을 맛보았기 때문이다.

이 단계에 있는 사람들이 종교적인 행위에서 보이는 또 하나의 특징이라면 신을 거의 전적으로 외적인 존재로 본다는 점이다. 이런 사람들은 신이 얼마쯤 우리 안에 깃들어 있다는 것 ─신학자들의 용어로는 내재한다는 것─과 인간의 영혼 안에 신성이 머물러 있다는 것을 좀처럼 이해하지 못한다. 이들은 거의 예외 없이 신이란 저 위에 또는 저 밖에 존재한다고 생각하며, 대체로 남성적인 모델에 맞추어 신을 상상한다. 그리고 신은 자애로운 존재라고 믿으면서도 동시에 신은 적절한 시기에 주저 없이 사용할 수 있는 징벌의 힘도 가지고 있다고 생각한다. 이들은 신을 마치 하늘에 있는 자비로운 경찰쯤으로 본다. 그리고 대부분의 경우, 바로 이것이야말로 2단계에 있는 사람들이 필요로 하는 신의 모습이기도 하다.

2단계에 깊이 뿌리내린 두 사람이 만나서 결혼하고 아이를 낳았다고 가정해보자. 이 부부는 아이들을 안정된 가정에서 키운다. 2단계의 사람들에게는 안정성이야말로 가장 큰 가치이기 때문이다. 이들은 아이들이란 중요한 존재고 또한 존중받아야 한다고 교회를 통해 배웠기 때문에 자녀들을 존중하며 소중히 여긴다. 반면에 이들의 사랑은 때로는 다소 엄격하고 융통성이 없다. 그럼에도 이들은 아이들에게 자애를 베푼다. 왜냐하면 교회에서 이들에게 자애로운 존재가 되라고 가르칠 뿐만 아니라 자애로운 존재가 되는 방법도 어느 정도는 가르치기 때문이다.

이처럼 안정되고 사랑이 넘치는 가정에서 존중받으며 자라고 소중한 대접을 받은 아이에게는 어떤 일이 일어날까? 이런 아이는 엄마의 모유를 빨아먹듯이 부모의 종교적인 원칙 ─기독교든 불교든 이슬람교든 유대교든―을 그대로 흡수한다. 이 아이가 청소년이 될 때까지 이런 원리들은 실질적으로 아이의 가슴에 새겨지거나 정신 의학적인 용어로 말하면 '내면화' 될 것이다.

하지만 일단 이렇게 되고 나면, 이 아이들은 원칙에 따라 자기를 통제하는 인간이 되어 더 이상 자신을 통제하기 위해 외적인 제도를 필요로 하지 않는다. 건강한 인간의 발달 과정에서 청소년기에 해당하는 바로 이 시기에 이 아이들은 다음과 같이 묻기 시작한다. "대체 누가 이런 말도 안 되는 신화나 미신, 낡아빠진 제도를 필요로 한단 말이에요?" 그러고 나서는 교회로부터 멀어지기 시작하고―부모에게는 불필요하게 증오와 유감을 드러내기도 하는데―의구심이 많은 회의론자나 불가지론자 혹은 무신론자가 된다. 바로 이 시점에서 사람들은 내가 '회의적·개인적 단계'라고 부르는 3단계로 넘어간다.

다시 말해 3단계에 있는 사람들은 비록 상식적인 의미에서는 종교를 가지고 있지 않더라도 2단계에 있는 사람들보다 영적으로 앞서 있다. 이들은 결코 반사회적이지 않으며 주로 사회와 깊은 연관을 맺고 있다. 이런 사람들은 사회적 책임을 다하는 의사 모임이나 환경 단체와 같은 조직에서 핵심적인 역할을 수행하면서 헌신적이고 사랑을 베푸는 부모가 된다. 이들은 주로 과학자들이거나 과학적인 생각을 가진 사람들이다. 이들은 반드시 진리를 추구한다.

만일 이들이 내가 제시한 대로 진리를 충분히 넓고 깊게 탐구했다면, 자신이 원하는 바를 찾기 시작하면서 진리의 조각들을 짜 맞춰 전체적인 그림을 볼 수 있다. 그리고 이들은 그 그림이 아름답기만 한 것이 아니라, 이상하게도 2단계의 부모와 조부모가 믿던 원시적인 신화나 미신을 많이 닮아 있음을 깨닫는다. 바로 이 순간에 이들은 '신비적·공동체적 단계'라고 부르는 4단계로 넘어간다.

4단계를 설명할 때에는 '신비적'이라는 말을 사용해야겠다. 비록 이 말이 한 마디로 정의하기 어렵고, 우리 문화에서는 경멸적인 의미로 사용되고 있는 데다 대체로 잘못 정의되고 있지만 말이다. 하지만 신비주의자라고 부를 만한 사람들이 실제로 있는 것도 사실이다. 이들은 사물의 외양 뒤에 있는 일종의 속을 들여다본 사람들이다. 신비주의자들은 시대를 지나오면서 남자와 여자, 인간과 다른 피조물, 땅 위를 걷는 사람과 그렇지 않은 존재 사이의 연결 관계를 주의 깊게 보아왔다. 모든 종교와 문화권의 신비주의자들은 외양 뒤에 존재하는 상호 연관성을 관찰하면서 통일성과 공동체라는 측면에서 만물에 관해 말해왔고, 또한 항상 역설이라는 측면에서 이야기해왔다.

*신비주의적*이란 말은 *신비*에서 나온 말이다. 신비주의자들은 신비를 사랑한다. 이 사람들은 신비로운 것을 풀고 싶어 하고 동시에 더 많은 신비를 풀수록 더 많은 신비와 우연히 만나는 것도 알게 된다. 이들은 신비에 둘러싸인 세상에서 아주 편안히 살아간다. 반면 2단계에 있는 사람들은 모든 것이 칼로 자른 것처럼 정확하지 않으면 몹시 불안해한다.

지금까지 설명한 원리들은 기독교뿐만 아니라 미국 그리고 다른 모든 국가와 문화, 종교에서도 적용 가능하다. 세상 모든 위대한 종교가 지닌 특징 가운데 하나는 2단계와 4단계에 있는 각각의 사람에게 마치 자기 종교의 가르침이 두 가지 다른 해석을 갖는 것처럼 말한다는 점이다. 유대교를 예로 들어보면, 시편 111장은 이런 말로 끝을 맺는다. "주님에 대한 두려움은 지혜의 시작이다." 2단계에 있는 사람들은 이를 다음과 같은 의미로 해석할 것이다. "하늘에 계신 힘센 경찰을 두려워하기 시작하면 정말로 지혜로워진다." 맞는 말이다. 그러나 4단계에 있는 사람들은 이렇게 해석한다. "하느님을 경외하면 깨달음에 도달하는 방법을 알 수 있다." 이것 역시 틀린 해석이 아니다.

'예수는 나의 구주'라는 말은 기독교인들이 좋아하는 말인데 이것도 하나의 예가 될 수 있다. 2단계에 있는 사람들 사이에서 이 말은 자신이 곤경에 처할 때마다 그 이름을 부를 수 있고 그때마다 자신을 구해주는 후견인이라고 해석하는 경향을 보인다. 맞는 말이다. 예수는 그렇게 해줄 것이다. 반면에 4단계에 있는 사람들은 예수가 자신의 삶과 죽음을 통해서 저마다 구원을 위해 스스로 가야 할 길을 제시해주었다는 뜻으로 받아들인다. 역시 맞는 말이다.

이중적으로 해석될 수 있는 이러한 특징은 기독교나 유대교뿐만 아니라 이슬람교나 도교, 불교, 힌두교 등도 마찬가지다. 이런 특성이야말로 각각의 종교를 정말로 위대하게 만드는 것 같다. 이러한 종교들은 2단계에 있는 신자나 4단계에 있는 신자 모두에게 여지를 남긴다.

적개심과 신앙

이렇게 각기 다른 단계가 있기 때문에 생기는 가장 커다란 문제는 —각 단계를 이해해야 하는 것이 그토록 중요한 가장 큰 이유는— 영적인 여정에서 각기 다른 지점에 있는 사람들 사이에 존재하는 위협감이다.

우리는 자신이 방금 떠나온 단계에 아직 그대로 머물러 있는 사람들로부터 어느 정도 위협을 받을 수 있다. 아직은 새로운 주체성을 확신하거나 보장받지 못할 수 있기 때문이다. 하지만 이러한 위협은 대부분 전혀 다른 방향으로 나아간다. 그리고 특히 우리는 자신보다 앞선 단계에 있는 사람들에게 위협받는 경향이 있다.

1단계에 있는 사람들은 대개 괜찮아 보인다. 겉으로 보기에 이 사람들을 심하게 괴롭히는 것은 아무것도 없다. 그러나 이들을 꿰뚫어볼 수 있다면, 사실상 모든 것과 모든 사람을 두려워한다는 것을 알 수 있다.

2단계에 있는 사람들은 1단계에 있는 사람들, 즉 죄인들에게 특별히 위협받지 않는다. 그들은 죄인이야말로 자신이 거둬야 할 기름진 땅으로 여기면서 *사랑을 베푼다.* 그렇지만 이들은 3단계에 있는 회의주의적인 개인주의자에게 그리고 그 무엇보다도 4단계에 있는 사람들에게 위협받는 경향이 있다. 2단계에 있는 사람들이 보기에 4단계에 있는 사람들은 자신이 믿는 것과 똑같은 대상을 믿는 것 같으면서도 자신이 너무나 두려워하는 자유를 가지고 믿는 것처럼 보인다.

3단계에 있는 사람들, 즉 회의론자들은 1단계의 무원칙한 사람들이나 2단계의 미신에 빠져서 어리석게 보이는 사람들에게 특별히 위협받지 않는다. 그러나 이들은 역시 4단계에 있는 사람들, 즉 자신처럼 과학적인 정신이 있어 보이고 각주를 달 줄도 알지만 여전히 이해할 수 없는 신의 일을 믿는 사람들에게서 위협을 느낀다. 3단계에 있는 사람들에게 '전향'이라는 말을 언급하면, 그들은 선교사가 이교도에게 팔을 비틀어 강요하는 광경을 떠올리며 벌컥 화를 낼 것이다.

나는 '전향'이란 말을 오히려 자유롭게 사용하여 영성의 한 단계에서 그다음 단계로 넘어가는 전이 과정을 설명해왔다. 하지만 각각의 경우마다 현저히 다른 경험을 한다. 1단계에서 2단계로 넘어가는 전향은 대체로 아주 급작스럽고 극적으로 이루어진다. 그렇지만 3단계에서 4단계로 넘어가는 과정은 점진적으로 이루어지는 경향을 보인다. 예를 들면 《종교로서의 심리학*Psychology as Religion*》의 저자 폴 비츠Paul Vitz와 함께 있을 때였는데, 언제 기독교인이 되었느냐는 질문을 받자 그는 머리를 긁적이며 대답했다. "글쎄요, 1972년에서 1976년 사이 언제쯤일걸요." 이와 비교하여 2단계에 있는 사람들은 이렇게 대답한다. "8월 17일 밤 8시였죠!" 여기에는 분명 서로 다른 현상이 일어나고 있다.

앞에서 3단계에 있는 사람들 — 회의론자와 불신자들 — 을 2단계에 있는 대다수의 교인보다 영적으로 앞선 존재라고 말한 바 있다. 이 사람들 역시 '전향', 즉 성경에서 '마음의 할례'라고 일컫는 것과 똑같은 회의와 의심으로의 전향을 경험했다. 이들은 8월 17

일 밤 정확히 8시에 예수가 자신의 주님이며 구원자가 되었다는 것을 인정하는 2단계의 사람들보다는 앞서 있다. 그러나 3단계의 사람들은 평화와 정의로의 전향을 겪어야 한다. 전향이란 일회적인 사건이 아니다. 다른 영적인 성장과 마찬가지로 지속적인 과정인 것이다. 나는 죽는 날까지 지속적으로 전향하기를 기대하고 희망한다.

겉모습은 속일 수 있다

이 지점에서 상기해야 할 것이 있다. 내가 정해놓은 범주에 신이 어떻게 개입하는지 그리고 동료들과 우리 자신이 영적인 성장 단계의 어디쯤에 속해 있는지를 진단할 때, 무엇을 조심해야 하고 융통성은 어떻게 발휘해야 하는지를 알아야 한다는 것이다. 겉으로 보면 어떤 한 단계에 있는 것처럼 보이면서도 실제로는 전혀 다른 단계에 있는 사람들도 상당히 많다. 예를 들어 어떤 사람이 교회에 다닌다고 해보자. 육안으로 보면 이 사람은 2단계에 있는 것 같다. 하지만 속으로는 자기 종교에 불만을 품고 의심하면서 과학에 의존하고 싶은 마음을 갖고 있다. 사실 이런 경우는 너무 흔해서 신앙심이 미약한 신도들이 점점 많아진다. 부자 동네의 감리교나 장로교 목사들은 일요일 아침 신도에게 하느님에 관해서보다는 심리학에 관해서 이야기하는 경우가 더 많다. 하느님은 그들이 신에 관해 말하는 것을 금지했다. 어쩌면 끔찍한 일일 것이다. 또 신에 대해 떠들어대지만 신앙심이나 영적인 면이 전혀 없는 사람들이 있다. 겉만 그럴듯하게—마치 사이비 종교 교주처럼—4단계 옷을 걸치고 있어서, 겉으로는 4단계에 있는 것처럼 보이지만 실제로는 1단계에 있는 범죄자들이 이런 부류다.

마찬가지로 과학자라고 해서 모두 3단계에 있는 것도 아니다. 이들은 각주를 다는 법은 너무 잘 안다. 하지만 이들의 과학적인 교리는 너무 협소한 연구 영역에만 들어맞는다. 따라서 이들은 그 안에 편안하게 안주해 세상의 다른 모든 미스터리는 무시해버린다. 이런 부류의 과학자는 실제로는 2단계에 머물러 있는 사람이다.

정신과 의사들이 경계역 인격(기분이나 정서, 행동 등 여러 면에서 불안정한 인격—옮긴이)이라고 부르는 사람들도 있다. 이들이 지닌 특징은 한 발은 1단계에, 또 한 발은 2단계에, 손은 3단계에, 손가락은 4단계에 속한 것처럼 보인다는 것이다. 그러니까 온 사방에 다 속해 있는 셈이다. 이런 사람들은 일관성이 부족하다. 어떤 의미에서 그들을 경계선이라고 부르는 것도 다 이 때문이다. 이 사람들에게는 국경이라든가 영역이라고 할 만한 것을 찾아볼 수 없다.

더 나아가 한 단계 위로 올라가려다가 오히려 뒤로 미끄러지는 사람들도 있다. 실제로 2단계에서 1단계로 밀려나는 사람들을 '퇴보자'라고 부르기도 한다. 그들은 대체로 음주와 도박을 즐기고 여자 뒤를 좇아다니며 방탕하게 생활한다. 그러다 어느 날 우연히 근본주의자들을 만나 이야기를 나눈 뒤 구원을 받는다. 그리고 몇 년 동안은 하느님을 두려워하면서 건전하고 올바르게 살아간다. 그러다가 어느 날 갑자기 아무도 행방을 모르게 감쪽같이 사라진다. 결국 6개월이 지나 빈민굴이나 도박장에서 발견된 그들은 다시 교우들과 이야기를 나누고 또다시 구원받는다. 그리고 또 몇 년 동안은 잘 지내다가 또 한 번 뒤로 퇴보한다.

2단계와 3단계 사이를 앞뒤로 왔다 갔다 하는 사람들도 있다. 예를 들면 다음과 같은 교인이다. "물론 저는 여전히 하느님을 믿습니다. 제 말 뜻은, 보세요, 이 얼마나 아름다운 자연입니까? 저 언덕은 푸르디푸르고 흰 구름은 두둥실 떠다니고 꽃들은 만발합니다. 분명히 인간의 지성으로는 절대 이런 아름다움을 창조할 수 없죠. 그러니까 *틀림없이* 수억 년 전에 이 모든 것을 정해놓으신 성스러운 지성이 계셨을 겁니다. 한데 아시다시피 일요일 아침 교회 안에 있을 때만큼이나 야외 골프장도 아름답기는 매한가지죠. 그래서 전 야외 골프장에서도 신을 경배할 수 있습니다."

그래서 이런 남자는 교회보다는 골프장을 선택한다. 그리고 모든 일이 잘 돌아가다가 사업이 약간 어려워지면 이렇게 말한다. "오, 하느님! 제가 교회를 가지 않았어요! 기도를 하지 않았어요!" 그러고는 다시 교회에 나가 열심히 기도한다. 그러다가 몇 년이 지나 경기가 회복되면—아마 그 남자가 열심히 기도했기 때문인지는 몰라도—다시 3단계의 골프장으로 가기 시작한다.

그런가 하면 3단계와 4단계를 왔다 갔다 하는 사람들도 있다. 테오도르라는 내 친구가 이런 부류에 속할 것이다. 테오도르는 낮이면 아주 날카로운 이성을 지닌 너무나도 명석하고 과학적인 정신의 소유자지만 이따금씩 몰라보게 어리석은 사람이 되기도 한다. 그러나 밤이 되면 종종 술을 마시거나 대마초를 피웠고, 느닷없이 삶과 죽음 그리고 의미와 영광을 이야기하기도 했다. 그가 영적으로 대단히 충만했기 때문에 나는 그의 발치에 앉아 넋을 잃고 친구를 바라보았다. 하지만 다음날 아침이 되면 친구는 나를 찾아와 이렇게 말했다. "내가 어젯밤에 뭐에 홀렸는지 몰라. 미친 소리를 지껄였던 것 같아. 술도 끊고 대마초도 피우지 말아야겠어."

마약 사용에 찬사를 보낼 생각은 눈곱만치도 없지만, 간단히 지적하고 싶은 것이 있다면, 이런 특수한 경우에 마치 사람들은 부름을 받는 쪽으로 흘러갈 만큼 마음을 마음껏 풀어놓는 것 같지만, 차갑고 맑은 대낮이 되면 천박한 공포에 사로잡혀 자신에게 익숙한 3단계의 합리성으로 곧바로 뒷걸음친다는 것이다.

인간의 발달과 영적인 성장

정상적인 발달에서는 심리적인 단계를 간단히 건너뛸 수 있기도 하지만 영적인 성장 단계에서는 어떠한 단계도 그냥 건너뛸 수 없다. 그리고 실제로 이 두 가지 성장 유형은 비슷한 과정으로 진행된다. 예를 들자면 아이들은 대여섯 살이 될 때까지는 대부분 1단계에 머물러 있는 것이나 마찬가지다. 이 아이들은 아직 옳고 그름이 다르다는 것을 내면화하지 못한다. 그래서 거짓말을 하고 속이고 훔치며 마구잡이로 못된 짓을 한다. 그러나 이 아이들이 나중에 거짓말쟁이나 사기꾼, 도둑이나 협잡꾼이 되지는 않는다. 그건 아주 드문 일이다. 사실 오히려 더 설명하기 어려운 것은 이 아이들 중 대다수가 자라면서 어떻게 정직해지고 어떻게 예의 발라지고 어떻게 법을 지키는 사람들이 되는가 하는 점이다.

다섯 살에서 열두 살까지 아이들은 대체로 2단계에 속한다. 이 아이들은 실수를 저지르기도 하지만 심각하게 반항하는 일은 없다. 기본적으로 이 아이들은 엄마나 아빠가 원하는 식으로 모든 일이 이루어져야 한다고 생각한다. 이들은 엄청나게 모방하고 따라한다.

하지만 청소년기에 이르고 나서부터는 갑자기 모든 것이 흔들린다. 부모가 말하는 것—언제나 하느님의 말씀 같았던—은 그게 뭐가 됐든지 간에 일단 반박하고 거부해야만이 직성이 풀린다. 아이들이 이 단계에 이르면 개별적으로 의문을 갖기 시작하면서 회의론에 빠진다. 청소년기를 잘 겪고 나오기 전까지 4단계는 시작되지 않는다.

이들 가운데 어떤 단계도 빼먹을 수는 없다. 그러나 사람에 따라서는 특정 단계에서 더 빨리 빠져나올 수 있기는 하다. 내 친구를 예로 들어보자. 이 친구는 아일랜드계 가톨릭 가정에서 2단계를 거치며 성장했는데, 열다섯 살 때 막 반항적인 청소년기에 접어들자마자 아버지의 회사가 암스테르담으로 옮기면서 가족 모두 그곳으로 이사했다. 거기서 친구는 네덜란드계 예수회 학교에 들어갔다. 네덜란드계 예수회 수사들은 상당히 지적인 사람들이었다. 당시 교황 요한 바오로 2세의 골칫거리 가운데 하나는 네덜란드 사람들을 모두 파문하는 묘책을 찾아내는 것이었다. 그 이유는 네덜란드는 온 나라가 놀랍게도 4단계 문화로 기울었기 때문이다. 그래서 내 친구는 지적이고 포용력이 많던 예수회 수사들에 의해 스스로 의문을 품도록 교육받았고 그 결과 자신의 의문에 몰두할 수 있었다. 암스테르담에서 돌아와 열아홉 살이 되었을 때 친구는 이미 4단계 초기에 접어들고 있었다.

각 단계들을 빠른 속도로 거쳐 갈 수 있는 반면에 꼼짝없이 머물러버리는 경우도 꽤 많다. 몇 년 전 한 수도회의 자문역을 맡았을 때였다. 나는 청원자들이 수련 수사의 옷을 입기 전에 수사나 수녀가 될 적임자인지 아닌지를 판단하는 매우 공식적인 인터뷰를 했다. 그중에서 특별히 사십 대 중반의 여성 지원자가 기억난다. 왜냐하면 수련 수사 여교장이 그녀를 걱정하면서 면담해줄 것을 부탁했기 때문이다. 사실 그녀는 더할 나위 없는 지원자였지만, 다른 지원자나 수련 수사들은 그녀를 그다지 좋아하지 않았다.

그 여성과 면담하면서 느낀 점은 나이를 마흔다섯 살이나 먹은 여자답지 않다는 것이었다. 몸가짐이나 태도는 아직 철이 덜 든 여덟 살짜리 소녀에 가까웠다. 나는 그녀의 영성에 관해 물어보았는데, 그 대답은 그녀 자신의 것처럼 들리지 않았다. 그녀의 대답은 마치 말 잘 듣는 여자아이가 잘 외운 교리 문답을 술술 풀어내는 것 같았기 때문이다. 정신과 의사로서 나는 당연히 이렇게 말했다. "당신의 어린 시절에 대해서 말해주세요."

그러자 그녀가 말했다. "오, 전 너무너무 행복하고 아름다운 어린 시절을 보냈어요." 당연히 이 말은 그 즉시 의구심이 들게 하기에 충분했다. 이 세상에 아름답고 행복한 어린 시절을 보낸 사람은 없기 때문이다. 그래서 나는 다시 물었다. "그러시군요. 무엇이 그렇게나 좋았죠?" 그녀는 자신의 어린 시절을 말해주었다. 자기보다 한 살 위인 언니가 있었는데 둘은 너무나 친해서 항상 같이 놀았다. 언니가 우글이라는 유령을 만들어냈는데, 하루는 둘이서 함께 욕조에 들어가서 놀다가 언니가 "조심해, 우글이 오고 있어" 하고 소리쳤다. 그녀는 우글을 피하기 위해 물속으로 고개를 숙였다. 그런데 엄마가 그녀를 때렸다고 했다. 내가 까닭을 묻자 그녀는 이렇게 대답했다. "제가 머리를 적셨거든요."

결국 이 지원자가 열두 살 때 어머니는 다발성 경화증을 앓고 있었고, 열여덟 살 때 돌아가셨다는 것을 알아냈다. 머리를 적셨다는 이유만으로 그녀를 때린 엄마, 게다가 청소년기가 시작될 무렵 중병을 앓다가 아이가 분별력이 생기기도 전에 죽어버린 엄마에게 이 지원자는 과연 어떤 식으로 청소년기의 반항심을 표출할 수 있었겠는가. 청소년기에 반항을 겪지 못하면, 2단계에 고착될 가능성이 더 많아진다. 그런 일이 바로 이 여성에게 일어난 것이다.

지하실을 점검하라

영적인 성장 단계에 관해서 알아야 할 또 한 가지 중요한 것은 아무리 높은 단계로 발전했다 해도, 우리에게는 마치 몸속에 퇴화한 맹장이 남듯 이전 단계의 흔적이 남아 있다는 점이다. 아무리 밖으로 드러내지 않으려고 해도 1단계의 조각이 내 성격의 지하실 어딘가에 숨어 도사리는 것이다. 스캇 펙, 그는 죄를 저지르고 싶다! 내 마음속 어딘가에 매주 차곡차곡 벽돌을 쌓아 작은 방을 만들 수 있는 것은 이미 내가 그 존재를 인정하기 때문이다. 그럼에도 그 방은 아주 안락하다. 바닥 전체에 카펫이 깔려 있고 컬러 TV도 있다. 그리고 세상을 살아가는 수완이 필요할 때면, 밤에 가끔 그 지하실로 내려가 내 안의 또 다른 나와 대화를 나눈다. 그러면 다른 사람들과 관계를 잘 유지할 수 있다.

마찬가지로 2단계의 조각도 내 성격에 남아 있다─스캇 펙, 그도 가끔 스트레스를 받고 긴장하면 주변에 자기 뒤를 돌봐주는 사람이 있었으면 하고 바란다. 그래서 힘들고 애매모호한 딜레마에 빠질 때마다 그들이 나서서 흑백이 분명한 명쾌한 해법을 제시해 주었으면 한다. 그래서 정확히 내가 해야 할 것만 간단한 공식으로 제시하면서 뒤를 돌봐주는 사람이 책임을 떠안기를 바란다. 때때로 그들이 나의 일용할 양식이라는 듯이 말이다.

역시 마찬가지로 3단계의 조각도 내 안에 있다. 그래서 스트레스를 받을 때마다 퇴보하려 하고 영적인 측면에 의지하기보다는 자신의 과학적인 측면에 기대려는 유혹을 받는다. 만약 미국정신과의사협회에서 강연 요청을 받는다면 ─ 이런 기회는 지옥에서 눈싸움을 하는 것과 같다 ─ 나는 정리된 연구만 발표할 것이지 이처럼 측정할 수도 없는 영적인 일은 전혀 언급하지 않을 것이라고 말했다. 하지만 미국정신과의사협회에서 정말로 강연해달라는 초청을 받았을 때 3단계의 스캇 펙과 1단계의 스캇 펙을 함께 저 깊은 지하실에 잘도 숨겨놓았던 것도 사실이다.

이렇듯 아무리 높은 단계로 발전했다 하더라도 영적으로 이전 단계의 흔적이 자신 안에 남아 있다는 사실을 잊어서는 안 된다. 따라서 지금 당장은 4단계로 향하는 바른 길을 안전하게 걷고 있다고 확신하며 우쭐하더라도 자신의 지하실을 점검해봐야 한다. 반대로 우월감이나 열등감을 느낀다면 또한 내적으로 더 발전된 단계의 흔적—잠복해 있는 잠재성—도 가졌음을 아는 것이 도움이 된다. 오스카 와일드는 이런 말을 했다. "모든 성인은 과거를 갖고 있고 모든 죄인은 미래를 갖고 있다."

이 문제에 대해 겸손해야 할 이유가 또 있다. 이러한 단계들을 처음 발표한 것은 폴 비츠와의 세미나에서였다. 이미 말했지만 폴 비츠는 심리학과 종교를 통합한 이 분야의 전 국민적인 권위자다. 발표가 끝난 후 폴은 몇 가지를 반박하면서 이렇게 말했다. "펙 박사님의 단계론을 아주 흥미롭게 들었습니다. 상당히 타당성이 있다고 생각합니다. 사실, 심리 치료를 할 때 제가 직접 이 단계론을 이용해볼까 합니다. 하지만 여러분은 스캇 박사님이 4단계라고 한 것이 시작에 불과함을 기억하셨으면 합니다."

중독 : 신성한 질병

내 자신이 중독자라는 사실을 고백하지 않을 수 없다. 특히 니코틴에서 헤어날 길이 없는 중독자다. 나는 자기 절제에 관한 글을 쓰고 강연을 하면서도 스스로는 담배를 끊지 못할 만큼 철저하지 못하다.

　해도 되고 해서는 안 되고의 문제는 제쳐놓고라도 약물과 알코올을 남용하거나 중독되는 현상은 다면적이고 복합적인 문제라는 점만 지적하고자 한다. 여기서는 중독의 심리적이고 영적인 양상만을 다루겠지만, 또한 생물학적·사회학적인 뿌리가 깊다는 것도 잘 안다. 알코올의존증은 유전적으로 물려받는 장애다. 그렇지만 알코올의존증 유전자를 갖고 있다고 해서 모두 알코올의존증 환자가 되는 것은 아니다. 또 알코올의존증 환자가 되었다고 술을 계속 마셔야만 한다는 뜻도 아니다. 그저 이 장애에는 생물학적인 원인도 있다는 뜻일 뿐이다.

　마찬가지로 아직 충분한 연구가 진행된 것은 아니지만, 특정 종류의 약물을 더 선호하는 탓에 중독될 가능성이 있는 생물학적인 결정 인자가 어떤 사람에게는 있을 수 있다는 것도 꽤 설득력 있는 주장으로 보인다. 예를 들어 그리 심하게 중독된 것 같지는 않지만, 나는 왠지 알코올이나 기타 진정제 계통의 약을 선호하는데, 이런 종류의 약은 중앙 신경 체계에 효과적인 진정제다. 결국 진정제를 선호한다는 뜻이다. 그러나 각성제 같은 것은 거들떠보지도 않는다. 반대로 각성제라면 사족을 못 쓰면서 진정제 따위는 신경도 안 쓰는 사람도 있다.

마찬가지로 중독에는 사회학적인 결정 인자도 작용한다. 약물 남용은 사회적으로 희망이 없는 곳에서 가장 심각하게 일어난다. 이런 곳에서는 약을 먹고 기분을 상승시키는 것 말고는 스스로를 기분 좋게 만드는 방법을 더 이상 찾을 수 없기 때문이다.

중독을 관찰하기 위한 한 가지 방법은 사람들의 숭배 형태를 주목하는 것이다. 알코올의존증 환자에게 술병은 우상이다. 숭배의 형태는 상당히 다양한데, 그중에는 아주 낯익은 것도 있다. 도박이나 섹스처럼 비약물적인 중독도 있다. 돈을 숭배하는 것도 또다른 형태의 중독이다.

숭배는 쉽게 인식하지 못하는 형태로도 생겨난다. 그중 하나가 가족에 대한 숭배. 이런 숭배 속에서는 하느님이 원하시는 것을 행하거나 말하는 것보다 부권적이든 모권적이든 가족의 행복을 유지하는 것이 더욱 중요하다고 말한다. 그리고 그렇게 말할 때마다 사람들은 가족이라는 우상의 희생물이 된다. 가족의 화목이야말로 때로 가장 숨 막히는 숭배의 대상이 되어버린다.

따라서 전체적으로 볼 때, 이 세상에는 수많은 종류의 숭배와 중독이 있으며 이 가운데 상당수는 약물 중독보다도 훨씬 더 위험하다는 점을 명심하는 것이 중요하다. 권력 중독, 안전 중독도 있지 않은가. 사회 전반에 미치는 비용을 따져보면 약물이나 알코올 중독은 어떤 의미에서는 그 폐해가 가장 적은 편에 속한다.

앞에서 이야기한 대로, 이제 문제를 약물 중독에만 제한하기로 하자. 내 생각에 알코올이나 기타 약물의 노예가 된 사람들은 무엇보다도 에덴동산으로 돌아가기를 열망하는—파라다이스, 천국, 고향에 가고 싶은—사람들이다. 1장에서 말했듯이 이들은 에덴동산에서는 갖고 있었지만 잃어버린 자연과의 포근하고도 몽롱한 느낌의 일체감을 죽을힘을 다해 되찾으려 한다. 그래서 커트 보네거트Kurt Vonnegut의 아들 마크 보네거트Mark Vonnegut는 자신의 정신 질환과 약물 중독에 관한 글을 쓰면서 제목을 《에덴행 특급 열차 The Eden Express》라고 붙였던 것이다. 물론 어느 누구도 에덴으로 돌아갈 수는 없다. 힘겨운 사막을 가로질러 앞으로 갈 수만 있을 뿐이다. 고향으로 돌아가는 길은 하나뿐이고 그 길은 몹시 고되다. 하지만 고향으로 돌아가려는 열망이 끔찍이도 강한 중독자들은 잘못된 길로 가고 있다. 앞으로 가지 않고 뒤로 가고 있기 때문이다.

고향으로 돌아가고 싶어 하는 이러한 열망은 두 가지 방식으로 파악할 수 있다. 첫 번째는 퇴행적인 현상으로 보는 것이다. 에덴으로 돌아가고자 할 뿐만 아니라 어머니의 자궁으로 다시 기어들어가고 싶은 열망 말이다. 두 번째는 뭔가 발전할 가능성이 있는 현상이 잠재한다고 보는 것이다. 고향으로 가려는 이러한 열망에 사로잡힌 중독자들은 누구보다도 영혼이나 신에 대해서 훨씬 더 강력한 욕구를 가진 사람들이다. 다만 가고자 하는 방향이 혼란스럽게 뒤틀린 것일 뿐이다.

융과 알코올의존증환자협회(AA)

심리학과 영성을 결합하기 위해 누구보다도 많은 일을 했던 칼 융이 실제로 알코올의존증환자협회Alcoholics Anonymous(AA) 설립에 간접적인 구실을 했다는 사실을 아는 사람은 거의 없다. 1920년대에 융은 한 환자를 치료하고 있었는데, 환자는 일 년 동안 치료를 받고 나서도 치료 효과가 별로 없었던 알코올의존증 환자였다. 마침내 융은 두 손 두 발을 들고 포기하며 이렇게 말했다. "잘 들으세요. 환자분은 제게 돈을 낭비하고 있을 뿐입니다. 솔직히 당신을 어떻게 도와야 할지 모르겠어요. 더 이상 도와줄 수가 없습니다." 그러자 그가 물었다. "그러면 제게 희망이 없단 말인가요? 아무런 처방도 해주실 수 없으세요?" 그래서 융은 이렇게 말했다. "딱 한 가지 있기는 합니다만, 종교에 귀의하는 것입니다. 종교에 귀의하고 나면 술을 끊는 사람들이 종종 있다는 보고를 들은 적이 있어요. 그 말이 제게는 그럴듯하게 들립니다."

그 남자는 융의 말을 믿고는 종교에 귀의하려고 애썼다. 구하라 그러면 얻을 것이라고? 맞다. 그 남자는 마침내 방법을 찾았다.

6년쯤 후, 그는 종교에 귀의했고 술도 끊었다.

그리고 얼마 후, 그 남자는 에비라는 오랜 술벗을 만났다. 에비가 "한잔하자" 하고 말하자 그는 "이제 술을 마시지 않아" 하고 대답했다. 에비는 화들짝 놀랐다. "무슨 소리야? 술을 안 마신다고? 넌 나랑 똑같이 가망 없는 알코올의존증이잖아." 그는 융이 종교에 귀의해보라고 말해주었고 그래서 술을 끊게 되었다고 설명했다.

에비 역시 그럴듯한 생각이라고 여겼다. 그래서 마음먹고 종교를 가져보려고 노력했다. 그러기를 2년이란 시간이 걸렸다. 그리고 에비도 상당한 기간 동안 술을 끊었다.

이 일이 있고 오래지 않아, 어느 날 밤 에비는 오랜 술벗 빌 W.를 만나러 잠깐 들렀다. 빌 W.가 말했다. "어이, 한잔해." 그러자 에비는 "아니, 이제 술을 안 해" 하고 말했다. 이번에는 빌 W.가 놀랄 차례였다. "뭐라고? 자네 나처럼 가망 없는 술고래 아니었어?" 그래서 이번에는 에비가 빌 W.에게 말했다. 종교에 귀의해서 술을 끊게 된 융의 환자를 어떻게 만났으며 자신이 어떤 식으로 똑같이 했는지를 자세히 설명해주었다.

이것은 빌 W.에게도 그럴듯하게 들렸다. 빌 W.도 종교를 가지려고 애썼다. 그러고 나서 2주 만에 오하이오 아크론에서 최초의 알코올의존증환자협회 모임을 갖게 되었다.

이 모임이 발족하고 나서 20여 년이 지난 후 빌 W.는 융에게 편지를 보내 알코올의존증환자협회를 설립하는 데 융이 뜻밖의 역할을 했음을 밝혔다. 융도 대단히 매력적인 답장을 보냈는데 내용은 이러했다. 융은 빌 W.가 편지를 해줘 참 기쁘고, 자기가 치료한 환자가 잘돼서 행복하며, 자신도 뜻하지 않게 좋은 역할을 한 것을 알게 돼서 기분이 아주 좋다고 하였다. 그리고 특별히 더 기쁜 이유가 있다고 덧붙였다. 그것은 바로 융 자신이 이런 문제를 함께 논의할 만한 사람이 많지 않았는데, 딱 그런 사람을 만났기 때문이라는 것이었다. 이를 계기로, 융은 사람들이 전통적으로 음주를 영혼과 결부해 이야기한 것, 그리고 어쩌면 알코올의존증이란 다른 사람보다 영혼에 더 목말라하는 것이고, 혹시나 영적인 장애 아니면 좀 더 좋게 말해 영적인 질환이 아닐까 했는데, 이런 생각이 결코 우연이 아니었다는 느낌이 든다고 했다.

따라서 중독자들이 고향으로 돌아가고 싶어 하는 열망을 두 가지 방식으로 파악할 수 있는데, 두 가지 모두 진실이라 할 수 있다. 중독에 나타나는 퇴행적인 측면을 무시하는 것은 잘못일 것이다. 하지만 치료를 진행하면서 발견한 것은 대체로 긍정적인 것을 강조할 때 가장 만족스러운 결과가 나타난다는 것이다. 그래서 중독자들을 치료할 때는 장애가 가질 수 있는 퇴행적인 측면이 아니라 발전적인 측면들, 즉 영혼과 신에 대한 열망을 강조할수록 가장 큰 효과를 얻을 수 있다.

영적인 전향 프로그램

30여 년 전 정신과 수련의 시절에, 이미 정신과 의사들은 알코올의존증환자협회가 알코올의존증 환자를 치료하는 데 정신과 의사보다 훨씬 더 높은 실적을 올린다는 걸 알고 있었다. 하지만 의사들은 알코올의존증환자협회가 동네 술집을 대신하는 것에 지나지 않는다고 무시했다. 의사들은 알코올의존증 환자들이 소위 '구강 인격 장애'를 겪기 때문에 입에 술을 대지 않는 대신 AA에 모여서 시끄럽게 수다를 떨면서 쓸데없이 커피를 마셔대고 줄담배를 피워가면서 자신들의 '구강' 욕구를 충족한다고 믿었다. 정신과 의사들은 AA의 놀라운 파급력이 단지 그런 이유 때문이라고 의기양양하게 말했다.

이 문제에 관해서는 여전히 부끄러운 생각이 든다. 왜냐하면 현재 수련 과정을 밟는 사람들을 포함해 대다수의 정신과 의사들은 아직도 AA가 효과를 발휘하는 까닭이 중독의 대리 만족을 채워주기 때문이라고 믿기 때문이다. 이런 요소가 전혀 없다고 말할 수는 없다. 그러나 '대리 중독'이란 요소는 AA가 그토록 좋은 실적을 올리는 이유 가운데 0.5퍼센트에도 미치지 못한다. AA가 효과를 발휘할 수 있는 진정한 이유는 '프로그램' 때문이다. 그리고 이 프로그램이 효과를 발휘할 수 있는 이유로는 적어도 세 가지가 있다.

첫 번째 이유는 AA가 실행하는 12단계 프로그램이야말로 종교를 갖도록 이끄는 유일한 프로그램이기 때문이다. 그러나 AA에 속한 사람들은 그것을 '영적인' 전향이라고 부른다. 왜냐하면 그들은 AA가 어떤 식으로든 조직화된 종교가 아니기를 바라기 때문이다. AA는 조직화된 종교가 아니다. 그러나 12단계 프로그램의 가장 주된 핵심은 더 높은 힘이라는 개념이고, 이 프로그램은 실제로 사람들에게 *어째서* 우리가 사막을 통과해서 앞을 향해, 소위 '우리가 알고 있는' 신을 향해 나아가야 하는지를 가르쳐준다.

AA는 종교로 이끄는 유일한 프로그램이기 때문에 오늘날 가장 성공적인 '교회'로 여겨진다. 다른 교파들도 AA의 놀랍고도 경이적인 성장을 부러워한다. AA에 속한 사람들은 상당히 영리하다. 너무 영리한 나머지 예산이나 장소 때문에 골머리를 앓는 일도 없다. 실제로 이들은 모임을 열 때 기존 교회 건물을 이용한다. 이런 사례는 오늘날 제도권 교회가 행하는 긍정적인 역할—즉, AA 모임을 유치하는 것—가운데 하나다.

일 년 전쯤 코네티컷 시에 있는 아담한 규모의 교회에서 강연할 때였다. 쉬는 시간에 게시판을 보면서 안 사실인데, 이 교회에서는 매주 14개의 AA 모임과 4개의 알코올의존증환자가족의모임 그리고 2개의 과식자 모임이 열린다는 것이었다.

이렇게 AA 회원들은 모임을 열 때 교회를 이용하지만, 제도 종교에 가입돼 있지는 않다. 이들은 종교에 거부감이 있는 신입 회원을 끌어들이기 위해서 프로그램의 '영적인' 측면조차 크게 강조하지 않고 부드럽게 조절한다. 실제로 많은 사람들이 종교에 거부감을 느끼는 게 사실이다. 사람들은 종교를 갖는다는 것 자체를 굉장히 싫어하고 저항한다. 결과적으로 볼 때 AA는 그리 쉽게 할 수 있는 프로그램이 아니다.

어느 정도로 힘든 과정인지 한번 살펴보기로 하자. 약 12년 전쯤 알코올에 중독된 한 경영자가 'AA는 효과가 없다'는 이유로 나를 찾아왔다. 그의 말에 따르면, 지난 6개월 동안 이틀에 한 번꼴로 AA 모임에 나갔지만 모임에 나가지 않는 날은 몰래 술을 마셔왔다는 것이다. 이 남자는 12단계를 거의 모두 완벽하게 이해하는데도 왜 자기에게는 AA가 효과가 없는지 이해할 수가 없다고 했다.

그 이야기를 듣고 나는 놀라며 이렇게 말했다. "저는 12단계라는 것이 상당히 심오한 영적인 지혜로 이루어져 있다고 알고 있습니다. 그래서 *기초적인* 것을 파악하는 데만도 적어도 3년이 걸린다고 하던데요."

그러자 남자는 내 말이 맞을 수도 있겠다며 인정했다. 왜냐하면 이 사람은 더 높은 힘이라는 것에 대해서는 아무것도 확실히 이해하지 못했기 때문이다. 그런데도 이 남자는 자기가 적어도 1단계 정도는 이해하고 있다고 확신했다.

그래서 나는 그에게 물었다. "그게 뭐지요?"

"내가 알코올에 무력하다는 걸 인정하게 됐다는 겁니다."

"그게 무슨 뜻이죠?"라고 내가 따져 물었다.

"술을 마실 때마다, 알코올이 의지력을 잃게 하는 일종의 생화학적 결함이 뇌 안에 있다는 뜻이죠. 그래서 술을 입에 대서는 안 되는 겁니다."

"그렇다면 왜 계속해서 술을 드시는 거죠?"

그는 말을 잇지 못하고 혼란스러워했다.

그러자 나는 이렇게 말했다. "아시다시피 첫 단계의 의미는 아마도 첫 잔을 마신 후 알코올에 무력하다는 것은 말할 것도 없고, 첫 잔을 마시기 전에도 무력하다는 것이겠죠."

그는 머리를 세차게 흔들었다. "그렇지 않습니다. 첫 잔을 마실지 말지는 제가 결정해요."

"물론 그렇게 말씀하셨지만, 그동안 그런 식으로 행동할 수 없었잖아요. 안 그런가요?"

하지만 그는 계속 고집을 꺾지 않았다. "모든 건 제게 달려 있어요."

그래서 나는 "그러면 선생 뜻대로 하시지요" 하고 말했다.

12단계를 거의 모두 이해했다는 이 경영자는 나머지 11단계는 말할 것도 없고 12단계 중 첫 단계가 필요로 하는 항복의 단계도 거치지 못한 것이다.

심리학적 프로그램

AA가 효과를 발휘하는 두 번째 이유는 프로그램 자체가 심리학적으로 짜여 있기 때문이다. AA에서는 *왜* 사막을 거쳐 신에게 가야 하는지 뿐만 아니라 *어떻게* 사막을 통과해서 앞으로 나아가는지에 대해서도 아주 많은 것을 가르쳐준다. AA에서는 기본적으로 두 가지 방식으로 이것을 가르쳐준다.

첫 번째는 격언과 속담을 통해서다. 이미 몇 가지를 소개했지만 '~인 것처럼 행동하라'와 '나도 괜찮지 않고 당신도 괜찮지 않지만, 그래도 괜찮다'가 있었다. 이 밖에도 더 많은데 모두 주옥같은 말이다. 가령 '변화시킬 수 있는 유일한 사람은 바로 당신 자신이다'라든가 '한 번에 하루' 등은 어떤가?

속담이 왜 그토록 중요하다고 확신하게 되었는지 개인적인 이야기를 좀 해야겠다. 모든 아이에게 있었을 법한 그런 할아버지가 내게도 있었다. 그분은 특별히 영리한 분도 아니었고, 말씀하실 때도 그저 고리타분한 이야기만 했다. 할아버지께서는 내게 "다리에 도착하기도 전에 다리를 건너지 마라(때가 올 때까지 서두르지 말라는 뜻—옮긴이)"라거나 "달걀을 한 바구니에 모두 담지 마라(한 가지 일에 모든 것을 걸지 말라는 뜻—옮긴이)"와 같은 말씀을 자주 하셨다. 그렇다고 훈계만 하신 것은 아니었다. 어떤 말씀은 위안이 되기도 했다. 예를 들면 "큰 물의 작은 고기보다는 작은 물의 큰 고기가 되는 것이 더 낫다"라든가 "놀지 않고 일만 하면 바보가 된다"는 말이 그랬다.

그런데 할아버지는 같은 말을 너무 자주 반복했다. "반짝이는 것이 모두 금은 아니다"라는 말이 일단 나왔다 하면, 그 후로 한 천 번쯤은 더 들어야 했다. 하지만 할아버지는 나를 사랑하셨다. 여덟 아홉 살 때부터 열세 살이 될 때까지, 나는 한 달에 한 번씩 꼬박꼬박 맨해튼 섬을 건너가 할아버지와 주말을 보냈다. 이 주말 행사는 절대로 바뀌지 않았다. 토요일 아침에 그곳에 도착하면 할아버지는 점심을 만들어주셨다. 점심 후에는 나를 동시상영관—이때는 TV 시대 이전이었다—으로 데려가 영화가 끝날 때까지 함께 있어주었고, 영화가 끝나면 다시 집으로 돌아와 저녁을 먹었다. 저녁을 먹은 후에는 또다시 동시상영관으로 데려가셨다. 일요일 아침에는 하느님께 예배를 드리기 위해서 영화관도 문을 열지 않았다. 하지만 일요일 오후, 내가 집으로 돌아가기 전에 할아버지는 세 번째로 나를 영화관에 데려가셨다. 할아버지는 이런 식으로 나를 사랑하셨다.

할아버지와 함께 동시상영관을 오가면서 나는 수많은 속담을 들었다. 듣기만 한 게 아니라 그 내용을 소화해서 안으로 받아들일 수 있었다. 그 속담이 일깨워준 지혜로 나는 오랫동안 큰 도움을 받았다. 할아버지는 직접 이런 말씀도 하셨던 것 같다. "설탕 한 숟가락이 약을 잘 넘어가게 한다(모든 일에는 즐거운 측면이 있다는 뜻 —옮긴이)."

세월이 지나 나는 정신과 의사가 되었다. 어느 날 성적이 나쁘다는 이유로 진학 대비 학교에서 위탁받은 열다섯 살짜리 소년이 찾아왔다. 이야기를 나누면서 소년이 그리 총명하지 않다는 인상을 받았다. 내가 보기에 소년의 나쁜 성적은 머리가 나쁘기 때문이었다. 정신과 의사들은 소위 '정신 상태 검사'의 일환으로 지능을 알아보는 방법을 사용한다. 이 검사의 여러 항목 가운데에는 속담을 해석해보라는 것이 있다. 나는 소년에게 물었다. "사람들은 무엇 때문에 '유리 집에 사는 사람들은 돌을 던져서는 안 된다(약점이 있을 때 남을 비난하지 말라는 뜻—옮긴이)'라고 말하는 걸까?"

소년은 곧바로 대답했다. "선생님께서 유리 집에 살고 계시는데 돌을 던지면 집이 부서질걸요."

"하지만 대부분의 사람들은 진짜 유리 집에 살지는 않지. 이 속담을 사람과의 관계에 어떻게 적용할 수 있을까?"

"모르겠는데요."

나는 다시 물었다. "사람들이 '엎질러진 우유에 대고 울어봤자 아무 소용이 없다'고 말하는 이유는 뭘까?"

그러자 소년이 대답했다. "제가 우유를 엎질렀다면, 고양이를 데려와서 핥게 할 거예요."

상상력이 풍부한 대답 같지만, 속담이 어째서 보편적인 표현인지는 설명하지 못했다. 지능은 상당히 중대한 문제이므로 결국 소년의 지능을 훨씬 더 정확히 검사하기 위해 심리학자 한 분에게 학생을 위탁하였다. 특별히 검사를 부탁한 분은 지능 검사 분야에서 아주 유명한 분으로 나이 많은 여선생님이었다. 그 후 나는 소년의 지능지수가 105라고 나와 있는 보고서를 받아보고는 놀랐다. 예비 학교에 다니는 아이치고는 낮은 편에 속했으므로 나쁜 성적을 설명해줄 수는 있었지만, 그래도 평균보다는 높았다. 나라면 소년의 지능 지수를 대략 85 정도로 검사했을 것이다. 그래서 그 선생님께 전화를 걸었다. 그러고는 아이의 지능 지수가 105라고는 믿겨지지 않는다는 점과 속담 테스트를 형편없이 치렀기 때문에 틀림없이 그 수치보다 낮을 거라고 말씀드렸다. 그러자 그분은 이렇게 대답했다. "아, 그 점은 너무 걱정하지 마세요. 요즘 아이들은 옛날 속담을 거의 모르거든요."

정신 건강 교육 프로그램을 공립학교에서 개발할 수 있다면 큰 도움이 될 거라고 늘 생각해왔다. 하지만 그렇게 할 수 없다는 것도 잘 안다. 우선 사람들이 반대하고 나설 것이다. 세속적 인문주의와 심리학 운동의 영향으로 겁을 잔뜩 집어먹은 사람들이 주축이 돼 정신 건강 운동에 반대할 것이 분명하다. 이들은 아이들이 부모에게 말대꾸를 하는 것이 좋다는 생각에 반감을 갖고, 이런 생각 자체를 악마의 소행이라고 여길 게 틀림없다. 그렇더라도 이들이 학교에서 아이들에게 옛날 속담을 가르치는 프로그램까지 반대할 수는 없을 것이다. 그들이 할 수 있을까? 그래서 나는 누군가가 나서서 이런 프로그램을 만들어주었으면 하고 희망한다. 가능한 한 빨리 실행될 수 있기를 희망한다. 왜냐하면 우리 할아버지가 말씀하셨듯이 '제때의 바느질 한 땀이 나중에 바느질 아홉 땀을 덜어주기' 때문이다.

비전문 심리 치료

AA에서는 속담을 아주 효과적으로 이용한다. 속담 외에도 또 하나의 효과적인 기법을 이용하는데 그게 바로 후견인 제도다. AA나 다른 12단계 프로그램에 참여하면 얼마 안 있어 후견인을 선택할 수 있다. 그들은 원래 비전문 심리 치료사다.

심리 치료를 받아야 하는데 그럴 만한 여유가 없다면, 알코올의존증 환자인 척하면서 AA로 가서 후견인을 만나는 것도 방법이 될 수 있다. 실제로 이렇게 하는 사람들도 더러 있지만 이런 방법을 권하고 싶지는 않다. 대신 다른 방법을 제안한다면, 친척 가운데 알코올의존증 환자가 있다 하고 알코올의존증환자가족의모임에 가서 후견인을 만나는 것이다. 실제로 당신이 직접 나서서 알코올의존증 환자인 척할 필요는 없다. 당신의 가계家系를 파헤쳐보면 누군가는 반드시 알코올의존증 환자이기 마련일 테니까 말이다.

그렇다고 12단계 프로그램의 후견인들이 치료비를 받고 치료에 임하는 전문적인 정신과 의사와 똑같다는 뜻은 아니다. 어떤 면에서는 후견인들의 역할이 제대로 효과를 발휘하지 못할 때도 있다. AA에 관해 아는 것만큼이나 내가 이 점에 관해서 아는 까닭은 여러 해 동안 AA의 프로그램에 참여한 후 나를 찾아온 환자가 있었기 때문이다. 그때 느낀 것은 "내 환자가 AA의 후견인에게서 얻지 못한 것을 정신과 의사로서 내가 해줄 수 있구나" 하는 것이었다. 이런 환자들에게 약간의 추가적인 도움을 주면서 나는 그들로부터 대단히 많은 것을 배울 수 있었다.

12단계 프로그램에서는 일정한 시점에 이르면 후견인에게서 벗어나도 되는 전통이 있다. 나는 이런 면에서 후견인 제도가 전통적인 치료법보다 훨씬 낫다고 믿는다. 자신을 담당한 후견인에게 가서 이렇게 말한다 해도 지극히 정상적인 것이다. "자, 지난 3년 동안 저를 도와주셔서 정말 감사드립니다. 이제 제게는 좀 더 전문적인 후견인이 필요한 것 같아요."

그러면 후견인은 이렇게 말할 것이다. "전적으로 동감합니다. 제가 당신을 도울 수 있었던 것 또 함께 여기까지 올 수 있었던 것 모두 제게는 기쁨이었습니다." 환자들이 자기를 떠난다는데 이를 기꺼이 받아들이는 정신과 의사는 그렇게 많지 않다.

공동체 프로그램

AA가 이토록 효과를 낼 수 있는 까닭은 이것이 영적 전향을 위한 프로그램이기 때문이다. 이 프로그램은 사람들에게 *왜* 사막을 건너야 하는지, 즉 왜 신을 향해 앞으로 나아가야 하는지를 가르쳐준다. 그리고 이것이 효과를 내는 이유는 심리학적 프로그램이기 때문이다. 이 프로그램은 *어떻게* 사막을 사로질러 앞으로 나아갈지에 대해 많은 것을 가르쳐준다. 또 속담과 후견인을 통해서도 그런 일을 수행한다.

이제 세 번째 이유다. 즉, AA가 효과적인 세 번째 이유는 사람들에게 홀로 외로이 사막을 건널 필요가 없다는 것을 가르쳐주기 때문이다. AA는 *공동체* 프로그램이다.

지난 몇 년 동안 나는 정신과 치료를 그만두고 공동체 장려 재단을 설립하기 위해 여러 사람들과 함께 일해왔다. 《평화 만들기 *The Different Drum*》의 출간도 전적으로 이러한 노력의 일환이다. 이 책에서는 공동체가 위기에 대처하면서 자연스럽게 발달되었다고 지적한 바 있다. 중환자실의 대기실에 있는 낯선 사람들은 각자가 품었던 깊은 두려움과 기쁨을 정말이지 금방 공유할 수 있는데, 그 까닭은 가족이나 친지들이 복도 건너편 중환자실에 있기 때문이다. 또 4000명 이상의 사상자를 낸 1985년의 멕시코시티 지진과 같은 재난이 발생할 경우, 평상시에는 자기밖에 모르던 부유한 청소년들도 단 몇 시간 안에 밤낮을 가리지 않고 가난한 노동자들과 함께 힘을 모아 희생적인 사랑을 실천하면서 구조 활동을 벌일 것이다.

문제는 위기가 사라지면 공동체도 함께 사라진다는 것이다. 그래서 사라져버린 위기를 아쉬워하는 사람들이 대단히 많다. 장담하건대 이번 주 목요일 밤이나 토요일 밤이면 해외종군군인회나 미국재향군인회에 속한 수많은 노인들이 술에 잔뜩 취한 채 분별력을 잃고 제2차 세계 대전 시절을 마냥 그리워하고 있을 것이다. 이들은 거의 맹목적으로 그 시절을 기억한다. 그 까닭은 비록 자신들이 춥고 축축하고 몹시 위험한 상황에 처해 있었지만, 그때 이후로 결코 되찾을 수 없는 깊은 공동체 의식과 삶의 의미를 맛보았기 때문이다.

알코올의존증이라는 축복

AA에 속한 알코올의존증 환자들은 엄청난 축복을 받고 있으며 또한 대단한 자질을 지녔다. 여기서 축복이란 알코올의존증이라는 축복을 말한다. 알코올의존증이 축복인 이유는 자신의 상처를 드러내놓고 깨부수는 질병이기 때문이다. 알코올의존증 환자라고 해서 그렇지 않은 사람보다 더 많이 상처를 입는 것은 아니다.

사람은 누구나 슬픔과 두려움을 가슴에 품고 있다. 의식하지 못할 수도 있지만, 모두 그런 감정을 지니고 있다. 모두가 상처입은 사람들이지만, 알코올의존증 환자는 그것을 더 이상 숨기려 들지 않는다. 반면에 나머지 사람들은 태연한 겉모습 뒤에 무엇이든 숨기려 든다. 그렇기 때문에 자기에게 가장 중요한 일과 가슴 아프게 하는 것들에 관해 서로 이야기를 나눌 수 없다. 그러므로 알코올의존증이라는 엄청난 축복이야말로 이 병의 본질이다. 알코올의존증은 사람들을 겉으로 보이는 어떤 위기 속으로 몰아넣는다. 그 결과 알코올의존증 환자들은 AA모임과 같은 공동체에 들어간다.

AA에 있는 알코올의존증 환자들의 대단한 자질이란 스스로를 회복된 알코올의존증 환자나 前 알코올의존증 환자라고 하지 않고 회복 중인 알코올의존증 환자로 부른다는 점이다. '회복 중'이란 말을 쓰는 것은 회복 과정이 진행 중이며, 더불어 위기도 진행 중이라는 것을 스스로에게 끊임없이 환기하기 위해서다. 그리고 위기가 진행 중이므로 공동체도 진행 중인 것이다.

공동체 장려 재단에서 일하면서 가장 힘든 문제는 사람들에게 이 재단이 무엇을 하는 곳인지 설명하는 일이다. 이 문제를 즉시 그대로 받아들이는 사람들은 유일하게 12단계 프로그램을 실행하는 사람들인데, 그들에게는 공동체 장려 재단이야말로 알코올의존증 환자가 먼저 되지 않아도, 위기에 처하지 않아도, 공동체에 들어오는 법을 가르쳐주는 곳임을 알릴 수 있기 때문이다. 아니 더 정확히 말하면 우리 모두가 이미 위기에 처해 있음을 사람들에게 가르쳐주려는 것이다.

위기를 일찍 만나는 것

고통을 피하려는 문화 속에서는 사람들이 정신 건강에 대해 아주 이상한 태도를 지닌다.

미국 사람들은 흔히 정신적 건강을 특징짓는 것은 위기가 없는 상태라고 생각한다. 그러나 *그것은 정신 건강을 특징짓는 것이 아니다!* 정신 건강의 특징은 위기를 일찍 대면하고 그에 맞서는 능력이다.

오늘날에는 '위기'라는 말이 상당한 유행어가 되어버렸다. 예를 들자면 사람들은 모두 중년의 위기에 대해서 이야기한다. 하지만 이 말을 만들어내기 오래전부터 우리는 여성들이 겪는 중년의 위기를 이미 이야기해왔다. 바로 폐경기다. 오십 대에 이르러 월경이 멈추면 많은 여성은 정신적으로 동요하는 경향이 있다. 그런데 이상하게도 모든 여성에게 이런 일이 일어나는 것은 아니다. 그 이유를 설명해보자.

정신적으로 건강한 여성은 쉰여섯 살쯤이 되어 폐경기를 맞아도 심각한 중년의 위기에 직면하지 않는다. 비슷한 방식으로 사소한 위기에 수없이 대처해왔기 때문이다. 예를 들면 스물여섯 살 어느 날 잠에서 깨어나 거울을 보니 눈가에 잔주름이 생긴 걸 보고는 그때부터 자기 자신에 대해 생각하기 시작한다. "음, 결국 할리우드 스카우트 제의는 장담하기 어렵겠군." 그리고 10년이 지나 서른여섯이 되어 막내 아이가 유치원을 들어가면 이렇게 생각한다. "이제 아이들보다는 내 자신의 삶에 좀 더 관심을 둬야겠어." 이런 사고방식을 가진 여성이라면 오십 대가 돼서 폐경기를 맞아도 쉽게 헤쳐나갈 수 있다. 몇몇 힘든 순간을 빼면, 아무런 문제없이 지낼 것이다. 20년 전부터 이미 심리적으로 폐경기를 맞았기 때문이다.

이와 달리 어려움을 겪는 여성은 할리우드에서 아직도 매니저

가 찾아올 거라는 환상을 계속 쥐고 있다. 또한 집 밖에서 일어나는 일에는 전혀 관심을 기울이지 않는다. 그러다 오십 대가 닥치면 월경이 멈추면서 아무리 꾸며도 주름은 가릴 수 없고 아이들은 집을 떠나기 시작한다. 이제 이 여성에게 남은 거라고는 텅 빈 집과 공허한 삶뿐이니 예외 없이 정신적인 동요를 겪는다.

중년의 위기는 여성이나 폐경기의 문제에만 국한되지 않는다. 중년의 위기란 남성들에게도 흔할 뿐만 아니라 그 정도 또한 심각하기 때문이다. 얼마 전 나 역시 인생에서 *세 번째로* 중년의 위기를 겪었다. 열다섯 살 이후로 그 어떤 순간보다도 우울하고 힘든 시기였다. 다시 한 번 강조하지만, 남자든 여자든 정신 건강을 특징짓는 것은 위기를 얼마나 잘 피했는지가 아니라 위기를 얼마나 일찍 만나서 다음번 위기로 최대한 잘 넘어갈 수 있었는지 그리고 어쩌면 사는 동안에 얼마나 많은 위기를 자기 안에 담을 수 있는지에 따라 판단된다는 점이다.

인구의 1퍼센트 정도가 겪는 아주 드물고 황폐한 심리적 장애가 있는데 이 질환은 마치 연극을 하듯 과장된 삶으로 사람을 강박적으로 이끈다. 이 질환을 앓는 사람은 항상 격양돼 있다. 하지만 미국인 가운데 적어도 95퍼센트 정도가 앓고 있는, 훨씬 더 황폐한 정신 장애가 있다. 그것은 극적인 감성을 충분히 갖지 못한 채 사는 것이며, 하루하루 일상을 살면서 삶의 중대한 본질을 깨닫지 못하는 것이다.

여기에서 '신앙심이 깊은' 사람의 장점 중 하나가 나타난다. 다른 사람들은 인생에 그저 오르락내리락하는 기복이 있을 뿐이다.

반면에 종교인은 '영적인 위기'를 겪는다. 영적인 위기를 겪는 것은 우울증에 빠지는 것보다 훨씬 더 고귀하다. 사실 우울증이 일종의 영적인 위기라는 것을 인정하면 누구라도 금방 극복할 수 있다. 또 그것은 아주 흔한 일이다. 미국 사회와 같은 문화 속에서 살면서 사람들이 꼭 해야 한다고 굳게 믿고 있는 것 중 하나는, 특정한 유형의 우울증과 모든 유형의 존재론적인 고통을 포함해서, 위기를 귀중히 여기는 것이다. 우리는 바로 그러한 고통이나 위기를 통해서만 성장할 수 있다.

AA 사람들은 언제나 회복 중이기 때문에 계속되는 위기 속에서 산다. 그리고 그들은 서로 도와가면서 계속되는 위기에 대처한다. 이것이 바로 공동체다.

공동체가 무엇인지에 대해서는 설명해줄 수 있지만, 그 느낌이 어떠한지는 설명할 수가 없다. 예수에게도 비슷한 골칫거리가 있었다. 예수는 자신이 말한 천국이라는 문제 때문에 비틀거렸고, 그것 때문에 끙끙 앓았다. 예수가 천국을 설명하려 하면, 사람들은 저절로 눈꺼풀이 내려왔고 하품을 했다. 그래서 예수는 더 잘 설명하려고 비유를 들었다. 예수께서 이렇게 말씀하셨다. "보라, 이것은 아주 값진 진주를 발견한 사람과 같다." 또는 "이것은 포도밭이 있어 일꾼이 필요한 사람과 같다." 또는 "이는 방탕한 아들을 둔 사람과 같다." 대부분의 사람들은 예수가 무슨 말을 하는지 여전히 이해하지 못했다.

2000년이 지나서 예수가 든 비유는 누구나 다 아는 글귀가 되었지만, 사람들은 지금까지도 예수가 무슨 말을 하려 했는지 제대로 이해하지 못한다. 대부분의 기독교인도 그 천국이 무엇을 의미하는지 이해하지 못한다. 내 생각에 예수는 지금의 우리가 공동체에 대해 이야기할 때 겪은 것과 똑같은 어려움을 겪었을 것이다. 이것은 우연이 아니다. 천국이란 공동체와 가장 가까운 동류어同類語이기 때문이다.

예수께서 "천국은 네 안에 있다"라고 말씀하셨다며 누군가가 그 말을 인용하는 걸 들어보았을 것이다. 하지만 이 말은 실제로 예수가 한 말이 아니다. 예수께서는 아람 어로 말씀하셨고 복음서는 그리스 어로 쓰였다. 그러고는 모든 언어로 번역되어 사람들에게 알려졌다. 따라서 그 과정에 실수가 있기 마련이다. 정확한 번역을 위해서 그리고 예수가 실제로 하신 말씀을 알아내기 위해서 수많은 연구서가 쓰였다.

학자들은 복음서의 문장이 정확한지를 알아내는 방법을 찾아냈다. 그중 하나는 그리스 어를 다시 아람 어로 번역할 수 있는지를 알아보는 것이다. 현재 대부분의 학자들은 예수가 "천국은 네 안에 있다"라고 말하지 않았다는 데에 동의한다. 예수는 "천국은 너희 사이에 있다"라고 말씀하셨다. 우리 사이에 있는 천국을 발견하는 가장 좋은 방법은 공동체를 통하는 것이라고 나는 믿는다.

키스 밀러Keith Miller는 《사랑의 향기The Scent of Love》에서 예수의 최초 제자를 통하여 바로 이 문제를 적고 있다. 초기의 기독교인들이 두드러지게 성공한 전도사가 될 수 있었던 이유는 성령이 내려와 여러 가지 재능―카리스마와 언어 능력―을 부여해주었기 때문에 모든 언어를 말할 수 있었고 그 결과 기독교가 불붙듯

번져나갔던 것이다. 하지만 밀러는 이것이 주된 이유는 아니었다고 주장한다.

실제로는 예수의 가르침을 통해서 제자들과 초기의 추종자들이 공동체라는 비밀을 발견했기 때문이라는 것이다. 에베소 혹은 코린트 어딘가에 있던 뒷골목으로 누군가가 내려오고 있었다. 그는 사람들이 모여 앉아 이해할 수 없는 아주 이상한 문제에 대해서 이야기하는 모습을 보았다. 한 남자와 나무 위에서의 처형 그리고 방문에 관한 것이었다. 그런데 이들이 서로 이야기를 나누고, 함께 소리 지르고, 함께 웃고, 서로 어루만지는 방식이나 서로 영향을 주고받는 방식에는 어떤 특징이 있었다. 그것이 너무도 특이하고 강렬해서 지나가던 이방인조차 그들에게 이끌리곤 하였다. 이것은 마치 사랑의 향기가 골목을 떠다니다 꽃향내가 벌을 끌어들이듯이 사람들을 끌어당기는 것만 같았다. 사람들은 이렇게 말하기 시작했다. "아직 이해하지는 못하지만 함께하고 싶어요."

우리는 지독히도 볼 것 없는 호텔방에서 공동체 건립을 위한 연수회를 열었는데, 접수원이나 여급들이 들러서는 이렇게 말했다. "여기서 무슨 일을 벌이시는지는 모르겠지만, 제가 3시에는 일을 마치거든요. 저도 낄 수 있을까요?" 그래서 나는 '일이란 이런 식으로 진행되는 거구나' 하고 깨달았다.

따라서 오하이오 주의 아크론에서 빌 W.와 밥 박사가 최초의 AA 모임을 소집하던 1935년 6월 10일이 20세기에서 가장 긍정적인 사건이 발생한 날이라고 나는 믿는다. 이 사건이야말로 자립 운동의 시작일 뿐만 아니라 대중적 차원에서 과학과 영성이 통합되는 시작이요 나아가 공동체 운동의 시작이었다.

내가 중독을 신성한 질병이라고 생각하는 데는 이유가 하나 더 있다. AA의 친구들과 함께 모이면, 우리는 종종 이런 결론에 도달한다. 신께서는 알코올의존증 환자를 만들어내기 위해 일부러 알코올의존증이라는 장애를 만드셨다. 그 이유는 이런 알코올의존증 환자들이 AA를 만들어서 알코올의존증 환자나 약물 중독자는 물론이고 우리 모두에게 구원이 될 공동체 운동이 퍼져나갈 수 있도록 하기 위해서라고……

제3부

궁극적인 단계: 인격적인 하느님을 찾아서

영적인 성장에서의 종교의 역할

'종교적인' 말을 쓸 때는 매우 조심스럽다. 예를 들면 종교성이라는 말보다는 영성이라는 말을 쓰고, 신이라는 말 대신에 '절대자'라는 말을 더 자주 쓴다. 이런 말들에는 부정적인 의미가 들어 있을 수 있기 때문에 또한 조심스럽다. 제도 종교가 저지른 커다란 잘못 가운데 하나는 매우 성스러운 말들을 타락시키는 경향이 있다는 점이다. 이런 말들을 접했을 때, 사람들은 보통 제도 종교의 위선적인 모습을 먼저 떠올린다. 그래서 더 이상 그 말의 진정한 의미를 보거나 들을 수 없게 되는지 모른다.

종교 때문에 사람들은 대체로 피해를 입어왔다. 여러분의 어린 시절에 부모가 저지른 죄를 용서하는 것은 매우 중요하다. 마찬가지로 여러분의 어린 시절에 교회가 저지른 죄도 용서하는 것이 중요하다. 용서란 되돌아간다는 의미가 아니다. 따라서 어린 시절의 교회로 되돌아가야 한다고 말하는 것이 아니다. 또 부모와 함께 그 시절의 고향으로 돌아가라는 것도 아니다. 그럼에도 영적으로 성장하기 위해서는 용서가 반드시 필요하다. 용서하지 않으면 교회의 진정한 가르침과 위선적인 모습을 구분해낼 수 없다. 그러므로 당신에게는 진정한 가르침이 필요하다.

《하나됨 : 모든 종교가 공유하는 위대한 원리*Oneness: Great Principles Shared by All Religions*》의 표지에는 달라이 라마에게서 인용한 다음과 같은 구절이 적혀 있다.

세계의 모든 중요한 종교는, 사랑이라는 유사한 사상과 영적인 실천을 통해 인류를 이롭게 한다는 똑같은 목표와, 추종자들을 더 나은 인간으로 만든다는 똑같은 취지를 갖고 있습니다.

세상의 모든 중요한 종교를 창시한 사람들 — 예수, 부처, 크리슈나무르티, 공자, 무함마드(마호메트) 등 — 은 공통적으로 이웃을 사랑하라는 이념을 가르쳐왔다. 어떤 종교에든 신앙심을 정박하려고 마음먹으면 — 그것이 기독교든, 유대교든, 힌두교든, 도교나 불교 또는 이슬람교든 — 이러한 기본적인 진리를 받아들여야 할 것이다. 각자의 영적인 여정에서 이러한 근본적인 진리가 길잡이로서 필요하기 때문이다. 반드시 어떤 종교여야 한다고는 말할 수 없다. 우리는 각자가 모두 다르기 때문이다.

오직 하나밖에 없는 나

사람들이 저마다 다른 모습이고, 서로 다른 재능을 지닌 것을 볼 때마다 나는 늘 감명을 받는다. 신께서 사람들이 태어나기 전에 각자의 영혼 속에 그러한 독특함을 창조하신 것인지 아니면 유전자 안에 그런 것이 들어 있는 것인지는 잘 모른다. 내가 아는 것은 말씀이 있자 이 모든 일이 시작되었다는 것이다.

나의 두 딸을 병원에서 집으로 데려왔을 때부터 서로 너무나 달랐다. 우리 부부가 사내아이와 여자아이를 가졌더라면, 이렇게 말했을 수도 있다. "성별 때문인지 아이들이 너무 다르단 말이야." 하지만 성별이 같은 두 아이는 세상에 나면서부터 너무나 다른 두 존재가 되었다.

사람들은 서로 다르게 태어난다. 그래서 사람들이 해결해야 하는 문제 중에는 자신의 독특함과 차이점에 대처하는 방법과 서로 다른 사람들과의 관계 속에서 타협하는 방법 등이 있다. 서로 다르게 태어났으므로 사람들 각자는 고유한 천직과 소명이 있는 것이다. 우리는 일정한 생물학적 한계와 각자의 독특한 재능의 범위 안에서 발휘되는 신비로운 선택의 자유, 즉 의지를 가지고 있다.《아직도 가야 할 길》의 아쉬운 점은, 인생의 여정을 실제 모습보다 더 선명해 보이는 공식처럼 만들었다는 점이다. 책을 다시 읽어보면서, 내 자신의 진리에 대한 깊은 통찰에 놀라기도 했지만, 더할 수 없을 정도로 너무나 그럴듯한 입심에 당황하기도 했다. 실제로 나는 저 밖에 존재하는 온갖 다양한 존재의 모습을 고려하지 못했다.

다양함이란 참으로 커다란 은혜다. 다양한 사람들은 공동체의 일부가 되어 전체를 형성하는 데 없어서는 안 될 귀중한 존재다. 우리가 전체를 이루려면 다양성이 필요하다. 마찬가지로 우리가 택할 수 있는 길 또한 참으로 다양하다. 우리는 각자 모두 독특한 존재이므로, 자신만의 선택권을 가질 수 있다. 우리가 계속해서 묻고 또 물으면, 해결책이 나타나 올바른 길을 선택하게 될 것이다.

간디는 이렇게 말했다. "많은 종교는 한 점으로 수렴되는 각기 다른 길이다. 우리가 같은 목적지에 도달하기만 한다면 서로 다른 길을 택하는 게 무슨 대수겠는가?" 사막이라는 바위투성이 가시밭길을 따라 신에게 닿기 위해 모두가 분투하는 것이다.

신은 차별하지 않는다. 여러분이 다가가는 한, 신은 여러분을 만나기 위해 더 좋은 길로 임하실 것이다. 신에 이르는 길은 수없이 많다. 어떤 사람은 알코올의존증을 통해 다가가고, 나처럼 선불교를 통해 다가가기도 하며, 비록 이단일지는 몰라도 다양한 '신新사고' 기독교 교회를 통해서도 신을 만날 수 있다. 내가 아는 한, 셜리 맥클레인Shirley Maclaine(미국의 영화배우이자 뉴에이지 운동의 저술가—옮긴이)을 통해서도 신에게 다가갈 수 있다. 사람들은 여러 단계로 준비돼 있을 수 있고, 준비가 되어 있다면 사실상 어떤 소리도 들을 수 있다.

한 목사가 예배를 마친 후 신도들과 악수를 나누었다. 맨 끝줄에는 이따금씩 교회에 나오는 한 남자가 있었다. 그 남자가 목사에게 다가오더니 이렇게 말했다. "목사님, 오늘 하신 설교 말씀은 정말로 제가 듣고 싶었던 내용이었습니다. 정말 감사합니다. 정말 큰 도움이 됐어요. 목사님의 말씀은 제 삶을 완전히 바꿔놓았어요. 감사합니다, 감사합니다."

그 목사는 상당히 만족스러워하며 이렇게 말했다. "제가 신도님께 도움이 되는 말을 해드렸다니 저도 기쁩니다. 한데 특별히 어떤 내용이 그랬는지 궁금하군요."

그 남자는 이렇게 대답했다. "기억하시겠지만, 설교를 시작하시면서 저희에게 오늘 아침에 두 가지 사항을 말하고 싶다고 하셨습니다. 그리고 중간에 이렇게 말씀하셨지요. '여기서 제가 말씀드리고자 했던 *첫 번째 부분*을 마무리하고 이제 제 설교의 *두 번째 주제*로 넘어가야 할 차례입니다.' 바로 그 순간 저도 제 인생의 첫 단계를 마무리 짓고 두 번째 단계로 넘어가야 할 절호의 기회라는 걸 깨달았습니다. 목사님, 정말 감사합니다."

하느님에게 이르는 길

나는 선불교를 통해 신에게 다가갔는데, 이 사건을 계기로 내 길은 처음으로 확장되었다. 선불교에 입문한 지 20년이 지난 뒤 내가 직접 선택한 길은 기독교였다. 하지만 선불교가 아니었더라면 그런 결정을 내릴 수 있었을지 의심스럽다. 기독교를 받아들이려면 누구든지 역설을 받아들일 준비가 돼 있어야 한다. 그리고 선불교―많은 사람은 선불교를 종교가 아니라 철학으로 받아들여야 한다고 말한다―는 역설을 배울 수 있는 아주 이상적인 훈련소 역할을 한다. 이런 훈련이 아니었다면 기독교 교리에 내재해 있는 그야말로 지독한 역설을 그대로 받아들일 준비는 어쩌면 불가능했을 것이다.

내가 기독교인이 된 것은《아직도 가야 할 길》이 나오고 얼마 지나서였다. 이 책의 첫 문장이 바로 위대한 부처의 가르침, "삶은 고해다"로 시작한다는 것을 기억하기 바란다. 그러나 나는 무의식적으로 오랫동안 기독교 쪽을 향하고 있었다. 그래서《아직도 가야 할 길》에는 기독교적 개념들이 넘쳐난다. 어떤 주요 인사는 이렇게 말했다. "스캇,《아직도 가야 할 길》에서 그리스도의 메시지를 사람들에게 알리려고 당신의 기독교 신앙을 아주 교묘하게 위장했더군요." 나는 정직하게 대답해주었다. "나는 나의 기독교 신앙을 위장하지 않았습니다. 그때 난 기독교인이 아니었으니까요."

《아직도 가야 할 길》은 내 인생길에서 그 당시 내가 있는 곳이 어디였는지에 관한 이야기였던 것 같다. 그리고 어떤 의미에서 보면 난 그 이후로 상당히 멀리 떠나왔고, 또 어떤 의미에서는 아주 짧은 길을 달려왔다. 그 책이 출간된 이후로 내가 한 일은 주로 그 책에 나온 개념을 갖고 작업해온 것이다.

내 인생길에는 중요한 내적 사건이 하나 있었다. 그 일은 C. S. 루이스의《스크류테이프 편지들*The Screwtape Letters*》이라는 소설을 읽던 서른 살쯤에 일어났다. 이 소설은 스크류테이프라는 고참 악마가 조카 악마 웜우드에게 보내는 충고의 편지들로 구성돼 있다. 웜우드는 한 젊은이의 영적인 삶을 파괴하는 임무를 띠고 있었다. 어느 순간, 스크류테이프는 자신의 실수로 기독교도가 된 그 젊은 남자가 '자신의 일생을 그리스도의 일생으로 여기는지' 확인하라고 웜우드에게 충고한다.

처음에 나는 이 문장을 전혀 이해할 수 없었다. 세 번이나 읽어봐도 마찬가지였다. 인쇄상의 실수가 아닐까 하는 의심까지 할 정도였다. 도대체 어떤 사람이 자기 일생이 없는 자기 자신을 생각할 수 있단 말인가? 그 이후 나는 내 일생이 '나보다 더 높은 어떤 절대자에게 속해 있지 않을까?'라고 생각하기 시작했다. 오랜 기간 동안, 이런 생각은 나를 상당히 당혹스럽게 만들었다. 그리고 오늘날까지도 나는 계속해서 내 일생을 신의 소유로 인정하는 법을 배운다. 순종이란 언제나 정도의 문제이기는 하겠지만 C. S. 루이스가 내게 가르쳐준 것과 마찬가지로 교훈이 될 만하다. 하지만 10년 후에야 비로소 나는 정말로 기독교인으로서 세례를 받았다.

기독교에 강하게 끌리게 된 이유 가운데 하나는 기독교 교리야말로 죄의 본질을 가장 정확히 이해한다고 믿었기 때문이다. 그 내용은 역설적이라서 다면적으로 이해해야 한다. 최초의 역설은 우리 모두가 죄인이라는 기독교의 주장으로, 인간은 죄를 짓지 않을 수 없다는 것이다. 죄에 대한 정의는 수도 없이 내려졌지만, 대체로 과녁을 빗나가거나 매번 정곡을 찌르지 못했다. 사실 매번 정곡을 찌를 수 있는 방법은 없다. 우리는 때로 부주의해질 수 있다. 아무리 훌륭한 사람이라도 때로는 피곤해하거나 거만할 수 있고, 노력하지 않거나 최선을 다하지 않을 수도 있다. 우리는 매번 정곡을 찌를 수도 없고 완벽해질 수도 없다.

기독교에서는 이런 점들을 고려한다. 사실 진정한 교회의 일원이 되기 위해서 먼저 행해야 할 것은 죄인이 되는 것이다. 자신을 죄인이라고 생각하지 않는다면, 교회의 일원이 될 수 없다. 역설의 또 다른 측면은 기독교에서는 회개를 통해 죄를 고백하거나 인정하면 죄가 사라진다고 주장한다는 점이다. 여기서 '회개'라는 말이 중요한데, 반드시 괴로움을 느끼고 자신이 저지른 일로 고통스러워해야만 한다. 회개를 통해 자신의 죄를 인정하면 과거를 깨끗이 씻고 새롭게 출발할 수 있다. 마치 죄가 없었던 것처럼 매번 새롭고 깨끗하게 다시 시작할 수 있는 것이다.

이 개념에 관한 재미난 이야기가 하나 있다. 필리핀의 한 어린 소녀가 말하길 예수와 이야기를 나누었다고 했다. 마을 사람들은 수군대기 시작했다. 옆 마을에까지 이 이야기가 퍼지자 다른 사람들도 술렁이기 시작했다. 결국 이 소문은 마닐라에 있는 대주교에게까지 전해졌다. 그러자 대주교는 다소 걱정이 되기 시작했다. 어쨌거나 가톨릭교회에서 승인하지 않은 살아 있는 성자를 용인할 수는 없었기 때문이다. 그래서 대주교는 이 일을 조사하기 위해 신부 한 명을 임명했다.

어린 소녀는 몇 가지 심리 – 신학적 진단에 필요한 면담을 위해 대주교가 있는 교회로 보내졌다. 세 번째 면담이 끝나자, 임명된 신부가 두 손을 들고 이렇게 말했다.

"난 정말 모르겠다. 대체 무슨 영문인지 모르겠어. 네 말이 진짜인지 아닌지 알 수가 없구나. 그렇다면 정확한 검사를 하나 해보자. 네가 다음번에 예수님과 이야기를 나눌 때, 내가 지난번 고해성사에서 무엇을 고백했는지 그분께 물어봐주었으면 좋겠구나.

그렇게 해주겠니?" 소녀는 그러겠다고 대답했다. 소녀는 돌아갔다가 그다음 주에 면담하러 다시 찾아왔다. 그러자 신부는 짐짓 진지하게 물었다.

"그래, 지난주에도 예수님과 이야기를 나누었니?"

"예, 신부님. 그랬어요." 소녀가 대답했다.

"그러면 예수님과 이야기를 나눌 때, 지난번 고해 성사 때 내가 어떤 고백을 했는지 여쭤보았니?"

"네, 신부님."

"그래? 여쭤보니까 뭐라고 하셨니?"

소녀는 이렇게 대답했다. "잊어버렸다고 하시던데요."

이 이야기는 두 가지로 해석할 수 있다. 먼저 그 소녀가 똑똑한 정신병 환자라는 해석이다. 하지만 어린 소녀가 정말로 예수님과 이야기했다는 해석이 더욱 그럴듯하다. 그 이유는 소녀의 말이 순수하고 정통적인 기독교 교리를 표현하고 있기 때문이다. 일단 회개를 통해 고백한 뒤에는 우리의 죄는 잊혀 더 이상 하느님의 마음속에 남아 있지 않다.

예수의 실재

사람들이 내게 '다시 태어난 것' 같으냐고 물으면 나는 이렇게 대답한다. "글쎄요, 아마도 그런 것 같아요. 아주 긴 산고와 힘든 분만이라고 해도 좋을 것 같습니다." 살다 보면 중대한 사건이 많지만 아마도 가장 중요한 것은 내 나이 마흔에 복음서를 읽었다는 것이다. 이 일은《아직도 가야 할 길》의 초고를 마친 후에 일어났다. 나는 먼저 원고를 작성한 뒤 그 다음에 조사하는 유형이었다. 그런데 내 책에서 여러 차례 예수를 인용했기 때문에 문헌을 검토해봐야 한다는 의무감이 생겼다.

결과적으로 복음서를 만났던 시간은 정말로 은혜로운 시간이었다. 10여 년 전에 사람들이 예수라는 인물이 실재했는지를 물어봤다면 나는 이런 식으로 대답했을 것이다. 역사적으로 예수는 존재했다. 예수는 너무 지나치게 거리낌 없이 말하는 탓에 당시의 방식대로 처형당했던 상당히 영민한 사람이었다. 사람들이 여러 이유로 예수를 중심으로 종교를 만들어내기 시작했다는 증거는 아주 충분하다. 나는 예수의 실존을 이런 식으로 남겼을 것이다. 여러분도 아시다시피, 나는 복음서를 쓴 저자들이 예수와 동시대 사람이 아니고, 그들이 글을 쓰기 시작한 것은 예수가 죽은 지 30년 정도 지나서였고, 그들이 쓴 것도 분명히 두세 차례 심지어는 네 차례 정도 건너서 이루어진 진술이라는 것을 알았다. 그래서 이 계몽의 시대에 살고 있는 내 교육 수준으로 볼 때, 그런 행위들이 단순히 모두 선전을 위한 것이거나 윤색되었을 가능성이 있다고 짐작했다.

하지만 결국 복음서를 접하면서, 10여 년간 내 나름의 방식으로 선생이나 의사가 되려고 노력하는 과정에서, 가르치고 치료한다는 것이 어떤 것인지 조금은 알게 되었고 선생이나 의사가 된다는 것이 어떤 것인지도 알게 되었다. 이러한 경험적인 지식을 통해 복음서에서 발견한 한 남자의 존재에 나는 소스라치게 놀랐다. 이 남자는 거의 지속적으로 좌절을 겪었다. 실제로 이 사람의 좌절은 복음서의 페이지를 넘길 때마다 눈에 띈다. "제가 당신께 뭐라고 말해야 하나이까? 몇 번이나 제가 말해야 하나이까? 어떻게 해야 당신께 도달할 수 있겠나이까?"

또한 이 사람은 늘 슬픔에 빠져 있고 늘 우울하고 근심과 두려움에 떨었다. 이 사람은 비록 상처를 감싸는 사랑으로 편견을 극복하고 초월할 수 있었지만, 한때는 오해를 받기도 했다. 그는 철저하게 고독하면서도 필사적으로 혼자 있기를 바랐다. 그는 믿을 수 없을 정도로 진실해서 어느 누구도 그를 꾸며낼 수 없었다.

만일 복음서의 저자들이 내 짐작대로 선전용으로 윤색했다면, 약 4분의 3의 기독교인들이 지금도 만들어내려고 애쓰는 유형의 예수로—아내 릴리가 '허약한 예수'라고 언급한—창조해냈을 거라는 생각이 문득 들었다. 온화한 그리스도의 심상 덕분에, 예수가 마음의 평화를 갖고 있었기 때문에, 침착하고 흔들리지 않는 평정심으로 세상을 주유하고 어린아이의 머리를 쓰다듬어주는, 부드러운 미소가 사라지지 않는 얼굴의 예수 말이다. 하지만 복음서 속의 예수는—어떤 사람들은 예수야말로 가장 기독교 정신을 잘 보유한 비밀스러운 존재라고 말한다— '마음의 평화', 즉 보통 세속적인 용어로 생각하는 평화를 갖고 있지 못했다. 그리고 예수의 제자가 될 수 있는 한, 우리도 마찬가지였을 것이다. 어쩌면 이것이 중요한 것이 아닐지 모른다.

그래서 복음서의 저자들은 '선전 활동에 관한 전문가라기보다는 꼼꼼한 기자들이 아니었을까?'라는 의심이 들기 시작했다. 즉, 그들도 이해하기 힘들었지만 예수에게서 천국과 지상이 만났다는 것을 깨닫고 나서 예수의 생애에서 벌어진 사건과 말씀을 가능한 한 정확하게 기록하려고 매우 고심한 기자들이었다는. 그러면서 나는 예수를 사랑하기 시작하였다.

이것은 마치 대부분의 기독교인이 복음서를 읽지 않고 대부분의 기독교 목사가 심지어 복음서의 진정한 진실을 제대로 설교하지 못하는 것과 같다. 왜냐하면 목사들이 그렇게 했다면, 신도들이 문 밖으로 도망갈 것이기 때문이다.

복음서가 전적으로 정확하다고 주장하고 싶은 생각은 없다. 어떤 것은 분명히 첨가된 것 같고, 또 어떤 내용은 확실하게 유실된 것 같다. 예를 들면 예수의 유머 감각과 예수의 성에 관한 것이다. 예수의 성에 관한 문제는 일부러 배제되었을 수도 있다. 내가 보기에 예수의 성은 다소 애매한 것 같기 때문이다. 예수는 창녀였을 수도 있는 막달라 마리아를 매우 좋아한 것 같고, '예수가 사랑한 한 사람'으로 여겨지는 사도 요한과 친했던 모습이 자주 묘사된다. 예수는 성별이 없거나 성별 구분이 안 되는 것이 아니라, 두 성을 다 지녔다고, 즉 남녀 양성적인 인물이었다고 생각한다. 하지만 남아 있는 자료에 따르면 예수는 진정한 인간이었고 거룩한 천재였다.

예수의 재능

릴리와 나는 메인 주의 해안가에 있는 작은 도시에서 해마다 여름이면 며칠 동안 머물렀다. 그리고 그곳의 클럽 회원이었다.《아직도 가야 할 길》이 막 출간될 무렵, 우리는 그곳에 머물고 있었다. 클럽에 도착한 첫날, 잘난 척을 할 요량으로 나는 정신과 의사일 뿐만 아니라 곧 책이 나오게 될 작가라는 등의 이야기를 흘리고 다니느라 애를 썼다. 그러나 곧 나의 나르시시즘을 후회했다. 왜냐하면 그곳에 머문 지 이틀째 되던 밤에 소송 전문 변호사로 잘 알려진 한 사람과 칵테일파티 때 이런 이야기를 주고받았기 때문이다.

"책을 쓰셨다고 들었습니다. 무슨 책인가요?"

나는 대답했다. "심리학과 종교를 통합한 책이지요."

"아, 멋지군요. 그런데 무슨 내용을 쓰셨나요?" 이런 전문가들이 흔히 일할 때 말하는 방식으로, 약간 귀에 거슬리는 투로 그가 다시 물었다.

그래서 나는 "여러 가지 내용을 썼습니다. 제가 모든 내용을 말씀드리는 동안 여기 앉아 계시기 힘들 텐데요"라고 퉁명스럽게 대답했다.

"당신이 옳아요. 난 그럴 수 없어요. 책의 내용을 한두 마디의 간결한 문장으로 말씀해주시지요"라고 그가 말했다.

"글쎄요, 그럴 수 있다면 책을 쓰지도 않았을 겁니다"라고 나는 말했다. 그런데 그가 이렇게 주장했다.

"어불성설이네요. 우리 법에서는 뭐든지 한두 문장으로 간결하게 이야기될 수 있는 내용만이 가치가 있습니다."

내가 할 수 있는 최선은 이렇게 대구하는 것이었다. "그러시다면 제 책에서는 들을 만한 가치를 찾으실 수 없는 것 같네요." 그러고는 불쾌하게 그 자리를 떴다.

예수의 능력을 드러내는 한 가지 사례는 이런 상황에 직면했을 때에도 스스로 더욱 고상하게 처신한다는 점이다. 예수가 '집회'에 있는데 거기에 있던 작은 무리 중 한 법률가 — 이렇게 추측되는데 — 가 한 발짝 앞으로 나왔다. 그 남자는 요약하자면 이런 내용을 예수에게 말했다. "예수, 당신이 말하려는 바가 무엇이오? 산 위에서 벌인 설교나 그와 비슷한 내용을 다 듣고 싶지는 않소. 당신이 전달하려는 메시지를 한두 마디 간결한 말로 말해보시오. 당신이 말하려는 것이 도대체 뭐요?" 그러자 예수는 그 남자가 원하는 대로 해주었다. 예수가 말한 두 문장은 너무나 간결해서 한 문장으로 들릴 정도였다. 예수는 이렇게 말했다. "진심을 다해 온 영혼을 바쳐 그리고 모든 능력을 다해 구주이신 하느님을 사랑하시오. 그리고 당신의 이웃을 당신 몸처럼 사랑하시오."

이 말은 기독교인이 어떠한 사람인지 또 어떠해야만 하는지를 전해준다. 안타깝게도 대부분의 사람들은 이 말 뒤에 숨어 있는 열정을 이해하지 못한다. 마음과 영혼 그리고 능력을 다해 하느님을 사랑한다는 것은 그분에게 자기 자신을 내준다는 뜻이다. 자신을 하느님에게 내주는 행위는 지난하고 힘든 과정이다. 나는 기독교인이 된 후 여러 해가 지나도록 아직도 그렇게 하지 못하고 있음을 안다.

복음서를 다 읽고 《아직도 가야 할 길》의 출간이 확정된 후에 휴가를 가야겠다고 마음먹었다. 가족과 함께 뭔가를 하고 싶은 생각도 없었지만, 그렇다고 혼자 여행을 떠나 어느 해안가에서 우두커니 앉아 있고 싶지도 않았다. 바로 그때 피정을 떠나자는 기발한 생각이 떠올랐다. 이 정도면 좀 색다른 일이 되지 않겠는가! 그래서 결국 수도원으로 2주간 떠나 있었다.

나는 이 피정 여행을 위해 몇 가지 고민거리를 준비했다. 하나는 혼자 있는 시간이면 줄곧 피워오던 담배를 끊도록 노력하자는 것이었다. 하지만 최대의 고민은, 확실하지는 않았지만, 만일 《아직도 가야 할 길》로 유명해진다면 어떻게 해야 할까를 결정하는 것이었다. 그런 일이 벌어지면, 내 사생활을 포기하고 순회강연을 하러 돌아다녀야 하나 아니면 J. D. 샐린저(《호밀밭의 파수꾼》의 저자―옮긴이)처럼 숲 속에 은둔해서 곧바로 전화번호부에도 없는 전화번호를 가져야 하나? 내 자신이 어느 길로 가기를 원하는지 알 수 없었다. 그리고 하느님께서 내가 어느 길로 가기를 원하시는지도 알 수 없었다. 그래서 나의 최우선 과제는 고요한 피정 생활과 성스러운 분위기에서, 내가 이 딜레마를 어떻게 처리해야 하는지 하느님께 계시를 받을 수 있었으면 하는 희망이었다.

하느님께서 나를 도와줄 수 있도록 최선을 다해서 내가 꾼 꿈에 집중하기로 하였다. 나는 꿈이 계시적인 기능을 한다고 믿었기 때문에 꿈에 대해서 적기 시작했다. 그런데 내 꿈은 대부분 다리나 문 같은 아주 단순한 이미지들이었다. 이런 꿈을 통해서는 내가 이전에 알지 못하던 것들, 즉 내 삶에 전기를 마련해야 하는 순간이 되었다는 것을 전혀 알 수 없었다.

그러던 어느 날 난 훨씬 복잡한 꿈을 꾸었다. 꿈속에서 나는 분명히 중산층 가정을 엿보고 있었다. 그 가정에는 모든 부모가 바라는 그런 부류의 열일곱 살 먹은 소년이 있었다. 그 아이는 고등학교 상급반의 반장이었고, 졸업식 때 졸업생 대표로 식장에 나갈 예정이었으며, 축구팀의 주장을 맡고 있었고, 게다가 잘생겼고 방과후에는 아르바이트도 열심히 했다. 그런데 이 모든 것으로도 부족했는지 귀엽고 조신한 여자 친구까지 있었다. 게다가 이 아이는 운전 면허증도 있었고 운전도 제 또래보다 남달리 분별력이 있게 신중하게 했다.

아버지만이 그 아이가 운전하는 것을 허락하지 않았다. 대신에 아이의 아버지는 그 아이가 가야 할 곳이면 어디든지—축구 연습이나 일, 데이트, 댄스파티까지—차로 데려다 주겠다고 고집을 부렸다. 혼내고 모욕까지 줘가면서 아버지는 아이가 혼자 할 수 있는 운전을 대신해주는 대가로 방과 후에 힘들게 번 돈 가운데 주당 5달러를 달라고 강요했다. 나는 독재자와도 같은 아이의 아버지에 대해서 너무나 화가 난 채로 꿈에서 깨어났다.

이 꿈이 무엇을 뜻하는지 알지 못했다. 전혀 이해할 수 없었다. 꿈의 내용을 적어놓았다가 3일이 지나서 다시 읽어보았다. 그때 '아버지'를 대문자 F로 적어놓았다는 것을 알았다. 그러고는 속으로 이렇게 말했다. '이 꿈에서 아버지를 하느님으로 가정해볼 수 있지 않을까? 만일 그렇다면, 나는 열일곱 살짜리 소년이 될 수도 있지 않을까?' 그리고 나는 마침내 계시를 받았다는 사실을 깨달왔다. 하느님은 내게 이렇게 말한 것이다. "어이, 스캇. 넌 그냥 돈만 내. 운전은 내게 맡기고."

나는 항상 하느님이 끝없이 높고 끝없이 선한 분이라고 생각해왔다. 하지만 이 꿈에서는 하느님에게 독재적이고 지나치게 통제하는 악역을 맡겼다. 또한 하느님에게 분노와 증오의 감정으로 반응하였다. 당연히 내가 바랐던 계시가 아니었다는 것이 문제였다. 이런 것은 내가 듣고 싶었던 내용이 아니었다. 사람들이 대리인이나 회계사에게 들을 수 있는, 자유롭게 받아들일 수도 있고 거절할 수도 있는 그런 종류의 충고를 하느님에게서 받고자 했던 것이다. 하느님이 "이후로 내가 운전을 해주지"라고 말할 정도로 특별히 *대단한* 계시를 바라지는 않았다.

16년이 지난 지금 나는 이 계시에 따라 살고 있다. 그리고 아직도 청소년기에 있는 내 인생의 운전석에 그분의 존재를 기쁘게 받아들이는 순종을 배웠다. 그럼으로써 내 자신을 하느님에게 내어드리려고 노력하고 있다.

죽음으로서의 세례

2주간의 피정 동안에 생긴 또 한 가지 일은 '기독교인이 되어볼까?'라는 생각을 장난삼아 했다는 것이다. 이 생각이 마냥 즐거웠던 것은 아니었다. 그렇게 하려면 여러 가지 희생이 뒤따라야 한다고 느꼈기 때문이다. 한 가지를 예로 들면 *내* 인생을 이끄는 운전석에 내가 있어야 한다는 그런 오래된 생각도 포기해야 했다. 만일 기독교인이 된다면 내 일생은 더 이상 내 것이 아니라 그리스도·하느님 그리고 신비로운 '그리스도의 몸'에 속해야만 할 것 같았다. 내 인생은 내 것이라는 생각은 버려야 하고 아무래도 내 자신이 죽어야만 한다는 생각을 많이 해야 할 것이다.

어느 누구도 죽음을 좋아할 사람은 없다. 그래서 나도 가능한 한 오랫동안 꾸물거렸다. 세례를 받지 않으려고 책에서 본 온갖 합리적인 이유를 끌어댔다. 가장 좋은 구실은 내가 동방 정교회나 로마 가톨릭으로 세례받기 원하는지 아니면 성공회나 장로회 또는 감리교나 침례교 또는 루터파로 세례받기 원하는지를 결정할 수 없다는 것이었다. 이처럼 복잡하고 지식을 필요로 하는 교파 결정은 적어도 연구하는 데만 30년은 족히 걸릴 것이므로, 서두를 필요가 없었다. 그러나 그때 세례는 교파적인 의식이 아니라는 생각이 문득 들었다. 사실 교파를 군이 결정할 필요가 없었던 것이다. 그래서 결국 1980년 4월 9일, 나는 세례를 받았다. 세례는 노스캐롤라이나 감리교 목사님의 주재로 일부러 교파를 초월한 뉴욕 성공회에서 거행하였다.

그 후 나는 탈종파적인 자세를 애써서 유지해오고 있다. 이렇게 하는 것이 여러모로 좋았다. 하지만 더욱 설득력 있는 이유는 상당히 깊은 차원에서 내 자신이 교파라는 것을 믿지 않기 때문이다. 사람들이 각기 다른 것처럼 신앙의 취향도 각기 달라야 한다고 나는 믿는다. 다른 종교 단체나 어떤 개인을 인정하지 않고 단 하나의 교파만 있어야 한다는 생각이 너무 싫다. 개인적으로는 어떤 교파의 교회든지 자유롭게 들어가고 싶다. 난 거기에 소속되어 있으니까.

교회가 저지른 죄

'기독교가 그저 그런 종교'라든가 '종교란 다 거기서 거기다'라고 생각했다면 마흔세 살의 나이에 기독교인이 되지도, 세례를 받지도 않았을 것이다. 내가 기독교인이 된 이유는 이성적으로 따져봤을 때, 기독교 교리가 신의 실재와 가장 가깝고 다른 어떤 위대한 종교보다 보편적인 실재에 훨씬 더 근접해 있다고 점차적으로 믿었기 때문이다. 그렇다고 다른 종교에서는 배울 것이 없다는 뜻이 아니다. 배워야 할 것이 엄청나게 많고 가능한 한 다른 종교의 지혜를 많이 축적해두는 것이야말로 교육받은 기독교인의 의무다.

기독교 교회가 저지른 가장 큰 죄는 아마도 오만함과 나르시시즘일 것이다. 이러한 오명 때문에 기독교인은 신을 꿰어다 자기 뒷주머니 속에 넣고 다닌다고 생각한다. 자신이 모든 진리를 장악하고 있어서 이 진리 이외에는 아무것도 아니라고 생각하는 사람들 그리고 자신과 다른 것을 믿는 불쌍한 얼간이들은 반드시 구원받지 못한다고 생각하는 사람들은 내 생각에 아주 초라한 신을 섬기고 있는 것이다. 이런 사람들은 자신의 신학보다 하느님이 더 위대하다는 진실을 깨닫지 못한다. 이미 말했듯이, 신이 우리의 소유가 아니라, 우리가 바로 그분의 소유다. 기독교의 이러한 편협한 나르시시즘은 복음을 전하는 데 가장 방해가 된다.

기독교인이 되었을 때, 나는 본분을 다하기 위해 교회가 저지른 죄에 대한 부담을 어떤 식으로든 떠안았는데 그중에서 오만함이 유일한 것이었다. 또 한 가지 부담은 여러 세대를 통한 교회의 악의적인 반유대주의와 같은 악행 그리고 최근에는 대학살을 막지 못한 교회의 크나큰 실책에 대해 속죄해야 하는 것이다. 만일 기독교 교회들이 나치와 기독교는 양립할 수 없다고 선언—그렇게 했어야 했다—했더라면, 나치야말로 이단보다도 더 나쁘다고 낙인찍고 모든 나치를 파문함으로써 경고했더라면, 역사의 방향은 아주 달라졌을 것이라고 나는 확신한다.

교회가 지은 죄로 말미암아 떠안은 짐 가운데 하나를 더 들라고 한다면 그것은 오해받고 있다는 것이다. 예수나 기독교에 대해서 언급하기가 무섭게, 많은 사람들은 자신이 다른 종교를 믿고 있다는 이유에서 또는 자신이 경험한 교회의 위선적인 모습 때문에 화를 낸다. 이런 사람 중 하나가 바로 아내 릴리다. 중국의 보수적인 침례교 목사의 딸로 태어난 아내는 신앙과 사랑이 설교되는 가운데 실제 분위기는 두려움과 증오가 지배했던 가정에서 자랐다.

나는 긍정적인 의미와 연관 있던 이 모든 '새로운' 개념에 흥분하기 시작했지만, 릴리에게는 그런 것들이 위선이라는 붉은 깃발을 상징했다. 우리는 아주 힘든 시간을 함께 겪어야 했다. 그러다가 점차로 훨씬 덜 '설교조'가 되어야 한다는 것을 알았고, 그녀는 기독교에도 다른 종교와 마찬가지로 여러 가지 다른 수준이 있다는 것을, 그리고 나와 그녀의 부모가 같은 수준에 있지 않다는 것을 알았다.

그래서 내 신념을 드러낼 경우, 주로 자신만이 이해할 수 있는 편협한 시각 때문에 나를 싫어하고 무시하는 사람들이 많다는 것을 이미 세례받기 전에도 잘 알았다. 하지만 예수님이 가르쳐주신 것 가운데 하나는 인생이란 인기를 얻기 위한 경연장이 아니라는 것이다. 그리고 어떤 점에서 세례를 받았다는 것은 내 자신의 죽음을 의미하며, 공개적으로 나 스스로 기독교인임을 선언하고 그에 따라 편견이라는 작은 짐을 감당하겠다는 바로 그런 행위였다.

이런 생각이었을 때 한 잡지에서 약간의 위안을 받을 수 있었다. 이 잡지의 본디 제목은 《비텐베르크의 문 *The Wittenberg Door*》이었다가 지금은 《문 *The Door*》으로 바뀌었다. 이 잡지는 기독교적인 유머를 모아놓은 책이다. 어떤 사람은 이 말 자체가 모순이라고 생각할 수도 있겠다. 이 잡지는 일군의 전도사들이 출간했는데, 이 전도사들은 교회가 저지른 죄와 너무도 만연한 신성 모독 그리고 품위 있는 복음주의의 왜곡 때문에 깊이 상심한 사람들이었다. 이들은 이런 교회의 모습을 날카로운 풍자로 다루었다. 매 호마다 가장 품위 없는 기독교 사례에 주어지는 '그린 위니 상'을 특집으로 다룬다. 어느 달에는 성서 벨트 — 작은 성경책을 넣고 다닐 수 있게 뱀 가죽으로 만든 벨트 — 가 나왔다(성서 벨트 Bible Belt란 본디 미국 남부의 근본주의적 성향이 강한 지역들을 일컫는데, 여기서는 근본주의를 풍자하기 위해 성서 벨트의 '벨트'를 몸을 묶는 '가죽띠'로 바꾸어쓴 것이다 — 옮긴이). 다음과 같은 노래가 특집으로 실리기도 했다.

나를 예수님께 차주세요
인생이라는 골대를 지나
곧바로 저 위 끝까지
정의의 골대를 향해

나는 2단계에 있는 기독교인에게 무시당했다. 어떤 사람은 나를 '적그리스도'라고 부르면서 강연 장소에서 시위하기도 했다. 또한 너무 보수적이라는 이유로 뉴 에이저들에게도 무시당했다. 스스로 중도적인 인물이라고 생각한 적이 없었는데, 이런 일을 겪으면서 내 자신이 중도적인 기독교인이라는 것을 알았다. 이 말이 좋지 않게 들릴 수 있겠지만 나는 괜찮다고 마음먹었다. 그렇다고 형세를 관망하는 것은 아니고 긴장감을 유지하기 위한 방책이다.

불교에서 중요시하는 교리 가운데 중도中道라는 것이 있다. 이는 정반대의 대립을 포용한다는 의미다. 부처 자신도 두 가지 극단적인 길—하나는 공부고 다른 하나는 고행이었다—을 추구해본 후에 결국은 중도를 택했다. 부처가 나무 아래 앉아 깨달음을 얻게 된 것은 바로 거의 굶어죽을 지경에 이르렀을 때다. 중국인은 부처를 약간 비대하게 묘사하기를 좋아했는데 그 이유는 중국 문화에서 비만함은 풍요를 의미하기 때문이다. 가끔 바짝 마르고 지친 부처의 모습을 접하기도 하겠지만 대체로 부처는 비대하지도 마르지도 않은 중간 정도로 묘사된다.

죽음 이후의 삶

불교에서 배운 내용을 활용하면서 불교에 윤회와 마찬가지로 불가지론적인 측면이 있음을 알게 되었다. 이것은 믿는 것도 아니고 안 믿는 것도 아닌, 나로서는 알 수 없는 문제라는 뜻이다.

윤회와 관련해 이안 스티븐슨이라는 정신과 의사가 있었다. 이 사람은 남은 삶 동안 윤회를 연구해왔다. 한 10여 년 전에 마지막으로 들은 그의 연구 결과는, 그는 최면을 통해 전생을 완전히 밝혀냈다. 그리고 개중에는 윤회라는 개념을 통하지 않고서는 설명될 수 없는 경우도 일곱 가지나 발견해냈다. 스티븐슨 박사 같은 혈기 왕성한 분이 윤회를 믿는다면, 거기에는 나 같은 사람이 진지하게 받아들여야 할 뭔가가 있는 것이다. 한편으로 나는 모든 것을 설명하는 데 쓸 수 있는 어떤 교리도 상당히 경계하는 편이다. 그런데 윤회라는 관념도 모든 것을 설명하는 데 사용될 수 있다. 물론 잘못 사용될 수도 있지만 말이다.

윌리엄 제임스는 《종교적 체험의 다양성 *Varieties of Religious Experience*》에서 '오래된 영혼들'이라는 개념을 제시했다. 이것은 도외시할 수 없는 개념이다. 그의 말에 따르면, 어떤 사람들은 마치 이전에 살아본 경험이 있는 것처럼 인생살이에 관한 지식을 갖고 태어난다는 것이다. 내가 아는 어떤 아이들은 너무도 번뜩이는 지혜를 가지고 있어서 나는 아이들을 위한 책 《다정한 눈꽃송이 *The Friendly Snowflake*》에다 '오래된 영혼을 지닌 어린 사람과 어린 영혼을 지닌 나이 든 사람을 위해서'라고 썼다.

윤회의 가능성에 항상 마음을 열고는 있지만, 이 문제를 다른 대안적인 방법으로 다룰 수는 없을까 하고 더욱 골몰했다. 즉, 기독교에서는 전통적으로 천국, 지옥 그리고 연옥이라는 개념으로 죽음 이후의 삶을 믿는다. 비록 연옥이란 주로 로마 가톨릭의 개념이기는 해도 정신과 의사인 내게는 어렵지 않게 생각된다. 연옥이란 격조 있게 잘 꾸며놓은 일종의 정신 요양원이라고 생각한다. 이 요양원은 신의 감독 아래서 온화하고 고통 없이 교화할 수 있도록 가장 현대적이고 잘 발달된 기술을 보유한 아주 쾌적한 곳이다.

한편으로는 육체의 부활을 가르치는 기독교의 전통적인 이념이 못마땅하다. 솔직히 내 육체를 장점이라기보다는 한계로 받아들이면서 그 육체에 계속 담겨 있기보다는 그로부터 자유로워지면 좋겠다. 나는 영혼이 육체에서 독립해서 존재한다고 믿고 싶다. 육체에서 독립해 존재할 수도 있고 심지어는 육체와는 별개로 발전할 수도 있다고 생각한다. 임사 체험을 묘사하는 모든 문학 작품은 확실히 이런 생각을 지지하는 경향이 있다.

지옥

지옥에 대한 생각은 주로 이 시대 최고의 기독교 작가인 C. S. 루이스에게 빚지고 있다. 하지만 전통적인 기독교의 견해와는 다르다. 그의 소설 《천국과 지옥의 이혼*The Great Divorce*》은 지옥—루이스는 지옥을 비참하고 우울한 영국의 중부 도시로 묘사한다—에 있던 사람들이 가까스로 천국행 버스를 타는 과정을 다룬 이야기다. 천국은 아주 밝고 유쾌하고 즐거운 곳이다. 이 사람들은 친구와 친지로부터 엄청난 환대와 온정을 받는다. 그러던 마지막 날, 이 사람들 가운데 단 한 사람을 제외하고 다시 버스에 올라탄다. 그 한 사람에 대해서는 아직 명확하지가 않다. 이 한 사람을 제외한 모든 사람은 다시 지옥으로 가기로 결정한다!

이유가 무엇일까? 루이스는 여러 예를 들었다. 무례를 무릅쓰고 과감하게 사례들을 요약해서, 대부분의 사람들이 겪은 전형적인 사건을 인용해보겠다.

버스에 있던 사람들 가운데 조카에게 환대를 받은 한 사람을 예로 들어보자. 이 남자는 천국에서 조카를 만나자 깜짝 놀란다. 왜냐하면 이 젊은이는 도무지 천국에 있기에 가당치 않다고 생각했기 때문이다. 하지만 이 조카는 아주 반기는 모습이었고 천국은 밝고 유쾌한 곳이었다. 그 남자는 이렇게 말한다. "여긴 아주 훌륭한 곳 같구나. 나도 여기에 머물고 싶다. 너도 알다시피 난 콜롬비아 대학 역사학 교수였잖니. 여기도 대학이 있니?"

조카는 대답한다. "그럼요, 삼촌."

"그럼 난 종신 재직권을 얻을 수 있겠구나."

"당연히 그러실 거예요. 천국에 있는 모든 사람은 종신 재직권이 있거든요."

삼촌은 깜짝 놀란다. "아니, 어떻게 모든 사람이 종신 재직권을 얻을 수 있단 말이냐? 적임자와 비적임자를 구분해야 되지 않겠니?"

조카는 이렇게 말한다. "여기선 모든 사람이 적임자랍니다. 삼촌."

삼촌은 더 이상 조카와 함께 앉아 있기도 싫었지만, 계속해서 질문한다. "너도 알겠지만, 나는 학장이었다. 여기서도 학장이 될 수 있겠지?"

"유감스럽지만, 여기엔 학장이란 건 없어요. 그런 식으로 일을 처리하지 않아요. 모든 사람은 저마다 책임이 있고 그래서 의견을 모아 일을 하기 때문에 학장이란 직책은 필요하지 않아요."

그러자 삼촌이 곧바로 침을 튀겨가며 툴툴거린다. "적임자와 쓰레기를 구분하지도 않는 이런 설익은 조직에 내가 참여해야 한다고 생각한다면 오산이야." 그러고는 이 남자는 버스에 올라타 지옥으로 돌아가버린다.

지옥에 대한 내 생각은 확실히 루이스와 같다. 지옥문은 넓게 열려 있다. 사람들은 지옥에서 곧바로 걸어나올 수 있다. 이들이 지옥에 있는 이유는 나오지 않기로 스스로 결정했기 때문이다. 이런 생각은 전통적인 기독교와는 아주 많이 다르다. 나 또한 전통 기독교와 다른 면이 많이 있다. 신께서 희망도 갖지 못하도록 사람들을 벌주고, 부활의 기회도 없이 영혼을 파괴하는 곳이 지옥이라는 견해를 나는 받아들일 수 없다. 끓는 기름에 사람들을 튀겨버릴 심사였다면 신은 일부러 그토록 복잡하게 영혼을 창조하지도 않았을 것이다.

효율적인 하느님

사람들은 종종 내게 영향을 준 책이 무엇이냐고 묻는다. 그럴 때면 내심 플라톤이나 아리스토텔레스 아니면 토마스 아퀴나스라고 말하고 싶다. 하지만 사실 가장 큰 영향을 준 것은 프랭크 길브레스 Frank Gilbreth가 쓴 《세상에서 가장 깊은 사랑 Cheaper by the dozen》이란 책이다. 열 살인가 열한 살 때 이 책을 우연히 접했다. 이 책은 자녀가 열둘이나 되는 부부의 실화를 담고 있다. 그리고 이 부부는 실제로 경영 능률 전문가였기 때문에 대가족을 대단히 효율적으로 꾸려나갔다. 이 책에서 처음으로 경영 능률 전문가라는 개념을 접했고 '내가 커서 본받을 만한 멋진 내용이구나!' 하고 생각했다.

어떤 면에서는 내가 이룬 것들을 이런 식으로 생각해보고 싶다. 사람들이 좀 더 효율적으로 살도록 도우려고 정신과 의사가 되었고, 이들이 유능하게 살 수 있도록 도우려고 강사와 작가가 되었으며, 집단이 더욱 효율적으로 행동할 수 있도록 도우려고 공동체 연구를 했던 것이라고 말이다.

경영 능률 전문가—내가 이렇게 불릴 수 있다면—로서 효율적으로 일을 잘해내는 사람들을 보면 감탄이 절로 나온다. 그래서 하느님이 보여주시는 효율성에 *경외심*을 가진다. 예를 들면 1982년에는 상당히 할인된 수강료로 솔트 레이크 시티에서 열린 모르몬교 집회에 참석하여 강연과 연수회에 갔다. 모르몬교에 대해서 알 수 있는 최상의 기회라고 생각했기 때문이었다. 떠나기 직전 당시 스무 살인 큰딸에게 함께 솔트 레이크 시티로 가지 않겠냐고 물었고 딸아이는 그러겠다고 했다. 결국 이 기회는 나와 딸의 관계를 회복해준 시간이 되었다. 우리는 그곳에서 좋은 친구를 여럿 사귀었고 모르몬교를 배우고 싶다는 내 바람을 전부 이룰 수 있었다. 일정은 매우 성공적이었다.

코네티컷으로 돌아온 후 사흘쯤 지났을 때 한 여인에게서 진료 예약 전화를 받았다. 그녀는 며칠 후에 왔는데 알고 보니 모르몬교 도였다. 그녀는 자신이 한편으로는 모르몬교 교회에서 성장했지만, 다른 한편으로는 그 때문에 압박감을 느끼고 마찰을 일으키기도 한다고 말했다. 만일 그 회의에 참석하지 않았더라면, 진정으로 내 일처럼 그녀를 깊이 이해할 수도 없었고 그녀가 겪은 딜레마에 공감할 수도 없었을 것이다. 현재 코네티컷 북서부의 시골에는 모르몬교도가 그렇게 많지 않다. 이곳에서 십 년 동안 바쁘게 환자들을 봐왔지만 이런 환자가 내 진료실 문턱을 넘어온 것은 그때가 처음이었다. 나는 물었다. '하느님, 이 여인을 치료하도록 준비하라고 저를 솔트 레이크 시티로 보내신 겁니까?' 그러고 나서 그 여행에서 성취한 모든 이로운 일들을 생각해보았다. 결론은 하느님의 효율성에 놀랄 따름이었다. 쓸모없는 행위란 아무것도 없다!

릴리와 내게는 꽃밭이 하나 있는데 여러 해 동안 즐겁게 돌봐왔다. 꽃밭은 그냥 생기는 것이 아니다. 정말로 멋진 꽃밭을 가꾸려면 엄청난 돈과 시간을 들여 사랑하고 돌봐야 한다. 이토록 많은 열정과 관심을 쏟아 부은 이 정원을 불도저나 화염 방사기로 못쓰게 만든다는 것은 상상할 수도 없는 일이다. 나는 우리가 죽은 이후의 삶에 대해서도 이와 같이 생각한다. 하느님이 효율적인 분이라는 것을 안다면, 그토록 많은 에너지를 쏟아서 영혼을 창조했는데 그것을 흔적도 없이 지워버리거나 황폐하게 만든다는 것은 도무지 이치에 맞지 않는다. 그 이상 뭔가가 있는 것이 틀림없다.

천국

지금까지 지옥과 연옥에 대해서 이야기했다. 그렇다면 천국은 어떤가?

요즘 어떤 사람들은 나를 '어설픈 신학자'라고 말한다. 아무래도 이 말에는 신을 공부하지도 않으면서 신에 관해 떠드는 사람이란 뜻이 담긴 것 같다. 하지만 진짜 신학자들도 대체로 동의하는 것 가운데 한 가지는 신께서 다양성을 좋아하신다는 것이다. 다양성 속에서 신은 기뻐한다. 나른한 여름날 오후에 풀밭에 앉아 주변을 돌아보라. 꼼짝 않고 가만히 앉아만 있어도, 여러 종류의 수많은 식물을 볼 수 있을 것이다. 각기 다른 종의 수많은 곤충이 윙윙거릴 것이다. 그리고 현미경이 있어서 땅속을 들여다볼 수 있다면, 온통 뒤엉킨 채 사회와 문화를 이루고 있는 박테리아나 바이러스를 볼 수 있을 것이다. 이 얼마나 다양한 세상인가!

인간이라는 종을 들여다보자. 해를 거듭할수록 인간 존재의 그 놀라운 다양성에 감명을 받는다. 그뿐 아니라 그 다양성에 점점 더 의존한다. 인간은 남자와 여자, 이성애자와 동성애자, 백인과 황인 그리고 흑인, 노인과 젊은이, 유대인과 기독교인 그리고 이슬람교인과 힌두교인 등으로 이루어져 있다. 만일 세상사람 모두가 성공회 교인이라면 이 세상은 얼마나 지루하겠는가!

하느님께서는 다양성을 사랑하신다. 따라서 확실하게 추측할 수 있는 천국의 모습은 솜털 같은 구름 주변에 똑같이 생긴 케루빔들이 표준 크기의 후광과 하프를 들고 앉아 있는 진부한 관념과는 일치하지 않는다는 것이다. 아마도 장례식에서 가장 흔하게 인용되는 문장은 '나의 아버지가 계신 곳에는 많은 집이 있으니'일 것이다. 어렸을 때는 이 말이 엄청난 크기만을 표현하는 것이라고 생각했다. 하느님의 집—또는 천국—은 어마어마하게 커서 그 안에 수없이 많은 집이 포함되어 있다는 뜻으로 생각했다. 하지만 지금은 다양성을 드러낸 표현으로 이해한다. 그리고 우리가 천국에 가면, 거기서 정말로 많은 집을 볼 것이라고 짐작한다. 어떤 집은 식민지 형태로, 어떤 집은 목장 형태로, 어떤 집은 벽토 또는 나무로 되어 있을 것이다. 어떤 집에는 수영장이 있을 테고, 어떤 집은 절벽에, 어떤 집은 계곡에 지어질 것이다. 내 아버지 하느님의 거처에는 많은 집이 있을 것이다!

이 이상은 난 모른다. 천국이나 지옥 그리고 연옥에 관한 모든 내용은 소위 '관념 신학'에 속한다. 우리가 할 수 있는 최선의 방법은 머릿속으로 추론하는 것이다. 우리가 죽어서 육체에서 자유로워져야만 비로소 알 수 있다.

종교적인 인간 이전의 일차원적인 자신의 정체성을 알고자 한다면 그것은 과학자의 몫이다. 과학자는 소위 경험론자다. 경험론자는 지식에 이르는 가장 좋은 길—유일한 길이 아니라 최선의 길―은 경험을 통하는 것이라고 주장한다. 우리가 배울 수 있고, 실제로 알 수 있게 해주는 실험―혹은 통제된 경험―이 아니라면, 과학자들이 무엇을 하겠는가?

따라서 내가 신에 대한 이 보잘 것 없는 지식에 이른 것은 인생의 경험―은혜로운 경험―을 통해서다.

이런 점에서 나는 칼 융과 많이 닮았다. 인생의 말년에 그는 다큐멘터리 형식의 인터뷰를 허락했다. 질문자는 무미건조한 질문을 수없이 한 이후에 마지막으로 말했다. "융 박사님, 박사님의 책에서는 종교적인 냄새가 많이 납니다. 신을 믿으십니까?"

그 당시 여든세 살이었던 융은 파이프 담배 연기를 천천히 내뿜고는 이렇게 말했다. "신을 믿느냐고? 무엇인가가 진짜로 있다고 생각하지만 그것을 입증할 실질적인 증거물이 없을 때, '믿는다'는 단어를 사용하지. 아니, 난 신을 믿지 않아. 신이 존재한다는 사실을 알고 있어."

물질과 영혼

오늘날 우리는 뭔가에 굶주려 있다. 그래서 유물론과 과학적인
진보로 얻어진 해결책에 만족하지 못하고 내적인 삶을 갈망한
다……. 미국인은 점차적으로 정신과 영혼에 호소함으로써 해결
책을 찾고 있다.

이 고귀한 글귀는 영감을 불어넣어주는 최신 베스트셀러에서
따온 것이 아니다. 《U. S. 뉴스 & 월드 리포트》 1992년 12월 7일자
판에 실린 글이다. 이 잡지는 5쪽에 걸쳐 왜 칼 융이 죽은 지 30년
이나 지나서도 그토록 관심을 끄는지 설명한다. 그 이유는 융이야
말로 심리학과 영성, 종교와 과학을 절묘하게 결합하였기 때문이
라고 결론 내렸다.

《아직도 가야 할 길》에 '대중적으로 해석된 융'이라는 설명이
붙은 적도 있다. 그리고 이 책이 유명세를 탄 것도 마침 이러한 '고
통스러운 불만'이 고개를 들기 시작할 때, 시기를 잘 맞춰 출간되

었다는 사실과 상당한 연관이 있는 것 같다. 이 책이 유명해졌을 때, 난 적잖이 놀랐다. 왜냐하면 이 책에서 새로운 주장을 펼친 게 하나도 없었기 때문이다. 나는 칼 융이나 윌리엄 제임스 그리고 다른 몇몇 사람이 나보다 앞서 이야기한 것을 그저 다시 되풀이하여 말했을 뿐이다. 그때 깨달았다. 내 얘기가 새로운 것은 아니었지만(즉, 그전에도 있었지만) 전에는 사람들이 듣지 않았던 것이다. 이제야 사람들은 주의를 기울일 준비가 되었던 것이다. 사람들에게 어떤 변화가 일어나고 있음을 나는 깨달았다.

출간된 직후에 《아직도 가야 할 길》은 성경 벨트에 사는 기독교인에게 대단한 호소력이 있었던 것 같다. 그러자 강연 요청이 쇄도하기 시작했고 강연을 들으러 여러 지역에서 사람들이 엄청나게 몰려왔다. 나는 근본주의자가 아니었으므로 이런 상황이 벌어지자 상당히 놀랐다. 하지만 그런 과정에서 깨달은 것이 있다면 내 이야기를 듣고 싶어 하는 사람들은 성경 벨트에 살고는 있지만 근본주의 정신을 공유하지는 않았다는 것이다. 너무나 많은 사람들이 신과 영성을 향한 열망을 간직하고는 있지만, 모든 해결책을 가졌다고 주장하면서도 미스터리는 다루지 않는 흑백이 분명한 종교적 신앙에는 뼛속 깊이 염증을 느낀다. 이런 사람들은 신선한 공기를 갈망한다. 이들에게는 유물론적인 과학과 엄격하게 교조적인 신학 사이의 간극을 메울 방법이 필요하다.

이러한 간극이 왜 존재하는지 이해하려면, 심리학이 나타나기 이전 시대로 돌아가야 한다. 종교와 과학의 관계를 역사적으로 검토해볼 필요가 있기 때문이다.

250여 년 전, 본디 종교와 과학은 하나로 통합돼 있었다. 이러한 통합의 형태를 철학이라고 불렀다. 플라톤이나 아리스토텔레스와 같은 초기 철학자 그리고 토마스 아퀴나스 같은 이후의 철학자들은 과학적인 소양을 지닌 사람들이었다. 이들은 증거에 따라 사유했으며 모든 전제에 의문을 던졌지만, 또한 신이 본질적으로 실재한다고 믿어 의심치 않았다.

이러한 풍조는 16세기에 퇴조하기 시작하다가, 갈릴레이가 종교 재판에 소환된 1633년에 좌초되었다. 이 사건이 파생한 결과는 매우 확실히 사람들을 불편하게 만들었다. 또한 지구가 태양 주변을 돈다는 코페르니쿠스 이론에 대한 신념을 철회할 수밖에 없었던 갈릴레이에게도 불행한 결과를 낳았다. 결국 갈릴레이는 여생을 가택 연금 상태에서 지내게 된 것이다. 하지만 사태는 곧바로 교회에 더욱 불리하게 돌아갔다.

연이어 무슨 일이 벌어졌는지 설명하기 위해 잠시 상상의 나래를 펼쳐보자. 때는 1705년, 우리는 영국의 런던에 있으며 앤 여왕의 비밀 집무실에서 열린 비밀회의를 목격할 특권이 주어졌다. 이 회의에는 로마에서부터 비밀리에 참석한 교황 클레멘트 11세도 참석했다. 여왕의 소환에 응해서 이 회의에 참석한 또 한 사람이 있었는데 다름 아닌 아이작 뉴턴이다. 뉴턴은 자연에 관한 지식을 개선하기 위해 왕립학회의 실험실에서 달려왔다.

여왕은 이런 말로 회의를 시작했다. "다들 아시겠지만, 나는 정치적 질서와 문명의 안위를 보호하기 위해 신께 받은 책임이 있습니다. 신의 은혜로 이러한 책임을 완수하도록 나를 돕겠다는 비밀

전갈을 보내신 성하陛下(로마 교황에 대한 존칭―옮긴이)께 감사드립니다. 이 회의가 열리도록 발의하셨으니, 성하께서 뉴턴 선생에게 전갈의 내용을 전달해주시면 감사하겠습니다."

"감사합니다, 여왕 폐하." 교황은 이런 말로 이야기를 시작한다. "뉴턴 선생께서도 아시겠지만, 갈릴레이 사태는 여러 해 동안 교회를 상당히 당혹스럽게 만들었습니다. 내가 할 수 있는 일이라고는 지금이야말로 과학과 종교 사이의 분쟁을 치유할 수 있는 가장 좋은 때라는 걸 여왕께 제안드리는 것이었습니다."

그러자 여왕이 말한다. "이 일은 국정의 최고 관심사일 겁니다."

그때 뉴턴이 지난 세기 동안 발전해온 과학의 의미와 목적은 종교 시대와는 사뭇 다르다고 응수한다. "관념적인 철학자의 시대는 끝났습니다. 어떻게 하면 시계를 되돌릴 수 있는지 또는 꼭 그렇게 해야만 되는지 잘 모르겠습니다." 뉴턴은 이렇게 말한다.

"매우 동감입니다, 뉴턴 선생. 진정한 재결합은 불가능할지라도 적어도 과학과 종교 공동체 사이에 조정을 통한 화해는 분명히 가능할 것입니다"라고 교황이 말한다.

뉴턴이 물었다. "제가 어떤 일을 하기를 바라십니까?"

"일종의 거래예요, 아이작. 거래를 할 시점이 됐어요." 여왕은 이렇게 말한다.

"일종의 협약입니다, 뉴턴 선생. 교황청의 대표자로서 나는 다음과 같은 협정을 맺을 권한이 있습니다. 교회는 더 이상 과학 단체의 정회원을 괴롭히지 않을 겁니다. 단, 과학 단체가 과학을 근거로 종교적인 문제에 간섭하지 않는 한 말입니다."

이 말을 받아 여왕은 이렇게 말한다. "아이작, 잘 들어보세요. 우리가 제안하는 것은, 안정적인 힘의 균형과 서로 등을 긁어줄 수 있는 협력 관계를 통해서 상대방의 영역을 서로 존중해주자는 겁니다. 이 내용은 기왕에 존재하던 경계와도 부합합니다. 당신의 왕립학회—최근 나의 후원과 보호 아래 번성한다는 말을 덧붙일 수도 있겠지만—의 목적은 그 이름에서도 알 수 있듯이, *자연에 대한 지식을 증진하는 것입니다. 한데 자연에 대한 지식은 *초자연적 지식과는 전혀 다릅니다. 그리고 당신도 동의하리라 확신하지만, *초자연적인 지식은 교회의 직분에 합당한 것이지요."

"정치가 정치인에게 합당한 영역인 것과 마찬가지입니다." 교황이 말한다. "자연 지식에 대한 과학적인 탐구는 세속적인 정치의 엉뚱한 행동 때문에 훼손되어서는 안 됩니다. 만일 과학이 종교적인 문제는 말할 것도 없고 정치적인 관심사도 초월해버린다면, 과학적인 연구를 수행하는 데 점점 필요하게 될 복잡한 설비는 물론이고 대학 내의 과학부에 정부 보조금 형태로 지원이 가능할 것이라고 예상할 수 있습니다."

"물론 가능합니다." 여왕이 말한다. "우리가 생각해온 대로 순수 과학이라는 이념을 당신께서 기꺼이 지지해주신다면, 교회는 순수한 과학자의 모습을 대중적인 영웅으로 만들어낼 수 있습니다."

"자연 현상에만 고유하게 국한된 과학 연구에 국민의 세금을 사용할 수 있도록 길을 여는 것이 어떤 것일까요?"

뉴턴은 오랫동안 생각에 잠긴 채 조용히 앉아 있다. 마침내 뉴턴이 입을 연다. "그렇군요. 협정을 맺으면 얻게 될 이점에 다소 구미가 당기는군요."

여왕이 미소 짓는다. "왕립학회의 수장으로서 아이작 당신은 기독교 전체에 가장 영향력 있는 과학자입니다. 만일 당신이 우리가 설명한 순수 과학이라는 이상의 형성을 지지한다면, 앞으로 다가올 수세기 동안 기독교 문명의 안정을 보장해줄 큰 족적을 남기는 것이 될 겁니다. 그건 의심할 여지가 없어요. 하지만 당연히 이모든 일은 은밀히 진행해야 합니다. 민감한 사안이니까요. 또 관점의 문제이기도 하고요. 이 회의에 대해서 누구에게도 언급할 필요는 없다고 봐요. 팡파르 없이 모든 일이 진행돼야 합니다. 당신의 협조를 믿을 수 있다는 것도 알고 있어요."

"제가 할 일이 뭔지 알겠습니다, 여왕 폐하." 뉴턴은 이렇게 대답한다.

"감사합니다. 아이작. 그건 그렇고, 당신은 비밀을 지킬 테니 올해가 가기 전에 당신께 기사 작위를 수여할 것을 신중히 고려한다는 말씀을 드려도 괜찮겠군요."

비밀 계약

내 상상은 이렇게 끝난다. 당연히 이런 회의는 열린 적이 없다. 하지만 이런 식으로 정부, 과학 그리고 종교 사이의 영역을 구분하는 비밀스러운 사회 계약은 17세기 말과 18세기 초까지 성행했다. 이런 계약이 의도적으로 이루어진 것은 아니지만 시대적 요청에 따른 거의 무의식적 대응이었다. 그런데도 이러한 계약은 그 이후로 과학과 종교의 본질을 결정하는 데 결정적인 구실을 한다.

실제로 이것은 인류의 엄청난 지적 사건으로 간주될 수도 있다. 이로부터 모든 바람직한 사회관계가 나왔기 때문이다. 종교 재판은 자취를 감추고, 종교인은 마녀 사냥을 중지했으며, 교회의 자산은 수세기 동안 그대로 간직되었고, 노예제가 폐지되고, 무정부주의 대신 민주주의가 성립했다. 그리고 과학이 자연 현상에만 국한됨으로써, 모든 사람들의 서툰 예상을 뛰어넘는 기술적인 혁명이 일어나면서 지구의 문화를 발전시킬 정도로까지 크게 발전하였다.

문제는 이러한 비밀 사회 계약이 더 이상 효력을 발휘하지 못한다는 데에 있다. 사실 지금에 와서는 노골적으로 사악하게 변하고 있다. '*사악하다* diabolic' 란 말은 그리스 어 '*diaballein*' 에서 나왔고 그 의미는 '갈라놓다, 분리하다, 구획하다'이다. 이 말은 '합치다, 통합하다'라는 뜻을 지닌 그리스 어 '*symballein*'에서 유래한 '상징적이다 symbolic'의 반대말이다. 비밀 사회 계약 때문에 지금 우리는 갈라지고 있다.

구획의 나쁜 점

1970년에서 1971년 사이에 군 복무를 할 때 사람들과 베트남 전쟁에 관해 이야기하면서 펜타곤(미국 국방부 건물—옮긴이) 복도를 어슬렁거리곤 하였다. 제복을 입고 있었기 때문에 눈치를 보지 않아도 되었다. 내가 전쟁에 대해 묻자 사람들은 이렇게 말했다. "예, 펙 박사님. 박사님의 관심사는 이해합니다. 하지만 아시다시피 우리는 지금 병기부에 소속되어 있어요. 우리는 네이팜 폭탄을 만들어서 제때에 베트남에 보내는 것만 책임지면 돼요. 정말이지 우리는 전쟁과는 아무런 관계도 없어요. 전쟁은 전략부가 책임질 일이거든요. 복도 아래로 내려가서 전략부 사람들과 이야기해보시죠."

그래서 나는 복도 아래로 내려가서 전략부 사람들과 이야기를 나누었다. 그들은 이렇게 말했다. "예, 펙 박사님. 박사님의 관심사는 알겠어요. 하지만 여기는 전략부고 우리는 단지 전략을 수행할 뿐이에요. 전략을 만들어내는 건 우리가 아닙니다. 전략은 백악관에서 만들어냅니다." 결국 펜타곤 전체가 베트남 전쟁하고는 아무 상관도 없는 것 같았다.

이와 똑같은 유형의 구획화 현상이 대규모 조직에서도 발생할 수 있다. 기업이나 정부의 여러 부서들, 병원이나 대학 그리고 교회 등에서도 이런 일이 일어날 수 있다. 어떤 제도가 규모가 커져서 상위와 하위 등으로 구획화되면, 그 제도의 정신도 파편화되고 희석되어 사실상 사라진다. 그리고 그 조직은 본질적으로 악해진다.

이와 같은 구획화 현상은 개인에게도 마찬가지로 발생할 수 있다. 인간이라는 존재는 서로 연관된 것들을 긁어모아 따로따로 분리된 밀폐 수납 칸에 집어넣는 데 탁월한 능력을 발휘한다. 서로 부딪칠 일이 없기 때문에 별다른 어려움을 초래하지도 않는다. 누구나 이런 사람들을 익히 보아왔을 것이다. 일요일 아침만 되면 교회에 가서 자신이 하느님과 하느님의 피조물들 그리고 다른 사람까지도 사랑한다고 믿으면서, 월요일 아침에는 유독성 폐기물을 그냥 강으로 흘려보내라는 회사의 지시를 별다른 갈등 없이 따른다. 이 사람은 한쪽 칸에는 종교를 집어넣고 다른 칸에는 자기 일을 집어넣고 있기 때문에 그런 일을 스스럼없이 할 수 있는 것이다. 이런 사람을 소위 '일요일 아침 교인'이라고 부른다. 이런 식으로 행동하면 편리하기는 하지만 성실함이나 완전함과는 정말 거리가 멀다고 하겠다.

'완전함integrity'이라는 말은 '통합하다integrate'라는 말과 같은 어원에서 유래한다. 이 말의 의미는 '구획하다'의 반대말로 '전체를 달성하다'라는 뜻이다. 구획하는 일은 쉽다. 그러나 완전함에는 고통이 따른다. 하지만 완전하지 않으면 전체를 이룰 수 없다. 완전함에 이르기 위해서는 인생 속에서 서로 충돌하는 힘과 사상 그리고 시련에 전적으로 열려 있어야 한다.

임신 중절과 완전성

임신 중절은 논란이 많은 문제다. 그동안 이 문제를 완전성이라는 측면에서 해결해보려고 여러모로 노력해왔다. 생명이 언제부터 시작되는지—임신 후 첫 번째 3개월이든 두 번째 3개월이든—그 순간을 자의적으로 결정하는 것은 단지 문제를 피하려는 것처럼 보인다. 생生은 수태되는 그 순간부터 시작되고 생을 어떤 식으로든 중지하는 것은 생명을 죽이는 것이다. 단순한 요구에 따른 임신 중절이라는 수단은 슈바이처가 말한 '생에 대한 존중'을 줄이는 방향으로 흐른다.

다른 한편으로 여성의 삶을 생각해보자. 여성은 출산일까지 아이를 잉태함으로써 삶에 심각한 타격을 입는다. 비록 여성이 아이를 포기하고 입양할 의도가 있다고 하더라도 말이다. 그리고 모든 아이가 입양될 수 있는 것도 아니다. 아이를 양육할 능력도 없는데 아이를 낳아 키우려 할 때도 이들의 삶은 상처를 입는다. 따라서 내게는 임신 중절에 대한 확실한 해결책이 없다. "중절을 해서는 안 됩니다"라고 하는 단순하고 일차적인 해결책으로는 임신 중절을 근절할 수 없다고 말하는 것 외에는.

사회적인 해결책을 질문받을 때마다 내가 잘 쓰는 방법은 "빠뜨린 것이 무엇인가?"라는 질문을 명심하는 것이다. 만일 '중절을 해서는 안 된다'라는 법에서 빠뜨린 것이 무엇인지 질문한다고 해보자. 그럴 경우 얻을 수 있는 답은 책임감이다. 책임감을 빠뜨렸다. 국회의원들은 그저 "그 아이를 반드시 낳아야 한다"라고 선언함으로써 태어나지도 않은 아이의 어머니 또는 부모에 대한 자신들의 책임을 피하려 든다. 그들은 그 책임감을 어디에 처박아둔 것일까? 어디에서도 그 책임감을 찾아볼 수 없다. 그러나 이들은 아이를 낳으라고 해놓고서는 일단 아이들이 태어나면 결코 책임지려 하지 않는다. 따라서 "임신 중절을 해서는 안 된다"라고 선언하는 법에서 연민이나 완전성은 찾아볼 수가 없다.

우리가 진실로 동정심과 완전성을 갖고서 "임신 중절을 해서는 안 된다"라고 말할 수 있는 날이 오기를 고대한다. 이것을 실현할 수 있는 유일한 길은 공동체 내에서 하는 것이다. 임신 중절을 허가하든 금지하든 그것은 공동체가 결정할 문제가 돼야 한다. 임신 중절을 용인한다면 그러한 결정으로 인한 일말의 죄책감은 공동체가 직접 떠안아야 한다. 그러나 임신 중절을 허가하지 않는다면, 아이는 물론이고 그 부모에 대한 재정적·정신적 복지를 공동체가 책임져야 한다. 물론 미국에는 아직 이런 요구를 충족하거나 그 비용을 떠맡아줄 공동체가 충분히 형성돼 있지 못하다. 따라서 적어도 그렇게 될 때까지는 임신 중절에 반대하는 정책은 무책임하다고 볼 수 있다. 그런 정책은 이미 시대에 뒤떨어져 결국 우리를 40년 전으로 되돌려놓게 될 것이다.

그래서 완전성을 염두에 두려 할 때―수반되는 고통을 기꺼이 참는 한―반드시 해야 할 일은 다음의 간단한 질문을 기억하는 것이다. "빠뜨린 것이 무엇인가?" 그러나 이렇게 생각하기가 항상 쉬운 것만은 아니다. 어떤 수준에 이르면 우리 개개인이 모든 일에 책임이 있음을 조만간 알게 될 것이기 때문이다.

빠뜨린 것이 무엇인가?

내가 처음으로 '무엇이 빠졌는지' 알아내는 방법을 배운 것은 한국전쟁이 한창인 때였다. 당시 열네 살 소년이던 나는 아침마다 《뉴욕 타임스》를 사러 갔다 오기를 아주 좋아했다. 하루는 37대의 미그기(소련의 대표적인 전투기로 한국전쟁에서는 미그15기가 유명하다 ― 옮긴이)가 추락했다는 기사를 읽었다 ― 미 공군은 단 한 명의 사상자도 없이 크게 승리했다. 그다음 날에는 41대의 미그기가 격추되었으며 미군 비행기는 무사히 귀환했다는 기사를 읽고 즐거워했다. 그다음 날에는 43대의 미그기가 격추되었고, 미군의 비행기는 단 한 대만 실종되었다는 기사를 읽었다. 그다음 날에는 39대의 미그기가 격추되었고 미군 비행기는 모두 무사했다. 또 다음날에는 43대의 미그기가 격추당했고 미군 비행기 한 대가 가벼운 피해를 입었다. 나는 미군 비행기나 조종사들에게 피해가 발생한 것에 대해서는 그것이 아무리 미미해도 마음이 아팠지만 당시의 통계 숫자에는 기뻐하고 있었다. 그런데 《뉴욕 타임스》는 이러한 결과를 미국의 우수한 비행기 기술력과 러시아의 조잡한 비행기 제조 기술의 차이 때문이라고 설명했다. 또한 미군 조종사들은 대응 능력이 한참 뒤떨어지는 가난한 중국이나 북한 조종사들보다 훨씬 우수한 훈련을 받았다고 전했다.

　《뉴욕 타임스》는 그 후 계속해서 중국이나 러시아를 후진국으로 언급하면서 몇 년간 이러한 통계 숫자를 들먹였다. 그런데 그때 나는 의문이 들었다. '조잡하게 만들어져서 격추됐다고는 하지만 후진국이라면서 어떻게 그런 미그기를 만들 수 있었을까?' 그리고 얼마 후에 '뭔가 *빠뜨린* 것이 있구나' 하는 생각이 들었다. 그 이후로는 《뉴욕 타임스》의 기사를 액면 그대로 받아들이지 않는다.

의과 대학에 다니면서 릴리와 나는 에인 랜드Ayn Rand의 《무시당한 아틀라스*Atlas Shrugged*》라는 책을 읽으면서 다시 한 번 이 교훈을 배울 수 있었다. 이 책은 엄격한 개인주의와 무제한적인 자기 이익을 추구하는 철학을 너무도 강하게 드러내 차라리 공화당 우파로 입장을 바꾸고 싶을 정도였다. 하지만 해결되지 않은 뭔가 모호한 것이 나를 괴롭혔다. 그런데 책을 읽고 열흘이 지나서야 비로소 120쪽 가량 되는 이 파노라마 같은 소설 속에 아이들이 전혀 등장하지 않는다는 것을 알았다. 아이들이 빠진 것이다. 바로 이 지점에서 무제한적인 자기 이익과 엄격한 개인주의를 표방하는 랜드의 철학에 서서히 금이 가기 시작한다. 이 사회에는 다른 사람의 도움을 필요로 하는 아이들과 사람들이 여전히 많기 때문이다.

수련의 시절에 이 모든 교훈을 한꺼번에 얻을 수 있었다. 그때 환자가 하는 말은 환자가 하지 않은 말보다 중요하지 않다는 것을 알았다. 환자가 현재와 미래에 대해서는 자유롭게 말하면서 과거를 말하지 않는다면, 분명 그 환자에게는 과거에 완전히 끝맺지 못한 어떤 문제가 있는 것이다. 또한 환자가 과거나 미래는 스스럼없이 말하다가도 현재에 대해서는 입을 다문다면, 역시 문제는 현재에 있다—주로 상처받기 쉬운 '지금 여기'에 있는 문제일 것이다. 아니면 과거와 현재에 대해선 술술 말하는데 미래는 언급을 꺼린다면 미래에 대한 문제, 즉 희망이나 믿음과 같은 문제로 추측할 수 있다.

정신 의학에서의 구획화

환자의 희망이나 신앙, 그리고 기타 상황 중에서 하나가 문제가 될 때, 이것이 통합되지 않고 구획화된다거나 가치의 문제를 무시할 경우 결국 심리 치료는 실패한다. 수련의 시절 우리는 순수 과학의 모델에 따라 정신과 치료에서는 가치를 배제해야 한다고 배웠다. 의사들은 가치가 수반된 모든 문제에 입장을 명확히 해야 하고 자신의 가치를 환자에게 주입하지 않기 위해 최선을 다해야 한다. 만일 의사가 자신의 가치관을 환자에게 주입하면 상호 전이라는 뜻하지 않는 현상이 일어나 치료는 왜곡되고 더 이상 제대로 된 치료를 할 수가 없다.

그런데 정신과 레지던트 과정에서 들었던 강의는 이렇게 강조했다. 유능한 의사라면 환자를 두세 번 만나면서 "제가 당신을 판단하려고 여기 있는 것은 아닙니다" 하고 말할 수 있어야 한다는 것이었다. 그래서 진심으로 실천에 옮기기 위해 나는 장기간 치료를 받는 외래 환자들을 만나면 진짜로 그렇게 말했다. 하지만 말도 안 되는 소리였다.

치료를 시작한다는 것은 상당한 용기를 필요로 하는 행위다. 환자들이 자신에 대한 판단을 감수하지 않고는 아무것도 성취할 수 없다는 것을 이미 알기 때문이다.

문제의 핵심은 지금까지 가치가 배제된 정신과 치료란 존재해 본 적이 없다는 것이다. 정신과 의사들은 자신의 가치 체계를 의식하지 못하지만 이들이 널리 활용하는 가치 체계는 세속적인 인문주의다. 이 가치 체계는 세속적인 문제를 강조하고 초월적인 관심사는 무시한다. 하지만 여러 면에서 이 체계는 상당히 훌륭하다. 그래서 이 가치 체계를 공격하는 많은 사람은 결국 자신이 비난하는 세속적인 인문주의자처럼 되도록 권고받게 될 것이다.

세속적인 인문주의에 관한 두 가지 예를 들어보자. 무신론자 프로이트는 '사랑'을 의미하는 'lieben'과 '일'을 의미하는 'arbeiten'이라는 말로 정신 건강을 정의했다. 사랑을 잘하는 것은 일을 생산적으로 하는 것처럼 세속적인 인문주의가 표방하는 가치다.

또 다른 예를 들어보자. 15년 전쯤에 극심한 우울증에 시달리던 한 여자 환자를 치료했는데 그녀와 이야기하는 것은 이를 뽑는 것만큼이나 고통스러웠다. 함께 치료를 진행하던 첫해에 그녀가 진료실에 와서 하는 말이라고는 "글쎄요, 전 이번 주 내내 더 우울했어요"였다. 내가 "왜 그렇다고 생각하세요?" 하고 물으면 그녀는 곧바로 대답한다. "모르겠어요." 또 어떤 때는 "이번 주에는 덜 우울했어요"라고 말한다. 그러면 나는 또 묻는다. "왜 그런 것 같으세요?" 그러면 어김없이 기다렸다는 듯이 대답한다. "몰라요."

결국 나는 이렇게 말했다. "저는 환자분께 뭔가 이유를 생각해보라고 매번 부탁했어요. 그런데 천분의 1초도 안 돼서 '모른다'고 대답하시는군요. 도무지 생각을 하지 않으세요. 더 진행하기 전에,

환자분은 먼저 생각하는 방법을 배워야 할 겁니다." 생각은 세속적인 인문주의의 가치다.

세속적인 인문주의라는 가치 체계만 있으면 정신 질환자의 60퍼센트 정도를 치료하는 데 충분하다. 하지만 40퍼센트에 달하는 사람들을 치료하기에는 부족하다. 그렇기 때문에 예를 들어 이 40퍼센트 안에 들어가는 알코올의존증 환자들을 치료하는 데는 정신 의학보다 AA가 훨씬 더 효과적이었던 것이다. 왜냐하면 앞에서 논의했듯이 AA에서는 이런 사람들의 영적인 욕구를 충족시켜주기 때문이다. 사실 세속적인 인문주의적 가치를 지닌 전통적인 심리 요법으로는 이들의 영적인 욕구를 충족시켜주지 못한다.

영적·종교적 사상이나 개념은 약물 중독자나 알코올의존증 환자뿐만 아니라 많은 사람을 치료하는 데 필수적이다. 공포증에 시달리는 사람들도 이 경우에 딱 맞다. 어떤 거리나 고양이, 비행기 등에게 특별한 공포증이 있어서 치료받으러 왔던 모든 사람을 더 깊이 파악해봤을 때 그들이 국도나 개, 기차 등에는 그다지 예민하지 않다는 것이 밝혀지기도 했다. 그들은 삶에 대한 공포가 있었던 것이다. 이들에게는 내가 소위 '공포증 성격'이라고 일컫는 특징이 있었다.

수년 동안 이런 환자들과 심리 치료를 진행하면서 이들의 세계관에는 공통적으로 두 가지 두드러진 특징이 있음을 알 수 있었다. 첫째는 이들은 세상을 아주 위험한 곳으로 여긴다. 둘째 이들은 약삭빠르게 대처해야 살아남을 수 있는 이 위험한 세상에서 자기 혼자뿐이라고 생각한다. 이런 식으로 생각하면서 공포증을 통해 자신의 행동반경을 제한하고, 이 세상을 자신이 완전하게 제어할 수 있는, 안심할 수 있는 공간으로 좁히려고 한다.

15년 전쯤 물과 수영을 특히 두려워하는 한 여성을 치료한 적이 있다. 그녀에게는 다섯 살과 일곱 살 된 아이들—수영장에서 놀 나이—이 있어서 이런 공포증이 특히 성가셨다. 그녀는 아이들과 수영장에 가기를 두려워했다. 1년 정도 치료를 받았을 때 하루는 진료실에 와서 너무나 즐거운 주말을 보냈다고 말했다. 일요일에 수영장 파티에 다녀왔는데 거기에서 아이들과 수영을 즐기며 너무나 좋은 시간을 보냈다는 것이다. 내가 아는 범위에서는 어떠한 심리 역학적인 의미도 찾을 수가 없어서 머리를 긁적이며 그녀에게 말했다. "수영하는 것을 두려워하셨잖아요." 그러자 그녀가 말했다. "네, 그래요. 하지만 이제는 수영장이 두렵지 않아요." 나는 당혹스러웠다. "어째서 수영장이 두렵지 않게 되었나요?" 내가 물었다. 그러자 그녀는 이렇게 말했다. "수영장에서는 물속이 들여다보이잖아요."

그래서 그녀가 두려워한 것은 수영이 아니라 호수와 강과 바다라는 것을 알게 되었다. 그녀는 발목이나 무릎까지만 물속에 넣을 수 있었는데 그 이상을 넘어가면 자신의 발가락을 볼 수 없었기 때문이었다. 발가락에 무슨 일이 일어날지 알 수 없다! 그녀는 발가락을 제어할 수 없었던 것이다.

시간이 지난 후, 이런 사람들이 더 편안한 세계관을 *받아*들이도록 돕지 않고는 치료할 방법이 없다는 것을 깨달았다. 즉, 이 세상은 생각보다 위험하지 않으며 적어도 외롭게 혼자 있는 게 아니라

신의 은총을 통해서 보호받을 수 있는 곳이라는 관점이 필요하다.

종교적인 개념을 *분별 있게* 사용할 수 있다면 전통적인 접근 방식에 민감한 여러 사례에서 심리 치료의 효과를 강화하거나 촉진할 수 있다고 생각한다. 사람들은 그러한 개념들을 통해 정면으로 대응하거나 그로부터 위로받을 수도 있다. 예를 들면 자책감에 빠지지 않도록 해야 할 때, 나는 예수께서 우리에게 즐겁게 십자가를 지고 가라고 가르치셨다는 것을 사람들에게 상기시킨다. 하지만 유별나게 양심적인 어떤 사람은 매순간 스스로를 딱하게 생각해야 직성이 풀리는 경우도 있다. 이런 환자에게는 예수가 우리에게 기꺼이 십자가를 지라고 가르치셨지만, 하루 24시간 내내 즐거운 마음으로 십자가를 지리라고는 기대하지 않으셨을 것이라고 말해준다. 정말 그렇게 할 수 있는 사람이라면 머리가 어떻게 된 사람일 것이다. 이런 사람들에게는 "300파운드가 넘는 십자가를 등에 지고 골고다 언덕을 올라가면서 예수께서는 어떤 심정이셨을까요?" 이렇게 말하면서 상상해보라고 권유한다. 예수도 자신에게 연민을 느꼈을 것이다. 그래서 이런 환자들에게 하루에 두 번씩 5분 정도는 자신을 딱하게 여길 권리가 있다고 이야기한다.

내가 자주 들먹이는 또 다른 예의 하나는 리지외Lisieux의 성 테레사Saint Thérèse 이야기다. 성 테레사는 다음과 같이 말했다. "만일 당신이 기꺼이 스스로에게 화를 내는 시련을 *평온하게* 참아낼 수 있다면, 당신은 주님을 위한 편안한 쉼터가 될 것입니다." 내가 만일 실제적인 죄의식 때문에 고통을 겪는 누군가를 치료한다면 ― 일단 베트남 전쟁에 참전한 퇴역 군인이 전쟁 때 무고한 어린이들을 해친 것 때문에 악몽에 시달린다고 해보자—이렇게 말해줄 것이다. "당신이 이러한 죄의식을 겪고 있고 당신이 정말로 스스로에게 불만이 있다는 사실을 축하합시다. 당신은 예수님을 위한 편안한 쉼터가 되었기 때문입니다." 이런 식으로 말한다면 그 사람에게 위안을 줄 수 있을 것이다.

다른 한편으로, 자신을 기독교인이라고 생각하면서도 존재론적인 죄의식을 경험하지 못한 사람—눈에 띄게 독선적이고 자만에 빠진 사람—을 치료한다면, 이렇게 물으면서 대할 것 같다. "성 테레사가 말한 '스스로에게 화를 내는 시련'이란 어떤 의미가 있다고 생각하세요?"

성 테레사의 이 말은 스스로에게 화를 정말 잘 내는 억압적인 성격의 환자들을 이해시킬 때 아주 유용하다. 이런 부류의 사람들은 이런 식으로 말한다. "펙 박사님, 저는 정말이지 쓸모없는 인간입니다. 살면서 가치 있는 일을 해본 적이 없어요. 저는 장군으로 복무했지만 그건 허울에 지나지 않아요. 저는 박사님께서 왜 저 같은 인간을 만나주시는지 이해가 안 갑니다. 저는 아내나 아이들에게도 쓸모가 없어요. 전 누구에게도 쓸모가 없답니다. 오, 하느님. 선생님께서도 저 같은 비참한 인간을 매주 만나야 하니 참 힘드실 겁니다."

스물네 살에 세상을 뜬 성 테레사는 말을 조심스럽게 하는 현명한 여인이었다. 기억해보자. 그녀는 말했다. "만일 당신이 기꺼이 스스로에게 화를 내는 시련을 평온*하게* 참아낸다면……" 우울증 환자들의 문제는 어떤 문제에 대해 특히 평온을 유지할 수 없다는 것이다. 그리고 실제로 이처럼 지나치게 가슴을 쥐어뜯는 행위는 수세기 전에 가톨릭교회가 '지나친 용의주도함'의 죄라고 명명하고, 나중에는 자만심이라는 죄의 비뚤어진 형태라고 진단하였다. 이런 사람들이 진짜로 말하고 싶은 것은 이렇다. "신께서 나를 용서하시겠지만 내가 심판자가 될 것이다." 만일 이 사람들의 가짜 겸손의 장막을 벗겨본다면, 종종 거만함과 나르시시즘이라는 핵심에 도달할 것이다.

최근 전문 잡지에는 '우울증에 대한 인식 이론'이라는 문제를 다룬 논문이 자주 등장한다. 정신과 의사들은 우울증을 앓는 사람들은 그렇지 않은 사람들과 다른 방식으로 인식한다는 것을 알아냈다. 여기서 인식이라는 것은, 단지 사유만이 아니라 지각을 포함해서 생각하는 모든 것을 뜻한다. 특히 우울증에 빠진 사람들은 내적으로나 외적으로 세상의 부정적인 면만을 선택해서 지각한다. 그래서 긍정적인 것을 지각하지 못한다.

오랜 세월 동안 아내 릴리는 우울증에 맞서 강하게 싸웠다. 마침내 이겨냈지만 우울증에서 빠져나오기 전에 한번은 이런 일이 있었다. 우리 부부는 5월의 아침에 집 뒤뜰로 나가곤 했다. 나는 주변을 둘러보며 마음속으로 이렇게 생각했다. '봄이 오니 풀은 초록을 뿜내고 나무는 싹이 트니 세상은 참 놀라워. 이처럼 아름다운 콜로니얼 저택에 산다는 건 얼마나 큰 행운인가. 페인트칠은 좀 해야겠지만, 내년쯤에 하면 되겠어. 수리할 돈이 있으니 이 또한 축복받은 거지." 그런데 릴리는 바로 옆에서 이런 말을 했다. "프리츠가 언제 와서 잔디를 깎아줄까요? 좀 보세요. 누가 밤에 잔디 깎기를 내팽개쳤어요. 집 꼴이 엉망이에요." 같은 장소에 있던 두 사람은 전혀 다르게 세상을 받아들인 것이다.

따라서 정신과 의사들은 우울증 환자를 치료하면서 이들에게 세상을 다르게 인식하는 방법을 꼭 가르쳐야 한다는 걸 깨달았다. 부정적으로 인식하지 않으려면, 긍정적으로 받아들이도록 배울 필요가 있다. 이런 과정을 이제야 알게 된 정신과 의사들은 자신이 알아낸 새로운 '인식 치료법'이 약 10년 전에 노먼 빈센트 필Norman Vincent Peale이 쓴《적극적 사고방식The Power of Positive Thinking》의 내용과 크게 다르지 않다는 것을 알면 적잖이 놀랄 것이다. 우울증에 대해서 가장 간결하게 정의를 내린 것은, 내 생각엔 예수만큼이나 현명한 사람이었던 이슬람의 신비주의자, 잘랄루-딘 루미 Jalālu'l-Dīn Rūmī의 말이다. "사람들의 우울증이란 칭찬에 대한 오만함과 거부와 관련되어 있다." 그가 말하는 오만함이란, 나르시시즘 또는 우울증에 숨어 있는 일종의 빗나간 자존심이다.

우울증과 환상

우울증 환자를 치료하다 보면 소위 왕자나 공주라고 할 만한 사람들을 종종 만나게 된다. 내가 처음으로 이런 경험을 한 환자는 어떤 여인이었다. 이 환자는 다른 정신과 의사의 도움을 받아 우울증을 관리하는 데 상당한 진전을 보였다. 그런데 좀 더 나아져야겠다는 생각이 들어 나를 찾은 것이다. 거의 1년 동안 치료를 받고 나서, 어느 날 그녀는 아이들과의 아주 복잡한 문제들을 털어놓았다. 관심은 매우 높은 것 같았지만 그녀로서는 문제를 어찌 해야 할지 몹시 막연했다. 문제를 검토하던 중에, 그녀는 "오, 하느님! 치료가 끝나면 기쁠 거 같아요!" 하고 외쳤다. 나는 "왜 그렇게 생각하십니까?" 하고 물었다. "치료가 끝나면 좋을 거예요. 더 이상 이런 문제로 고민하지 않아도 되니까요!" 그녀의 대답이었다.

정신과 치료를 받으면 현재의 모든 고통은 물론이고 미래의 고통까지도 깡그리 날아가버릴 거라고 생각하는 사람들이 있는데, 그것은 환상이다. 그녀는 이런 환상에 빠져 있었던 것이다. 왕자나 공주가 흔히 빠지는 환상이다.

사람들이 어떻게 이런 환상을 갖게 되는지를 설명하려면, 아동 심리에 관한 배경 지식을 약간 살펴볼 필요가 있다. 우리가 알아낸 바에 따르면, 태어난 첫해에 유아들은 소위 자아 영역을 알게 된다. 이것을 알기 전에는 자기의 손과 엄마의 손이 다르다는 것을 실제로 인식하지 못한다. 예를 들면 자기 배가 아프기 때문에 엄마도 배가 아프고, 세상도 배가 아프다고 생각한다. 태어나서 2년째가 되면, 비록 아직은 자신의 힘이 미치는 영역은 아니지만, 물리적인 영역이 있음을 알게 된다. 그래서 일반적으로 유아들은 부모나 친지, 그리고 개나 고양이를 사적인 친위대의 졸병쯤으로 여기며 끊임없이 자신을 우주의 중심으로 생각한다.

미운 두 살 동안, 엄마나 아빠는 이렇게 말하기 시작한다. "안 돼, 안 돼. 조니, 그렇게 하면 안 돼. 그것도 하면 안 돼. 안 돼, 안 돼. 그럴 수 없어. 안 돼, 안 돼. 엄마, 아빠는 너를 무척 사랑한단다. 하지만 안 돼. 넌 우리에게 너무나 소중해. 하지만 안 돼, 그러면 안 돼. 네 맘대로 해서는 안 돼." 이런 과정에서, 아이는 심리적으로 사성장군에서 사병으로 추락한다. 그러므로 미운 세 살의 특징인 우울증과 울화증이 이때 나타나는 것은 당연하다.

그렇지만 부모가 아이를 부드럽게 대하고 이 힘든 시기를 가능한 한 잘 헤쳐나와 미운 세 살을 잘 넘기도록 돕는다면, 아이는 나르시시즘에서 벗어나 큰 발전을 이룬다. 그러나 안타깝게도 항상 이런 식으로 일이 해결되는 것은 아니다. 때때로 부모는 수치심을 느낄 수밖에 없는 이 시기의 아이에게 온화하게 대하지도, 도와주지도 않으면서 오히려 아이를 자극한다.

심리 치료가 끝나면 문제를 고민하지 않아도 될 거라는 환상을 가졌던 그 환자는 대강 짐작으로도 엄격한 가정에서 자란 것이 보였다. 그녀는 자신의 미운 두 살은 기억하지 못했지만 서너 살 때는 기억하고 있었는데, 잘못을 저지를 때마다 부모에게서 특별한 벌을 받았다고 했다. 그녀는 벽에 걸려 있던 회초리를 아버지에게 가져다주어야 했다. 그러고 나서 팬티를 내리고 치마를 들어 올린 다음 허리를 구부린 채 울음이 터질 때까지, 아버지가 때리는 걸 멈출 때까지 오랫동안 매를 맞았다. 매질이 끝나면 팬티를 올리고 아버지에게서 회초리를 받아 벽에 다시 갖다 놓아야 했다. 그러고는 엄마에게 가서 위로를 받았다. 충분히 위로를 받아 울음을 멈추고 나면, 엄마는 이렇게 말했다. "이제 무릎을 꿇고 큰소리로 하느님께 용서를 빌어라." 그러면 그녀는 무릎을 꿇고 하느님께 용서를 비는 기도를 드렸다. 엄마가 보기에 기도를 충분히 했다고 판단

되면 이렇게 말했다. "이제 일어나서 아버지에게 가서 용서를 빌어라." 그녀는 아버지에게 가서 용서를 빌었고 아버지가 보기에 충분하다고 생각되면, 그녀를 용서해주었다. 이런 의식은 그녀가 다시 잘못을 저지를 때까지는 잠잠했다.

부모에게서 이런 취급을 받으면 아이들은 어떻게 성장하게 될까? 아이들은 자신의 전능함이나 나르시시즘을 포기하는 대신 오히려 집착한다. 이에 대한 심리 과정은 너무나 독특해서 정신과 의사들은 '가족 로맨스'라는 이름을 붙였다. 이런 경험을 한 아이들은 자신에게 이렇게 말한다. "우리 부모라는 이 사람들은 사실은 내 부모가 아니야. 난 정말로 왕과 여왕의 딸이고 귀족의 혈통을 가진 공주야. 언젠가는 사람들이 내가 누구인지 알아볼 거야. 그때 가서야 나는 진정한 내가 되는 거야."

이러한 환상은 아이들이 수치심을 극복하는 데 상당한 위안을 준다. 하지만 아이들이 어른으로 성장하면서 ─ 그리고 이때가 되면 환상은 더욱 잠재의식화한다 ─ 환상은 아이들을 왕이나 여왕에게 데려다주지 않았고, 어느 누구도 그들을 진짜로 인정해주지 않았다. 그래서 그들은 우울증에 빠진다. 우울증 환자들이 겪는 인식의 어려움 밑바닥에는 자신에게는 나쁜 일이 일어나서는 안 된다는 이러한 환상이 상당한 비중을 차지하며 존재한다. 물론 이 사람들은 부정적인 것에서 벗어나야 한다고 믿으면서도 부정적인 것을 선택적으로 지각하고 그들의 고귀한 권리여야 하는 긍정적인 것은 지각하지 못한다.

브라질 출신의 노베르토 케페Norberto Keppe라는 정신과 의사는 인간의 정신 질환 중 가장 흔한 것은 소위 자기를 신이라고 믿는 종교광이라고 주장한다. 즉, 인간은 신이 될 수 있다는 과대망상 말이다. 이러한 종교광은 너무 평범하기는 하지만 왕자병이나 공주병과 상당히 유사하다. 예로, 나는 10여 년 전에 매우 확고한 기독교 정체성을 지닌 남자를 치료하고 있었다. 이십 대 때에는 기독교 청년 노동자였는데, 지금은 중년의 사업가가 된 조 존스라는 사람이었다. 진료실을 찾아왔을 때, 그는 자신의 벤처 사업에 돈을 대는 몇몇 부도덕한 사람과 관련을 맺고 있었고, 거짓말을 해서라도 사업을 진행해야 한다는 생각에 엄청난 중압감을 느끼고 있었다. 그는 있지도 않은 특허권을 가진 척하며 제품 설명회에 나가서 제품을 팔아보려고 했다. 내가 그의 입장이었다면 마음을 졸이는 정도였겠지만, 이 남자는 엄청난 공황 상태에 있었다. 어느 날 그를 위로하기 위해 이렇게 말해주었다. "조, 당신이 할 수 있는 일은 그저 최선을 다하는 겁니다." 그러자 그가 말을 가로채면서 이렇게 말했다. "최선을 다하는 것만으로는 만족할 수가 없어요!"

이해할 수 없는 말이었으므로 나는 되물었다. "무슨 말씀이신지요?" 그러자 그는 이렇게 대답했다. "최선을 다하는 것은 물론 필요한 일이지만 이 사업이 실패하지 않아야 해요."

"이봐요, 조. 당신도 알다시피, 당신에게 벌어질 최선의 일이란 결국 이 사업이 실패하는 겁니다. 우리 모두 알고 있는 것처럼, 하느님은 이 사업이 망하기를 원하세요. 보세요, 우리 모두는 놀랄 만큼 복잡한 천국의 드라마 속에 나오는 배우입니다. 우리가 바랄 수 있는 최선이란 이 드라마가 어떤 내용인지 힐끗 보고 나서 어떻게 하면 우리 역할을 가장 잘해낼 수 있을까 고민하는 것입니다. 제가 듣기에 당신은 이 드라마에서 최고의 배우가 되기를 바라면서 거기에다 대본까지 쓰고 싶어 하는군요."

누구나 조처럼 될 수 있다. 우리 모두는 종교광, 즉 삶이라는 드라마에서 대본까지 쓸 수 있다는 환영을 끊임없이 움켜쥔 채 놓지 않으려고 한다. 그래서 우리가 대본에 써놓은 대로 또는 바라는 대로 일이 되지 않으면 분노하고 우울해하고 심하면 겁에 질린다. 사실, 인생이란 우리가 벌이는 쇼보다 훨씬 더 크다는 사실을 대다수 사람들은 절대로 순응하지 못한다. 그러나 이런 식으로 순응하지 못하면 배울 수도 없다. 진짜로 무언가를 배워 성장하려면, 예전에 누군가가 "인생에서는 뭔가 다른 것을 계획해놓으면 뜻밖에 엉뚱한 일이 벌어진다"라고 말했듯이, 현실을 받아들여야 한다. 하느님 감사합니다!

뉴에이지 : 통합 또는 분열?

사막을 지나는 여정에서 도로 표지판을 찾으려는 마음이 점점 간절해질수록, 많은 사람이 '종교'가 필요하다고 느낀다. 하지만 '제도 종교'가 진정한 종교 행세를 하는 것은 대부분 참기 힘들어한다. 그래서 다양한 사교가 날뛰게 된다. 그뿐 아니라《푸Pooh의 도》,《새끼 돼지의 덕》,《티베트 사자의 서》, 심지어《나는 힌두교도인가?》와 같은 책들이 인기를 끄는 것을 보면 동양 철학에도 많은 관심을 갖는 것 같다.

　　동양 철학에 대한 관심은 오랜 연원을 갖고 있지만, 최근에 뉴에이지 운동이 알려지면서 더욱 유행했다. 오늘날 수많은 사람은 뉴에이지 운동을 혼란스럽게 여긴다. 그래서인지 많은 사람이 이 운동을 긍정적으로 보는지 아니면 부정적으로 보는지를 자주 묻곤 한다. 이 질문에 제대로 대답하려면, 질문을 하나 더 던져야 한다. "뉴에이지 운동은 통합하는 힘을 지녔는가? 아니면 분열하는 힘을 지녔는가?"

내게는 취미가 두 가지 있다. 하나는 프로이트의 오류를 모으는 것이고, 다른 하나는 백열전구 농담을 모으는 것이다. 내가 가장 좋아하는 백열전구 농담("전구 하나 끼우는 데 몇 사람이 필요하지?"로 시작하는 문답식 농담으로 현대 기술 문명을 풍자한다—옮긴이)은 당연히 종교적인 내용에 관한 것이다. 첫 번째는 "백열전구를 바꾸는 데 몇 명의 성공회 신자가 필요한가? 답은 둘이다. 한 명은 마티니를 섞고 다른 한 사람은 전기 기술자를 부른다." 두 번째는 "백열전구를 갈아 끼우는 데 몇 명의 선불교 신자가 필요한가? 이 역시 답은 둘이다. 한 명은 백열전구를 갈아 끼우고 다른 한 명은 백열전구를 갈아 끼우지 않는다."

실없이 느껴지겠지만, 이런 종류의 농담은 통합을 말하고 역설을 정의하는 가장 간결한 방법이다. 그래서 내게 선불교는 최고의 스승이다. 바로 이런 이유 때문에 나는 선불교를 강력하게 추천했다. 살면서 수없이 부딪히는 역설을 받아들이는 것은 정신 건강에 필수적이기 때문이다.

내게는 역설적 사고란 아무리 강조해도 지나치지 않을 만큼 중요하다. 학생에게 다음과 같은 질문을 받은 어떤 철학 교수의 대답이 바로 내 생각이다. "교수님, 모든 진실의 핵심은 역설이라고 하셨는데요, 정말 그런가요?" 교수는 대답했다. "예 그리고 아니요." 결국 뉴에이지 운동이 통합을 이끌어낼 힘을 가졌는지, 아니면 분열을 조장하는 힘을 가졌는지를 묻는다면, 나는 "예 그리고 아니요"라고 대답할 것이다.

물병자리 음모

많은 사람은 정말로 뉴에이지 운동이 존재하는지 의심해왔다. 뉴에이지 운동은 어느 정도 이름이 잘못 붙여진 것도 같다. 왜냐하면 뉴에이지 운동에 속한 사람들이 믿거나 관심 있어 하는 것들은 새로 생겨난 게 아니라 늘 있어왔기 때문이다. 하지만 나는 이 운동이 정말로 *있다*고 믿는다. 지난 30년 동안 점점 더 많은 사람이 상당한 인구 비율을 점유하면서 이 운동에 대한 믿음과 관심을 키워나갔기 때문이다.

그러나 운동이라고 부르기는 하지만, 조직적으로 이루어지는 운동이라는 의미는 아니다. 기독교 근본주의자들 가운데는 이 운동을 기독교 교리를 와해하려는 사탄의 음모라고 주장하는 사람도 있다. 그 이유는 뉴에이지 운동의 고전을 쓴 매릴린 퍼거슨 Marilyn Ferguson이 자기 책을 《물병자리 음모 *The Aqurian Conspiracy*》라고 불렀기 때문이다―물론 우스개로 부른 것이다. 나중에 그녀는 전혀 음모가 아니라고 적절하게 주장했다.

사람들은 모여서 이런 일을 거짓으로 꾸며대지 않았다. 가장 중요한 여러 지적인 운동과 마찬가지로, 뉴에이지 운동은 그 시대의 요구와 압력과 힘을 통해서 자발적으로 일어났다. 그러므로 뉴에이지 운동은 점진적인 운동이라기보다는 혁명적인 운동으로 간주될 수 있다.

가장 혁명적인 운동과 마찬가지로, 뉴에이지 운동은 주로 중상류층의 운동이기는 하지만 빈곤층이나 블루칼라 사이에서는 전혀 관심의 대상이 아니었다. 그리고 이 운동은 미국이나 북미에서뿐만 아니라 국제적으로 일어난 현상이며, 미국과 마찬가지로 독일과 영국에서도 왕성하게 이루어지고 있다.

마지막으로 가장 중요한 점이라고도 볼 수 있는데, 내 생각에 뉴에이지 운동은 서구 문명의 제도적인 죄에 대한 반발이다. 죄는 상호 연관되는 경향이 있다. 그러므로 비록 여기서는 따로 떼어놓고 논의하고 있지만, 죄가 서로 연관되어 존재한다는 사실을 기억해야 한다.

물론 모든 제도적인 죄가 '서양' 탓은 아니라는 것도 기억해야 한다. 제도적인 성차별은 서양보다는 동양에 훨씬 더 널리 퍼져 있다. 하지만 무엇보다 뉴에이지 운동은 페미니즘을 지향하는 운동과 마찬가지로 기업이나 교회, 정부 내에서 발견되는 성차별에 대한 반발이다.

'서양'이 더 많이 저지르는 죄는 정신적 황폐함, 오만함과 나르시시즘, 기독교 교회의 불경 등이다. 결과적으로 뉴에이지 운동은 서양 종교에서 동양 종교로 방향을 바꾸면서 불교나 선, 도교나 힌두교, 아메리카 원주민 종교, 더 페미니즘적인 성모 숭배나 요술 숭배 등으로 향하는 운동이다. 제도 종교는 여타의 신앙을 절대로 용납하지 않기 때문에, 뉴에이지 운동은 점성술이나 별 투영법에서 에테르체(단순한 물질에 불과한 육체에 생명을 부여하는 가상체 — 옮긴이)에 이르는 수많은 비교적秘教的인 관념을 포함해서 온갖 잡다한 사상을 섞어놓은 경향을 보인다. 이루 다 열거할 수 없을 정도다.

또 뉴에이지 운동은 과학 또는 적어도 기술이라는 형태로 변형된 과학이 저지른 너무도 현실적인 죄에 대한 반발이다. 현대 과학의 지나친 전문화 경향은 기술에 의한 비인간화 현상을 낳았다. 최상의 현대적인 의학 기술의 혜택을 보려고 병원에 입원해본 사람이라면 '관리' 또는 '치료'라는 이름으로 자행되는 이러한 비인간화를 직접 경험했을 것이다. 이런 기술에 대한 반발로 뉴에이지 운동은 서양 의학에서 탈피하여 한때는 차크라chakras나 침술 같은 동양 의학, 아메리카 원주민의 치료 의식, 샤머니즘 등에 관심을 보였다. 지나치게 세분화한 서양 의학이나 기술에서 벗어나면서부터 아주 바람직한 방향의 통합적인 의학이나 운동을 통한 치료법의 가능성을 열기도 했다. 또 뉴에이지 운동을 통해서 한방 의학이나 가정에서 환자를 돌본다는 생각이 다시 도입되기 시작했고 또한 호스피스 운동도 뉴에이지가 퍼뜨린 상당히 유익한 효과 중 하나로 볼 수 있다.

마지막으로 뉴에이지 운동은 자본주의가 저지른 죄, 제국주의와 환경 파괴 그리고 인간파괴라는 죄에 대한 반발이다. 이것들은 너무나도 끔찍하고 자명한 죄다. 그래서 뉴에이지 운동은 약탈에서 벗어나 평화주의, 다양성의 포용, 생태학적인 의식과 자연과의 균형을 지향한다.

뉴에이지 운동에 어떤 특징이 있다면, 그것은 새로운 사상이나 행동 양식에 늘 열려 있다는 점이다. 그리고 이 모든 것은 아주 멋진 일이기도 하다. 문제―내가 보기에 유일하지만 *커다란* 문제―는 정신과 의사들이 반동 형성(사회적·도덕적으로 바람직하지 않은 욕망을 억제하기 위해 자신의 욕망과는 반대되는 행동을 취하는 무의식적인 행위—옮긴이)이라고 부르는 것에 있다. 안타깝게도 사람들은 죄를 유발하는 어떤 것에 맞서 싸우면서 또 다른 극단에 빠짐으로써 이전과 마찬가지로 상당한 곤경에 처하는 경향이 있다. 늘 말해왔지만 사람들은 프라이팬에서 뛰쳐나와 불 속으로 들어가거나 목욕물과 함께 아이를 버리는 수가 있다.

반동 형성이 무엇을 말하는지 직접 경험한 예를 하나 들어본다. 우리 아버지는 판사였는데 이따금씩 별 필요도 없는 법률에 관한 말을 장황하게 늘어놓는 습관이 있었다. 그리고 꽤 자주 사무원이나 일진이 사나운 웨이터에게 지나친 호통을 치시곤 하셨다. 내 기억에 따르면, 열두 살 때 호텔이나 레스토랑에서 어떤 가엾은 사람이 사소한 실수를 저지르면 아버지의 장광설은 15분 또는 20분 동안이나 계속되었다. 나는 그럴 때마다 아주 당황하여 그곳에 서 있곤 했다. 그때 마음속으로 어른이 되면 절대로 아버지처럼 말도 안 되는 짓을 하지 않겠다고 맹세하던 기억이 난다.

나는 성장하면서 겉으로 화를 낸 적이 없지만 세월이 흐르면서 고혈압이 악화되었다. 친지들이 나에 대해 말하길, 차갑고 거리감이 느껴지는 데다 냉담하고 무관심하다고 했다. 치료를 받아보니, 바로 나 자신이 목욕물과 함께 아기를 버렸다는 것을 깨달았다. 아버지가 부적절하게 자주 화를 낸 것에 대한 반발로 나는 내 자신을 정화하면서 내 안의 모든 공적인 분노를 삭제해버린 것이다. 사실 내가 없애야 할 것은 *모든* 분노가 아니라 단지 *부적절한* 분노였다. 때로는 드러내놓고 화를 내는 것이 적절하며 또 필요하다.

그런데 나는 또 다른 극단으로 너무 지나치게 나갔던 것이다. 결국 나는 겉으로 적절하게 화내는 방법을 다시 배워야 하는 수고를 겪었다. 그러고 나자 사람들은 더 이상 나를 냉정하다고 생각하지 않았고 내 혈압도 낮아졌다.

하지만 뉴에이지 운동 역시 불행하게도 극단에 치우치고 말았다. 예를 들면 남성의 성차별에 반발하면서, 뉴에이지 운동은 급진적인 페미니즘의 유파를 만들어냈다. 급진적인 페미니즘은 분명히 불쾌하고 평정심을 잃었을 뿐만 아니라 무례하고 반사회적이며 때로는 어리석게 비춰지기도 했다. 급진적인 페미니스트가 상당수 포함된 청중과 이야기를 나눈 적이 있는데, 그때 정말로 힘들었다. 진행하는 내내 성차별이 없는 용어를 사용하고 성차별과 싸우느라 진땀을 흘려야만 했기 때문이다.

또 다른 예를 더 살펴보자. 뉴에이지 운동은 유대교의 전통에 반발하면서부터 소위 엄청난 영적인 혼란을 야기했다. 미국의 거의 모든 대도시에는 소위 영적인 슈퍼마켓과도 같은 조직이 한두 개 이상씩 존재한다. 이런 조직들은 수피 댄싱에서 주역, 디오니소스 축제에 이르기까지 실제로 온갖 다양한 프로그램을 제시한다. 그곳에 가면 유대교와 기독교를 제외한 모든 것들을 찾아볼 수 있다. 어떤 사람은 이와 같은 다양한 처방에 혼란스러워하는 반면 어떤 사람은 책임을 회피하기 위한 구실로 이용한다.

《아직도 가야 할 길》이 출간된 지 몇 년 후, 히피 차림을 한 나이 든 남자가 찾아왔다. 사십 대 초반이던 그 남자는 턱수염과 긴 머리, 등에는 배낭을 메고서 내 진료실이 있는 코네티컷까지 히치

하이크로 왔다. 그 남자는 자신에게 영적인 지표가 필요하다고 했다. 그는 인생의 목표도 없었고 정확하게 뭘 원하는지도 몰랐다. 그래서 버몬트에 있는 선불교 수도원에 들어갈 생각을 하고 있었다. 또 한편으로는 오레곤 외곽에 있는 뉴에이지 공동체에 마음이 끌리기도 하였다. 그러면서도 그의 내부에는 열여섯 살 때 부모님이 다니던 가톨릭교회에서 뛰쳐나온 이후로는 단 한 번도 내뱉어 본 적 없는 "기독교에 관심을 가져야 돼"라는 목소리도 있었다. 이 남자는 어느 길로 가야 할까?

나는 그에게 이런 말을 했다. "자, 제게 의견을 구하시기 전에 당신 자신에 대해서 더 말해보세요." 그러자 이 남자는 이야기를 시작했다. 그는 두 번 결혼했는데 첫 번째 결혼에서는 아이를 둘 낳고, 두 번째 결혼에서는 하나 낳았다. 그런데 첫 번째 결혼에서 얻은 아이들을 10여 년 동안 보지 못했고, 두 번째 결혼에서 얻은 아이는 6년 동안 못 보았다고 했다. 까닭을 묻자 그는 이렇게 대답했다. "이혼할 때마다 너무나 혼란스러웠어요. 그런 상황에서 나만 빠져나오면 아이들에게는 더 좋은 일이 될 거라고 생각했죠. 어쨌든 이런 영적인 모색을 통해서 제가 뭘 해야 할까요?"

대답 대신 그에게 내 이야기를 했다. 내가 기독교인이 된 것은 《아직도 가야 할 길》이란 책을 쓴 이후였고 점차로 기독교 교리에 깊은 의미가 있다는 것을 믿었다고 말했다. 기독교 교리의 핵심에는 희생이라는 낯선 개념이 있다는 설명도 했다. 그렇다고 매번 자기를 학대하는 마조히즘처럼 자기 자신을 희생해야 한다고 생각한 것은 아니었다. 난 아직도 기독교인이 된다는 것이 어떤 의미인지 모르지만 그땐 이렇게 말했다. "결정을 내려야 할 때마다 어떤 대안이 희생을 동반한다고 해서 적어도 그것을 집어던져서는 안 된다는 뜻입니다."

이 말을 듣고 그 남자는 정말로 경련을 일으키기 시작했는데, 마치 간질 발작을 일으키는 거라고 생각했을 정도였다. 괜찮으냐는 내 물음에 그는 "선생님께서는 지금 제게 어려운 영적 수술을 하셨습니다" 하고 말했다. "아프게 해서 미안합니다." 이렇게 말하는 것 외에 내가 할 수 있는 건 아무것도 없었다.

그는 나와의 만남이 도움이 되었다고 말했다. 그래서 다시 찾아오고 싶어 했고 약속까지 정했다. 그런데 이틀 후 전화를 걸어와 약속을 취소했다. 내 짐작으로는 아이들과 다시 관계를 설정하려고 노력하는 대신 오레곤에 있는 뉴에이지 공동체로 마음을 정하지 않았나 싶다.

잘못된 죄

기독교 교리는 다른 위대한 종교보다 대체로 현실에 훨씬 더 가깝다는 것이 내 개인적인 신념이다. 물론 때에 따라서는 다른 종교들이 좀 더 현실과 가깝게 보일 때도 있다. 어떤 경우에서든, 기독교에는 무시해서는 안 될 좋은 점들이 상당히 많이 있다. 내 생각에 뉴에이지 운동은 잘못된 죄에 대해 반발해왔다. 기독교의 죄는 교리 때문이 아니고, 그 실천에 있었다—행동과 신학을 통합하지 못해서 발생한 것이다. 길버트 키스 체스터턴Gilbert Keith Chesterton 이 언급한 대로, 기독교의 가장 큰 문제는 모자란 것을 찾아서 채우려 했던 것이 아니라 거의 아무런 시도도 하지 않았다는 것이다.

하지만 뉴에이지 운동은 기독교인들의 행동 방식뿐만 아니라 죄에 물들지 않은 기독교 신학에도 반발해왔다. 그러면서 뉴에이저들은 목욕물과 함께 아이도 버렸던 것이다. 물론 뉴에이저들이 모두 기독교를 무시하는 것은 아니다. 어떤 이들은 기독교를 포용하기도 한다. 하지만 동양의 종교와 기독교를 통합하는 과정에서 불행히도 혼성 잡종 같은 것으로 귀결되는 경우가 심심찮게 나타난다.

유대교 신학에서 동양 종교로 옮겨오면서, 뉴에이저들 역시 자신들의 종교야말로 더욱 영적으로 우수하다고 선전한다. 어떤 종교를 막론하고 2단계에 있는 사람들은 자신의 신념만이 유일한 진리라고 주장한다. 그리고 실제로 공동체 건립 연수회에서는 과거의 근본주의자들만큼이나 뉴에이지 근본주의자들 때문에 골치를 앓았다. 전체적으로 새로운 사상에 대한 개방적인 자세가 뉴에이저들의 특징이지만 뉴에이지 운동가 중에는 근본주의자나 성서 신봉자도 많고 기독교인과 마찬가지로 진보적이지 않은 사람들도 있다. 소위 '허브 근본주의자'도 있다. 이런 사람들은 연수회장에도 허브 차가 준비돼 있어야 할 뿐만 아니라 모든 참석자들이 허브 차를 마셔야 한다고 주장한다.

이런 것은 관용이라고 할 수 없다. 또한 부적절한 개인주의를 초래할 수 있는 극단적인 관용이 몸에 밴 사람도 있다. 어느 공동체 건립 연수회에서, 우리는 미래의 공동체 지도자감을 선발하고 있었다. 어떤 후보자는 "공동체 내에서는 어떤 것이라도 가능해야 한다"고 주장했다. 우리는 그 후보자에게 공동체라고 해서 모든 것이 가능한 것은 아니라는 걸 가르쳐야 했다. 다른 사람을 때리거나 말로 모욕을 주거나 의사일정을 숨기려 하는 것도 가능하다고 생각하는 사람들이 어떻게 공동체에 들어올 수 있단 말인가.

이처럼 지나친 관용 때문에 많은 '자유주의자'가 실질적으로 함께 모여 일할 수 없다는 것도 알 수 있다. 아내 릴리와 함께 재단 일을 시작하기 전에, 우리는 먼저 미국 내에 있는 500개의 각기 다른 평화 단체들을 통합할 수 있는 재단을 생각했다. 그에 대한 시나리오가 마음속에서 점차 완성되면서, 설령 그런 목적에 부합하는 어떤 재단이 시작되더라도 결국은 501번째 평화 단체가 될 뿐이라는 것도 점차 확실해졌다. 평화 단체들도 아직은 함께 모여 일하는 방식에는 익숙하지 못했다. 그 때문에 우리가 결국 시간과 돈을 투자하기로 결정했던 과제는 공동체 건설과 같이 맨 처음 시작하는 것이 되어야 했다.

악의 문제

기독교 신학과 뉴에이지 운동이 결정적으로 갈라지는 부분은 바로 악에 대한 관심이다. 기독교 교리에서는 악이 실재한다고 주장한다. 하지만 동양 종교에서는 그렇게 생각하지 않는다. 이들은 악을 환영이나 그릇된 지식으로 본다. 즉, 환영과 허위에 충만한 마야로 여긴다.

이러한 견해는 고려할 만한 가치가 없다고 주장하는 것이 아니다. 악에 대해 생각함으로써 악을 만들어낼 수도 있다는 데엔 의심의 여지가 없다. 만일 자신이 동의하지 않는 모든 것을 악마적인 것이라고 해석한다면―2단계에 있는 사람들이 이러기 쉬운데―마음의 상처는 전혀 아물지 않고 오히려 분열되어 적개심이 생겨날 것이다. 하지만 뉴에이지 운동을 통해서, 우리가 자신의 생각을 바꿀 수만 있다면 이 세상에 악이란 없다는 걸 깨닫게 된다는 사상이 무비판적으로 퍼져나갔다. 그런 식이라면 악은 흩어져서 모두 사라질 것이다. 그러나 현실에서는 다른 사람들에게 해를 주거나 다른 사람을 고문하고 파멸하기를 즐기는 사람들이 정말로 있다. 전쟁을 벌이면 이익을 얻을 수 있으니까 전쟁을 원하는 사람들도 있다. 그런데 이런 악한 사람들이 존재하지 않는다고 그냥 믿어버리면 상당히 어려운 문제에 봉착할 수 있다. 그렇게 되면 머지않아 현실에 존재하는 악과 마주칠 것이기 때문에, 악에 대처하는 것은 뉴에이지풍의 책에서 주장하듯이 그렇게 만만하지 않다.

《기적의 과정A Course in Miracles》이라는 뉴에이지풍의 책이 있다. 이 책은 상당한 관심을 끌었으므로 사람들은 이 책에 관해 자주 물었다. 아주 높은 수준의 정신 의학적 지혜를 풍부하게 담고 있는 이 책은 좋은 책이 분명하다. 하지만 이 책 역시 악은 인간의 상상력이 만들어낸 허구라고 주장하면서 악의 실재를 부정한다. 그렇다고 그 주장이 진실과 완전히 동떨어진 것은 아니다. 왜냐하면 악은 비실재적인 현상과 상당히 연관되어 있기 때문이다. 나의 책 《거짓의 사람들》에서도 사탄을 '실재하지 않는 실재적 영혼'이라고 정의한 바 있다. 그러므로 악은 비실재적인 것, 즉 거짓이나 허위와 상당한 연관성이 있다. 그렇지만 그렇다고 해서 악 자체가 존재하지 않는다는 뜻은 아니다.

《기적의 과정》에서 기독교적이라고 주장하는 내용은 기독교의 교리를 왜곡한 것이다. 사실 이 책의 내용이 모두 진실은 아니다. 단지 어느 정도만 진실이다. 특히 악의 문제를 다루지 않음으로써 전체적인 상황에서 중요한 부분을 빠뜨렸다. 결국 이 책은 악이 지닌 '역설'의 한 면만을 다루었을 뿐이다.

뉴에이지 운동은 악을 부정함으로써 결정적인 함정에 빠진 것이다. 그 때문에 뉴에이지에 관한 농담까지 생겨났다. 이 운동에 참여하던 한 여성이 직접 그 농담에 대해 자세히 말해주었다. 지옥에서 세 명의 성직자—가톨릭 사제, 유대교 랍비, 뉴에이지 목사—가 만났다. 이들은 지상에서 무슨 짓을 했는지 이야기했다. 가톨릭 사제는 이렇게 고백한다. "나는 술독에 빠진 사제라고 불렸죠. 전 술을 너무나 좋아했답니다. 그런 이유로 지옥에 오게 되었죠. 랍비께서는 어떤 이유로 이곳에 오셨는지요?" 그러자 랍비가 말한다. "전 햄 샌드위치 같은 음식을 먹었지요. 전 그런 음식 없이는 살 수 없었거든요." 두 사람은 뉴에이지 목사에게 물었다. "당신은요? 당신은 무슨 일을 저질러서 여기 지옥까지 오게 되었나요?" 목사는 이렇게 대답한다. "여긴 지옥이 아닙니다. 전 조금도 불편하지 않아요."

기술로 야기된 죄

뉴에이지 운동이 기술에 반대하는 경우에도 같은 문제가 발생한다. 뉴에이지 운동은 과학의 특성 중 하나인 엄밀성을 무시하는 경향이 있다. 앞서 설명한 대로, 과학적 방법론이란 스스로를 기만하려 드는 본질적인 경향과 싸우기 위해 수세기에 걸쳐 발전시켜온 절차와 관습의 집적물일 뿐이다. 인간은 당장에 지적으로나 감정적으로 편안한 것보다는 더 가치 있는 뭔가에 관심이 있기 때문에 그러한 절차를 발전시켜왔다. 그러므로 과학적인 방법론은 원리에 입각한 고도로 훈련된 행위이며, 더할 수 없이 높은 진리 추구를 대변한다.

그런데 서구 문명이 저지른 죄에 반발하면서 뉴에이지는 과학적인 방법론을 내버리고 아예 거들떠보지도 않는 모습을 보였다. 이는 목욕물과 함께 아이를 버린 또 하나의 예다. 기술이 저지른 죄는 과학적인 방법론 때문이 아니라 기업이나 정부가 과학을 기술로 적용하는 방식에서 발생한 것이다.

뉴에이지 운동이 신학이나 과학의 문제에 보이는 반동 형성에는 '과학적인' 안목이 부족하다고 느껴진다. 내 친구는 뉴에이지 운동의 심장부인 캘리포니아를 '마르스의 언덕Mars Hill'이라고 부른다. 이것은 그리스로 설교하러 갔던 사도 바울이 아테네에서 한 말이다. 종종 거슬리는 면이 있지만 바울은 그럴듯한 말솜씨를 가진 사람이었다. 바울은 마르스 언덕의 꼭대기에 도착해서는, 아테네 사람들이 상당히 영적이란 것을 알았다면서 이야기를 시작했다. 위에 올라와보니, 각기 다른 1000개의 신의 조각상을 볼 수 있었기 때문이다. 그리고 바울은 아주 영적인 사람만이 각기 다른 수많은 신을 가질 수 있다고 말했다.

그런데 뉴에이저들은 이와 같은 안목이 부족해서 상당히 실없는 일들을 벌이기도 한다. 캘리포니아에 사는 사람들은 '의심 많은' 도시 미주리에서 온 사람들을 따르라는 충고를 받아야 할 것이다. "저는 미주리 출신입니다"라는 말은 종종 건전하고 분별력 있는 회의론을 뜻한다. 어떤 모험이나 영적인 여정을 감행하기 전에 무엇이 유익한 것이고 무엇이 위험한 것인지를 분별하는 방법에 대해서 알아야 한다.

골프는 이러한 교훈을 가장 적절하게 보여주는 운동이다. 골프 경기는 일종의 모험이다. 그런 점에서 골프는 재밌다. 위험을 무릅쓰고 새로운 시도를 감행하면 골프는 더 재미있을 수 있다. 그러나 기회가 많아질수록 경기가 더 힘들어지는 시점이 다가온다. 가끔은 안전하게 경기하는 것도 필요하다.

예를 들어 홀을 표시하는 깃대는 주로 골퍼들이 가장 힘들어하는 그린의 일정 지점에 위치한다. 한쪽에는 가파른 언덕이 있고 앞에는 모래 벙커가 있으며 바로 뒤쪽에는 또 하나의 가파른 언덕이 있다. 프로 골퍼라면 홀을 향해 곧바로 공략할 것이다. 하지만 프로 선수는 1만 명에 한 명꼴이다. 1만 명의 골퍼 중에서 9000명은 아마 별 생각 없이 곧바로 깃대를 향해 공을 칠 것이다. 골프를 잘하는 방법은 깃대를 향해 곧장 치는 것이 아니라 홀을 분석해서 각자의 능력에 맞게 공략하는 거라고 생각한다. 이런 규칙을 깨뜨릴 수 있다고 생각되는 아주 드문 경우를 제외하고는 이 방법을 반드시 지켜야 한다. 직관적으로 홀을 공략할 수 있다는 생각이 들면 그렇게 해야 한다. 위험을 무릅쓰고서라도 그렇게 해야 한다.

이런 방법은 각자의 영적인 삶에도 적용될 수 있다. 하지만 뉴에이지 운동은 분별없게도 언제나 홀을 공략하라며 모험을 부추긴다. 그래서 사람들을 곤경에 빠뜨린다. 이런 까닭으로 셜리 맥클레인이 뉴에이지 자서전을 냈을 때 사람들은 책 제목을《가지 끝에서*Out on a Limb*》가 아니라《부러진 가지 끝에서*Out on a Broken Limb*》라고 붙였어야 한다고 빈정댔던 것이다.

이단

15년 전쯤만 해도 이단이란 문제는 종교 재판과 더불어 중세에 속해야 마땅한 너무나 풀기 어려운 주제라고 생각했다. 현대 세계와는 관련이 없다고 믿었기 때문이다. 그즈음 심각한 정서 장애를 겪는 뉴에이지 여성을 치료하기 시작하였다. 그녀는 온갖 다양한 사이비 종교에 빠져 있었다. 정신적인 혼란이 너무 심했기 때문에 자문역으로 한 목사님이 이 사례에 조언을 해주기도 했다. 종교 문제가 연루되어 있었으므로 어느 날 나는 그녀에게 이렇게 말했다. "예수에 대해서 말씀해보세요."

그녀는 종이 위에 원을 그리더니 거기에다 십자가를 그려 4분원을 만들었다. 그러고는 이렇게 말했다. "십자가의 맨 윗부분에

세 분의 예수님이 계시고, 맨 아래에도 세 분이 계세요. 이쪽 팔과 저쪽 팔에도 각각 세 분의 예수님이 계시죠."

이따금씩 어느 정도는 대립적인 것이 필요하므로 나는 "그런 이야기는 그만두세요" 하고 요구하면서 다시 물었다. "예수가 어떻게 죽었나요?"

"예수께서는 십자가에서 처형당하셨어요"라고 그녀가 대답했다.

무엇인가가—그녀가 고통을 피할 수만 있으면 무슨 일이든 다 했다는 사실에서 미루어—떠올라서 나는 계속해서 물었다. "고통스러웠겠죠?"

"아니요." 그녀는 대답했다.

"고통스럽지 않다니 무슨 뜻인가요?" 나는 계속 물었다. "어떻게 고통스럽지 않을 수 있나요?"

그녀는 기뻐하며 이렇게 대답했다. "그분은 그리스도의 의식 안에서 너무나 고귀하게 나타나셨어요. 그래서 자기 자신을 영체 靈體의 몸에 투사했다가 그로부터 떨어져나오실 수 있었던 거예요!"

그녀의 대답은 너무나 엉뚱하게 느껴졌다. 내가 사태를 제대로 파악할 수 있었던 것은 자문역 목사님과 통화를 하고 나서였다. 그날 밤, 그녀의 대답이 너무 이상해서 나는 목사님에게 전화를 걸어 자초지종을 자세히 설명하였다. 그러자 목사님이 곧바로 "그게 바로 가현설假顯說입니다"라고 말했다.

"가현설이 대체 뭐죠?" 나는 다시 물었다.

"가현설이란 아주 초기에 나타난 기독교 이단 중 하나예요." 목사님이 설명했다. "가현론자들은 예수가 완전한 신적 존재였고, 예수의 인간적인 측면은 단순한 외양일 뿐이라고 믿었던 초기 기독교 집단이에요."

여기에서 기독교의 이단이란 기독교인에게나 죄가 되는 것임을 이해하는 것이 중요하다. 곧 언급하게 되겠지만 다른 종류의 이단들도 있다. 하지만 기독교 이단은 기독교 교리에 의거하여 제시된 것이기는 해도 교리의 진정한 의미를 심각하게 훼손한다. 그렇다면 가현설이 왜 이단인지는 쉽게 알 수 있다. 만일 예수가 전적으로 신적인 존재고 예수의 인간적인 모습은 단순한 외양에 지나지 않는다면, 십자가의 수난은 내 환자가 믿는 대로 신성한 허구에 지나지 않는다. 게다가 기독교 교리의 핵심에 놓여 있는 모든 희생의 역사 또한 모든 사람이 감쪽같이 속아 넘어간 절묘한 속임수에 불과하다.

대부분의 이단은 주로 역설의 한쪽 측면만을 부각할 때 나타난다. 가현설이 주장하는 것과 정반대의 내용을 믿는 것 역시 이단이다. 즉, 예수는 인간일 뿐이고, 예수의 신성은 껍데기에 불과하다는 믿음도 마찬가지로 이단이라는 말이다. 만일 예수가 어느 정도 현인처럼 '자기를 실현'한 또 다른 한 사람에 불과하고 그 이외에는 유한성을 지닌 너무나 평범한 사람이라고 믿는다면, 하느님은 '우리 가운데 한 사람으로 살다가 죽기 위해서 내려온 적'이 없다는 결론에 이를 수밖에 없다.

그러므로 기독교 교리의 핵심―사람들이 믿든 믿지 않든 간에

—에 남는 것은 바로 역설이다. 즉, 예수는 역설적이게도 인간이면서 신이다. 50 대 50으로 반은 신이요, 반은 인간으로 나누어진 게 아니라 교리에서 말하듯이, '전적으로 인간이면서 전적으로 신'이었다.

그 사건 이후로 대부분의 고대 기독교 이단들이 아직도 곳곳에 건재하다는 것을 알았다. 예를 들면 내재론과 초월론이라는 두 개의 신학파가 있다. 내재론에서는 인간 존재 안에 내재하는 신성, 성령의 하느님 또는 퀘이커교도가 말하는 '내적인 빛'에 초점을 맞춘다. 반면에 초월론에서는 하늘에 계신 우리 아버지 또는 하늘에 계신 힘센 경찰처럼 인간으로부터 외재하는 신성에 초점을 맞춘다. 사실 이 두 가지 관점이 모두 필요하다. 어느 한쪽으로만 치우칠 때 혼란에 빠질 수 있다.

만일 하느님이 전적으로 우리 내부에만 머물러 있다고 믿으면, 우리의 모든 생각이나 감정은 일종의 계시로 추론해볼 수 있다. 하지만 이렇게 되면서 '신新사고' 교회라고 지칭되는 몇몇 뉴에이지 교파가 생겨나는 문제가 발생한다. 그러나 이와는 정반대로 하느님이 저 위에, 저 밖에만 존재한다고 믿으면, 또 모세나 예수 같은 특별한 선지자가 나타나 하느님의 말씀과 행동을 알아들을 수 있게 옮기지 않으면, 우리는 이런 문제에 봉착하고 만다. "하느님은 도대체 인간처럼 유한한 존재와 어떤 식으로 의사소통을 하게 될까?" 이것은 내가 이따금씩 언급하는 '정통의 이단'을 낳는다. 마치 종교 재판에 나온 심문관들은, 내재하는 신성을 죽였다는 이유만으로 이단이라는 낙인이 찍혀 고문받고 화형당한 사람들보다 더 나쁜 이단자가 되는 것과 같다. 오로지 초월론에만 초점을 맞추면 극단적 전통주의를 추구하는 우파 가톨릭교회나 근본주의자들이 빠져드는 이단이 된다.

우리에게는 또 하나의 역설이 남아 있다. 즉, 신은 자신의 조용하고도 작은 목소리를 통해서 우리 안에 존재하고 동시에 초월적이고 엄청난 타자로서 우리 바깥에도 존재한다.

오늘날에도 상당히 널러 퍼져 있는 다른 유형의 두 가지 사유를 마지막 예로 들어보자. 약 1500년 전 아일랜드에는 펠라기우스라는 일에 중독된 수사가 있었다. 이 수사는 제자들에게 좋은 일을 많이 하면 구원받을 수 있다고 가르쳤다. 그러나 이런 생각은 사람들을 온갖 어려움에 빠뜨릴 수 있기 때문에 그 이후로 '펠라기우스의 교리'라는 이단으로 알려졌다. 펠라기우스의 교리는 사람들을 일에 매달리게 했다. 또한 그 교리는 순전히 인간의 힘으로 구원받을 수 있기 때문에 신의 은총은 구원과는 무관하다는 결론에 이르게 했다. 더 나아가 우리가 '스스로' 성취한 일에 제멋대로 자부심을 갖도록 만들었다.

한편 약 300년 전 유럽에는 이와 정반대인 기독교 집단이 있었다. 즉, 구원은 오직 하느님의 은총에 달려 있다는 것이다. 이들은 조용히 앉아서 은총이 일어나기만 기다렸기 때문에 정적주의자라고 불렸다. 이것은 예수가 촉구한 사회적 실천을 장려하는 교리가 아니기 때문에 정적주의자들 역시 이단으로 간주되었다. 다시 한번 우리는 구원이란 어떠한 수학적 공식으로도 얻지 못하는—앞으로도 얻지 못할—은총과 순행이 역설적으로 뒤섞여서 나타나는 결과라는 결론에 이른다.

비기독교적 이단

다른 종교에도 이단이 있을 수 있는데 심지어는 기독교와 공유되는 부분도 있기도 하다. 예를 들자면 은총과 순행의 역설을 가지고 고심한 것은 이슬람교도나 기독교도나 마찬가지였다. 이 주제에 대해 내가 아는 가장 멋진 충고는 무함마드가 한 말이다. 무함마드는 이렇게 말했다. "신을 믿어라. 하지만 먼저 낙타를 묶어라."

세속적인 이단도 있다. 그 좋은 예가 바로 엄격한 개인주의적 윤리다. 이 윤리에서는 인간이 개인이 되도록 명을 받았다고 주장한다. 어느 정도는 진실이다. 칼 융은 심리적·영적 성장이 지향하는 바는 전적으로 개체화, 즉 부모에게서 독립해서 스스로 생각할 수 있는 능력을 획득하는 데 있다고 말했다. 우리는 독립해서 두 발로 서도록 명을 받았고, 운명의 주인까지는 아니더라도 자신이 이끄는 배의 선장이 되도록 임명받았다. 하지만 엄격한 개인주의는 융이 이야기한 반대 입장을 전적으로 거부한다. 우리는 자신의 한계와 연약함, 불가피한 상호 의존 관계를 받아들이도록 명을 받았다. 그러나 다른 이단과 마찬가지로 엄격한 개인주의는 역설의 반대 측면을 완전히 무시한다.

이러한 개인주의는 심각한 고통을 불러일으킨다. 같은 의자에 서로 옆에 앉아 있는 사람들도 각자의 평온한 가면 뒤에 숨어서 저마다 잘 지내는 척한다. 잘 지내야만 한다고 들었기 때문이다. 하지만 실제로는 어느 누구도 잘 지내지 못한다. 그리고 엄격한 개인주의적 윤리의 결과로, 많은 사람은 자신에게 가장 중요한 사안도 서로 이야기할 수 없다고 느낀다. 그러므로 작은 밀폐 용기에 담겨 각각 고립되는 것이다.

이단에서 벗어나기 위해서는 반드시 역설을 받아들여야 한다. 통합적인 사고란 역설적인 사고를 말한다. 통합적으로 사고하는 것도 필수적이지만 통합적으로 행동하는 것도 필수적이다. 통합적인 행위란 '실천'을 말한다. 이 말은 처음에는 마르크스에 의해 유행했다가 그 이후로는 자유주의 신학자들이 택한 용어다. 실천이란 행위와 신념 체계를 통합하는 것이다. 간디가 "신념이 행동으로 바뀌지 않는다면 무슨 가치가 있습니까?"라고 말한 것처럼 우리는 분명하게 행동과 신학을 통합해서 완전한 사람이 돼야 한다. 하지만 어떤 종교적인 신앙을 가졌든 이런 일이 자주 이루어지는 경우는 드물다.

이단은 현대 기독교에도 여전히 존재한다

뉴에이지 교회를 이단이라고 비난하고 싶지는 않다. 실제로 이단은 공식적이고 전통적인 기독교 교회 안에도 퍼져 있기 때문이다. 내가 '가짜―가현설'이라고 부르는 것 외에도 분명한 증거가 한 가지 더 있다. 이러한 이단을 범한 기독교인들은 예수가 인간이면서 동시에 신이라는 역설적인 현실을 이해하도록 종교적 훈련을 충분히 받았다. 하지만 실제로는 예수를 99퍼센트는 신이고 겨우 1퍼센트 정도만 인간이라고 믿는다. 이런 생각에 따르면, 99퍼센트 인간인 우리는 이 땅에 있고 예수는 정체성과 한계를 초월하여 저 위에 있기 때문에 우리는 실제로 예수처럼 행동할 수 없다는 구실이 생겨난다.

이런 생각이 얼마나 나쁜 영향을 미치는지 예를 하나 들어보자. 얼마 전에 기독교 심리 치료사와 상담원 회의에 참가한 적이 있었다. 그 회의에서 침례교 신학자인 하비 콕스라는 강연자가 말하길, 복음서에 따르면 예수는 부유한 로마인의 딸을 살려달라는 요청을 받았다고 했다. 예수가 로마인의 집으로 가고 있을 때, 오랫동안 출혈병을 앓던 한 여인이 군중 속에서 손을 뻗어 예수의 옷자락을 만졌다. 예수는 그녀의 손길을 느끼고는 돌아보며 물었다. "누가 나를 만졌느냐?" 여인은 앞으로 나와 예수께 자기 병을 고쳐달라고 애원했다. 예수는 여인을 치료해주었다. 그러고 나서 로마 인의 집으로 갔으나 그의 딸은 이미 죽어 있었다.

이 이야기를 한 후, 콕스는 청중을 향해 물었다. "여러분은 누구와 자신을 동일시하셨나요?" 청중은 약 600명가량 됐는데 대부분 기독교도였고 전문직에 종사했다. 피 흘리는 여인과 자신을 동일시한 사람들은 손을 들어보라고 하자, 100명 정도가 손을 들었다. 죽어가는 딸을 걱정하는 로마인 아버지와 동일시한 사람들은 손을 들어보라고 하자, 나머지 상당수가 손을 들었다. 호기심 어린 눈으로 지켜보던 군중과 동일시한 사람들 차례에서는 대부분의 사람이 손을 들었다. 그런데 예수와 자신을 동일시한 사람을 물어보니 단 여섯 사람만 손을 들었다.

이런 결과에는 뭔가 문제가 있다. 600명이 넘는 전문 직업을 가진 기독교인들 가운데, 예수와 자신을 동일시하는 사람이 겨우 100명에 한 명꼴이라니! 어쩌면 이보다는 더 많았지만 오만해 보일까 봐 두려워서 손을 들지 못한 사람도 있을 수 있다. 다시 한 번 강조하지만 예수와 자신을 동일시하는 것이 오만해 보인다면 우리의 기독교 개념에 문제가 있는 것이다. 오히려 우리가 해야 할 일이 바로 그것이다! 우리는 자신을 예수와 동일시하고 예수처럼 행동해야 하고 예수처럼 되어야 한다. 이것이야말로 기독교가 해야 할 일, 즉 그리스도를 닮는 것이다.

또 한 가지 이단은 불경에 관한 기독교의 해석이다. 즉, 십계명 가운데 제2계명인 '너는 너의 하느님 여호와의 이름을 망령되이 일컫지 마라'를 위반하는 것이다. 전국 각지를 돌아다니며 만나본 대부분의 기독교인은 이 계명을 '너희는 부정한 말로 하느님을 욕되게 하거나 이용해서는 안 된다'는 의미로 잘못 해석한다. 하지만 불경이란 이런 것이 아니다. 불경은 정반대를 의미한다. 즉, 불경이란 달콤하고 종교적인 언어를 이용한 비종교적인 행위를 가리킨다.

일전에 위대한 수피교도인 이드리에스 샤 Idries Shah가 강연하는 모임에 참석한 적이 있다. 이틀 동안 두 번의 강연을 한 후 마지막에 그는 이런 말을 했다. "아시겠지만, 전 지금까지 4시간 동안 여러분과 이야기를 나누었습니다. 그렇지만 아직 단 한 번도 '신'

이나 '사랑'이란 말을 쓰지 않았어요. 우리는 이런 말을 가볍게 사용하지 않습니다. 이런 말들은 *신성하니까요*."

불행하게도 많은 기독교인에게 이런 말들은 신성하게 사용되지 않는다. 남부 캘리포니아에서 기독교에 귀의한 부부와 주말을 보낸 경험을 이야기해야겠다. 이 부부는 누가 누구랑 잠자리를 같이 했고, 누가 교회에 나오지 않았으며, 어느 집 아이가 맛이 갔다느니 하는 식의 아주 듣기 불쾌한 잡담을 했다. 한데 잡담 사이사이에 말끝마다 하느님이 이것을 했다느니 저것을 했다느니, 하느님이 이것을 하실 거라느니, 저것을 하실 거라느니 하는 말을 끝도 없이 늘어놓았다. 꼬박 사흘을 머문 후 마침내 그곳에서 나올 무렵에는 한 번만 더 하느님이 이것을 했다느니 저것을 했다느니 하는 말을 들으면 토해버릴 지경이 되었다. 내가 보기에 이 부부의 죄는 사소한 잡담보다 훨씬 더 심각한 것처럼 보였다. 말끝마다 '하느님을 들먹이는' 수다는 불경스럽기 짝이 없다고 느껴졌기 때문이다. '여호와의 이름'을 이런 식으로 쓰면 하느님은 하찮은 존재가 되어버린다.

십계명의 순서가 우연히 만들어졌다고는 생각하지 않는다. 첫 번째 계명―우상 숭배―의 위반은 모든 죄의 근원이 된다. 두 번째 계명―불경에 관한―의 위반은 죄 중의 죄, 거짓 중의 거짓이다. 실천이 따르지 않고 궁극적으로 행동과 신학을 통합하려고 시도하지 않는 신앙심은 허위에 불과하다.

공동체 대 사이비 종교

뉴에이저뿐만 아니라 전통적인 기독교인에게도 함정은 여기저기에 널려 있다. 이들에게서 사이비적인 현상이 모두 나타난다. 어쨌든 공동체에서 함께 살고 싶어 하는 사람이 있다면 반대할 까닭이 없다. 개인적으로 볼 때 그런 욕구는 신성한 소명이다. 하지만 공동체와 사이비 종교 사이에는 커다란 차이가 있다. 공동체는 사람들을 상호 연관성으로 끌어들인다. 하지만 모종의 압력을 가해서 한 사람이라도 공동체에서 빠져나가지 못하도록 신경을 곤두세우고 있진 않다. 그리고 공동체에서는 구성원들 사이의 현격한 개성을 자랑으로 여긴다. 반면에 사이비 종교의 특징은 구성원들을 세뇌하여, 일단 참여한 다음에는 떠나지 말 것을 강요한다. 또 여기에 속한 사람들은 개성이 없이 다 똑같아진다는 특징이 있다.

구별하기 쉽도록, 사이비 종교의 10가지 특징을 밝혀보았다.

1. 카리스마를 지닌 단 한 명의 지도자를 숭배

'재림한 예수'로서 '무니Moonies'라고 인정받는 문선명 목사는 이러한 종교적 우상 숭배를 입증하는 좋은 사례다. 짐 존스나 데이비드 코레시도 마찬가지로 카리스마를 지닌 사람이었지만 결국 추종자들을 재앙과 죽음으로 내몰았다. 자신을 경배하라고 부추기는 '지도자'가 많다.

2. 숭배받는 내부 집단

아무리 야심이 넘치는 지도자라도 일정 규모 이상의 조직을 혼자서 관리하지는 않는다. 이들에게도 믿을 만한 수하가 필요하다. 대체로 대규모 사이비 종교 단체들은 구성원 가운데 내부 집단이 있어서 이들도 지도자만큼이나 추앙받는다. 이들은 경외의 대상이고 두려움과 부러움의 대상이다. 이들은 또한 사람들에게 뒷얘깃거리가 된다. 이런 식으로 추앙받는 내부 집단이 사이비 종교만의 두드러진 특징은 아니다. 정도의 차이는 있겠지만 이런 내부 집단은 모든 대규모 조직이나 정부 기업체, 대학 또는 교회에도 존재한다. 문제는 숭배와 경외의 정도 그리고 권력 남용의 가능성에 달려 있다.

3. 비밀스러운 관리

사이비 종교의 두드러진 특징 중 하나는 내부 집단이 엄청나게 비밀리에 움직인다는 것이다. 물론 이러한 비밀주의는 대다수 비종교 조직의 특징이기도 하다. 정부의 실무자들도 비밀문서나 안전 등급에 얼마나 강박적인지를 생각해보라. 기업체의 기업 비밀에 대해서도 생각해보라. 이사회실, 막후 협상 테이블, 겉으로 보기에는 일상적으로 보여도 정말로 중요한 조찬 모임 등을 생각해보라. 하지만 사이비 종교 지도자들은 자신의 행동에 대해 겉으로 포장해서 해명해야 할 책무는 없다고 주장한다.

4. 재정 은폐

몇 년 전, 릴리와 나는 뉴에이지 평화 단체의 최고 지도자들을 만날 기회가 있었다. 그날 우리를 실망하게 만든 여러 일 가운데 하나는 이 집단이 재정 상태를 은폐하려고 한 것이었다. 이 일로 우리는 이 단체가 사이비 종교라는 결론을 내렸다. '왜 비밀리에 처리하려 하는가?' 우리는 의아했다. 이 단체는 비영리 조직이었다. 추측건대 이 단체의 재정은 어떤 식으로든 공적인 기록을 남겨야 했을 것이다. 그래야 재정난을 떠안으려는 누군가에게 재정 지원을 받을 수 있을 테니 말이다. 사이비 종교 단체 지도부의 은밀한 특성은 너무나 일상적이어서 가장 중요하고 공적인 영역까지도 불필요하게 더럽히고 있다고 추측할 만했다. 이러한 단체에서 사람들이 제대로 못 보는 부분은 이것뿐만이 아니다. 이는 너무나 놀라운 일이다. 어쨌든 재정 은폐는 어떤 이유에서건 많은 사이비 종교 단체의 특성으로 보인다.

5. 의존

사이비 종교가 사람들에게 적당한 두려움을 주는 주된 이유는, 아마도 그들의 권위적인 지도력이 추종자들의 의존성을 키워놓았기 때문인 것 같다. 사이비 종교는 추종자들이 모두 지도자 집단이 되도록 키우지 않고, 구성원이 스스로 생각하는 능력을 억제하는 경향이 있다. 이런 문제는 가톨릭교회에도 존재한다. 현재 이런 문제는 영적인 해결책을 찾기 위해 동양으로 떼를 지어 몰려가는 현상으로 나타난다. 실제로 종교 지도자가 제자에게 스스로를 신으로 여기도록 가르치는 것은 힌두교의 전통이다.

6. 천편일률

이것이야말로 사이비 종교의 가장 안타까운 특징이 아닐까 한다. 앞에서 언급했던 평화 단체의 최고 지도자들과의 만남에서 그들의 모습이 다들 똑같아서 나는 어느 정도 충격을 받았다. 이들의 나이는 서른에서 일흔 살까지 아주 다양했고 남자도 있었고 여자도 있었다. 어떤 사람은 정장 차림이었고, 어떤 사람은 그렇지 않았다. 어쨌든 이제껏 군대에서든 정부에서든 그때 그 지도자들과의 만남처럼 숨막히는 모임을 가져본 적이 단 한 번도 없다. 20명이나 되는 사람들이 하나같이 똑같다고 생각해보라. 여러분도 질식할 것 같아질 것이다.

7. 특수한 언어

어떤 집단에서든 서로 긴밀하게 집약적으로 일하는 사람들 사이에서는 특수한 내부 언어가 개발된다. 당연하다. 즉, 자기들만의 특수한 의미를 지니고 있어서 외부 사람들은 이해할 수 없는 일련의 말들이 있기 마련이다. 어떤 단체가 사이비 종교에 가까워질수록 이러한 내부 언어는 더 특수해지는 경향을 보인다. 결국 이러한 내부 언어는 전수자에게만 알려지고 일반인은 전혀 해석할 수 없는 특수 언어와 같다. 관심 분야에 도움을 받기 위해서 나는 다양한 뉴에이지 단체에게서 편지를 받는다. 이런 단체는 비록 내가 그들을 진지하게 받아들이도록 하는 데는 어느 정도 성공했을지 모르지만 '공명하는 핵심 집단'이나 '재진화'와 같은 내부 언어를 씀으로써 그들을 이해하는 데에는 방해가 됐다. 이러한 집단은 자신의 특수한 언어에 너무나 물든 나머지 외부 세계와 효과적으로 의사소통하는 능력을 상실하였다.

8. 교조적인 교리

어떤 사이비 종교에서는 자신들의 신학을 '발전시키는' 과정에 나 같은 외부인의 도움이 필요하다고 자주 말한다. 그러나 이런 말은 대체로 책략일 뿐이다. 사태를 파악해보면, 이들의 신학은 이미 상당히 확립되어 있어서 대부분의 교리는 교조적으로 변해버린 지 오래다.

9. 이단

모든 단체는 의식적으로든 무의식적으로든, 원하든 원하지 않든 신과의 관계 안에서 존재한다. 기업체에 속하는 단체는 소극적으로나마 신과의 관계를 배제한다. 사탄과 같은 사이비 종교에 속한 단체는 적극적이고 격렬하게 신과의 관계를 부정한다. 사이비 종교와 하느님과의 관계는 실제로 좋지 않은 상태에 있고 이단적이다.

10. 속박된 하느님

하느님과의 뒤틀린 관계와 자신의 교조주의에 만족한 사이비 종교들은 어떤 식으로든 자신이 하느님을 독점한다고 생각한다. 이들은 하느님을 사로잡고 있다. 그러나 실제로 하느님은 우리가 소유할 수 있는 존재가 아니다. 개인적으로든 집단적으로든 우리가 그분에게 소유되는 것이다.

특정 단체를 평가해서 그 단체를 사이비 종교 집단이라고 판단을 내릴 때, 이 열 가지 기준을 모두 만족해야 하는 것은 아니다. 서너 가지만 들어맞으면, 일단 의심해볼 수 있다. 사이비 종교는 흔해서 아무 데고 널려 있으며 또한 수많은 기업도 사이비 종교와 같다는 걸 깨닫는 것이 중요하다. 똑같이 입고 똑같이 보이게 하고 똑같이 행동하도록 사원들에게 엄청난 압력을 행사하는 IBM도 본질적으로 사이비적인 요소를 갖고 있다고 생각한다.

가톨릭교회도 앞에서 제시한 기준에 대부분 들어맞는다고 지적한 바 있다. 하지만 미국의 가톨릭교회가 사이비 종교라고는 생각하지 않는다. 1960년대의 바티칸 제2공의회가 열리기 이전에는 사이비 종교였을 수도 있다. 하지만 바티칸 제2공의회는 미국의 가톨릭에 대변혁을 일으켰다. 사이비 종교에서는 권위 체계가 전적으로 받아들여지기 때문에 도전을 받을 수 없었다. 그러나 현재

미국 가톨릭교회의 권위 체계는 오늘도 도전을 받고 있다. 가톨릭교회의 여성 운동은 어떤 기독교 교회보다도 가장 활발하게 이루어지고 있다. 이는 엄청난 혼란이었지만, 아주 보수적인 교회에서부터 아주 자유주의적인 교회에 이르기까지 개별 교회에서 각자의 신앙을 어떤 식으로 실천하는지 다양하게 보여주는 사례이기도 하다. 이런 까닭에 현재 가장 보수적인 교황이 바티칸 제2공의회의 결정을 무효화하려고 기를 쓴다고 나는 농담하곤 한다.

최근에 가톨릭교회가 믿을 수 없을 정도로 변화한 원인은 본디임시 교황으로 선출된 교황 요한 23세까지 거슬러 올라간다. 교황이 선출될 무렵, 추기경단은 적절한 후보자에 동의하기까지가 매우 힘들었다. 마침내 절충안으로 가장 연로하고 그다지 거슬리지 않는 사람 가운데 한 사람을 선출하기로 결정했다. 당시 칠십 대였던 요한은 과체중에다 그 자리에 오래 버티거나 많은 일을 벌일것 같지 않은 만만한 노인으로 보였다. 하지만 교황으로 선출된 지채 일 년이 지나지 않아 그는 바티칸 제2공의회를 개최하였다. 이런 공의회가 왜 필요하냐는 질문을 받았을 때, 바티칸의 오래된 창문 중 하나를 열고는 이렇게 외쳤다고 한다. "신선한 공기, 신선한 공기가 필요해!"

통합하는 세력으로서의 뉴에이지

신선한 공기는 뉴에이지 운동이 한창이던 때에나 누리던 것이다.

지금까지 뉴에이지 운동의 '분열적인' 측면에만 초점을 맞추긴 했지만 나는 뉴에이지가 반발한 대상이 아주 현실적인 죄이며, 그런 죄들에 대해 맞서 싸워야 한다고 굳게 믿는다. 뉴에이지 운동이 보여준 반동 형성의 문제만 피할 수 있다면, 그것은 분명히 대단한 미덕을 지녔다고 할 수 있다. 상당히 바람직하다고 볼 수 있는 '통합적인' 측면에서 보면, 뉴에이지는 통합과 완전성을 향해 가는 운동이고 그에 합당한 결과가 나오기도 하였다. 뉴에이지 운동은 의학을 지나치게 세분화하지 않으면서도 다양한 특성을 지닌 의학으로 통합한다. 모든 생명체가 생명의 순환에 기여하는 바를 통합하는 생태 운동에서도 이것을 찾아볼 수 있다. 과거에 익숙한 고루한 사고방식보다는 훨씬 더 총체적인 사고방식 속에서 뉴에이지 운동을 찾아볼 수 있다.

예를 하나 들어보자. 베를린 장벽이 무너지기 전, 나는 두 명의 소련 시민을 사적으로 사흘 동안 만날 좋은 기회를 얻었다. 그 중 한 사람은 공산당 중앙위원회의 고위 인사였다. 이 사람은 글라스노스트('개방'이나 '공개'라는 뜻의 러시아 어로, 고르바초프가 1985년 당 서기장 취임 후 당 기관지와 국영 통신을 통해 부정부패, 사회 부조리, 정책 과오 등을 공개 보도하도록 한 정책을 일컫는다. 페레스트로이카와 함께 소련 체제의 붕괴를 가져온 요인으로 평가되었다—옮긴이)가 실제로 진행 중이라는 것을 설득하려고 미국에 온 것이다. 그 당시 대부분의 미국인은 글라스노스트를 러시아 사람들이 날조한 정치 선전에 불과하다고 생각했다. 하지만 이들을 만나면서, 나는 글라스노스트가 실제로 있는 일이라고 확신했다.

그 일이 있고 얼마 안 있어 워싱턴의 유명한 칼럼니스트 잭 앤더슨이 강연하는 회의에 참석했다. 앤더슨은 의미 있는 일도 많이 했지만 여전히 고루한 사고방식을 버리지 못했다. 묻고 답하는 시간에 글라스노스트에 관한 질문을 받자 사실을 제대로 파악했던 그는 글라스노스트는 실제 상황이라고 대답했다. 그는 상당히 정확하게 이야기했다. 소련에는 글라스노스트에 반대하는 사람도 상당히 많은데 특히 셈 족을 심히 싫어하는, 주로 나이 많은 이들로 구성된 단체가 그렇다고 했다. 소련의 관료주의에 매우 철저하게 젖어 있던 사람일수록 더 심하게 글라스노스트에 저항한다고 설명했다. 그러고 나서 앤더슨은 이렇게 말했다. "러시아 사람들이 우리보다 더 나쁜 관료주의에 물들어 있다는 사실에 하느님께 감사합시다."

다른 사람들이 더 나쁜 상황에 있는 것을 하느님께 감사하다니, 바로 이런 것이 고루한 사고방식이다. 과거의 경쟁적인 사고방식이 바뀌었다는 사실에 대해서는 하느님께 감사한다. 패러다임이 바뀌었으므로 — 뉴에이지 운동에서 유명해진 또 하나의 말 — 미국에도 우리 자신을 개방하는 일종의 글라스노스트가 필요하다. 경쟁과 구분에서 벗어나 사회적 · 영적 삶의 모든 분야에서 더 큰 통합으로 옮겨가야 한다.

혁명 또는 개혁

"뉴에이지 운동은 통합적인가 아니면 분열적인가?"라는 질문에 "예 그리고 아니요"로 대답하면서도 나는 아직도 뉴에이지 운동의 미래를 깊이 고민한다. '이 운동은 혁명이 될 것인가 아니면 개혁이 될 것인가?' 이 운동이 혁명의 언저리를 왔다 갔다 하면, 틀림없이 실패하거나 위험해질 거라는 생각이 든다. 반대로 개혁의 길을 고수할 수만 있다면, 아주 성스러운 운동이 될 것 같다. 우리에게는 너무나도 개혁이 필요하기 때문이다.

개혁은 혁명보다 훨씬 더 지난하다. 어려움을 견디면서 개혁을 이루는 것보다는 뭔가 다른 일을 하는 것이 훨씬 쉽기는 할 것이다. 뉴에이지 운동에서 문제 삼은 구세대의 죄들은 솔직히 개혁하기가 쉽지 않다. 약을 예로 들어보자. 나는 '전인 의료holistic medi-cine(분리된 기능이나 기관보다는 육체, 정신, 감정, 환경 등 사람을 통합된 전체로 보아 광범위한 건강 진료와 치료법을 장려하는 예방 의학과 치료 의학의 학설—옮긴이)'를 상당히 신봉하지만 그 비용이 만만치 않다. 제대로 된 전인 의료는 통상적으로 세분화한 대량 생산 공정식 의학보다 훨씬 더 비싸다. 실제로 뉴에이지가 일시적으로 엄청난 유행을 타면서 마치 전인 의료를 시행하는 것처럼 환자들을 속여 떼돈을 벌어들인 돌팔이 의사가 많다.

나는 가끔씩 FCE—릴리와 내가 1984년부터 돕기 시작한 공동체 장려 재단—도 뉴에이지 단체가 아닌지 심사숙고한다. 한데 어떤 면에서는 뉴에이지다. 예를 들면 우리가 명확하게 내건 가치 가운데 하나가 '새로운 사상에 대한 개방'이다. 하지만 또 다른 가치는 '합당한 자료들', 즉 매우 전통적인 과학과 사업상 이용되는 실천적 가치들이다. 우리는 이러한 가치들이 계속 통합되도록 지속적이고 역설적인 싸움을 벌여야 한다.

완전함으로 가는 길은 쉬운 길이 아니다. 늘 고통스럽다. 완전함을 지향하면서 행동하는 것은 그렇지 않은 경우보다 훨씬 더 어렵다. 완전함을 이루기란 늘 고통스럽기 때문에 개혁이 혁명보다 훨씬 더 어려운 것이다. 뉴에이지 운동이 구원을 받을지 아니면 저주를 받을지 그 여부는 뉴에이지 운동이 개혁을 지향하는지 아니면 혁명을 지향하는지에 달려 있다. 그리고 이 운동이 새로운 사상에 매혹된 사람들에게 고통스러운 작업을 감수할 동기를 부여할지, 그리고 목욕물과 함께 아이를 버리지 않는 훈련을 받을 마음을 이끌어낼지, 새로운 사상 중 가장 좋은 것과 옛날 사상 가운데 가장 좋은 것을 통합하는 동기를 부여할 수 있을지 그 여부로 귀착될 것이다.

성性과 영성

어떤 사람은 성과 영성이 서로 관계 있다는 견해에 어쩌면 충격받을지 모른다. 적어도 성경에 나오는 아가雅歌 편을 읽은 적이 없는 사람은 더욱 그럴 것이다. 아가는 다음과 같은 구절로 시작한다. "그가 내게 입 맞추기를 원하니······." 그 제목에서 알 수 있듯이, 아가는 하느님과 하느님을 섬기는 사람들 사이의 절묘하고 에로틱한 대화다. 그러나 거기에는 성과 성행위를 악마와 동일시하는 종교 특유의 흔적이 엿보인다. 우리는 악마가 죄 많은 육체의 쾌락과 정욕으로 인간을 유혹한다고 생각한다. 그러한 맥락에서는 성과 영성 사이에 오직 투쟁의 관계만이 존재한다. 이런 싸움에서는 한편이 다른 한편을 이겨야만 한다. 그러나 만일 성과 영성 사이에 갈등이 존재한다면, 그것은 연인 간의 사랑싸움이나 형제간의 경쟁에 가깝다는 것이 내 생각이다. 그 싸움을 통해 양쪽 모두 어느 정도까지 성장할 수 있다.

"성이란 무엇인가?"라는 질문을 시작하면 곧바로 과학이라는 높은 장벽에 부딪힌다. 20세기 말인 지금, 인간은 지구 표면을 떠나는 법은 알고 있을지언정 과학적 관점에서 남성과 여성 간의 비해부학적 차이나 유사성에 대해서는 기본적인 것조차 이해하지 못한다. 유감스럽게도 과학보다는 신화가 다시 한 번 성의 본질에 대해 훨씬 더 많은 것을 이야기해 줄 수 있다.

신화에 등장하는 기본 주제들 가운데 하나는 인간이 신과 비슷해지려는 것에 대해 신이 느끼는 두려움이다. 성에 관한 신화는 이러한 주제의 변형이다. 성에 관한 신화는 인간이 태초에는 남자와 여자가 결합된 양성이었다는 사실을 말해준다. 그러나 양성인 인간이 강한 힘을 얻어 신의 영역을 침해하려 들자, 신은 인간을 반으로 쪼개 남자와 여자로 만들었다. 반으로 쪼개진 인간은 더 이상 신에 대항할 수 없었다. 그래서 인간은 스스로의 불완전함을 느끼며 잃어버린 완전성을 갈망하면서 영원히 나머지 반쪽을 찾게 된다. 나머지 반쪽과 성적으로 결합하는 순간, 신에 가까운 완전성이라는 잃어버린 기쁨을 다시 경험하기를 바라면서 말이다.

신화에 따르면, 성은 우리가 불완전하다는 느낌에서 비롯되며 완전성을 향한 충동과 신성에 대한 갈망으로 나타난다. 영성이 성과 같은 것이 아니라면 우리의 영성은 과연 무엇이란 말인가? 불완전하다는 느낌에서 비롯된 어떤 것이 아니라면 그리고 완전함을 향한 충동과 신성에 대한 갈망으로 발현되는 것이 아니라면, 우리의 영성이란 과연 무엇이란 말인가?

물론 성과 영성은 엄밀히 말해 서로 다르다. 둘은 일란성 쌍둥이는 아니지만 서로 가까운 친척이다. 신화뿐만 아니라 인간의 실제 경험을 보아도 둘은 같은 땅에서 나왔다.

실제로 많은 사람이 성행위를 통해 영적인 경험에 가장 가까이 다가간다. 물론 이것은 너무나 많은 사람이 극도로 자유분방하게, 반복적으로 그러한 종류의 영적 경험을 좇기 때문이기도 하다. 스스로 알고 있든 모르고 있든, 흔히 그들은 신을 찾는다. 무신론자나 불가지론자조차도 오르가슴의 순간, 습관처럼 "오, 신이여!"라고 외치는 것은 결코 우연이 아니다.

신비한 경험으로서의 오르가슴

위대한 심리학자 에이브러햄 매슬로우Abraham Maslow는 어느 날 아픈 사람들 대신, 특별히 건강한 사람들을 연구하기로 했다. 이들은 모든 것을 갖추었고, 잠재력을 충분히 발휘하고 있으며, 가장 완전한 인간으로 보이는 사람들로서 10만 명 중 한 명꼴로 존재한다. 그는 이러한 사람들을 '자아실현을 한 사람들'이라고 불렀다(나는 '상호 실현'이라는 용어를 더 선호한다). 매슬로우는 이들을 연구하면서 이들의 공통된 특성을 13가지 정도로 구분했다. 그중 한 가지는 이들이 일상에서 오르가슴을 영적이고 심지어 신비한 사건으로 경험한다는 것이다.

한편으로 '신비한'이라는 단어는 우리가 생각하는 것 이상의 의미를 지닌다. 신비주의자들은 오랫동안 자아의 소멸이 신비한 영적 여정에서 반드시 필요한 부분이라고 주장했다. 심지어 그것

자체가 목적이자 신비한 여정의 궁극적 이유라고 말하기도 했다. 또한 프랑스 사람들은 오르가슴을 전통적으로 *'la petite mort'*, 즉 '작은 죽음'이라고 부른다.

주관적으로 경험하는 오르가슴의 질은 물론 함께하는 상대와 맺는 관계의 질에 따라 다르다. 따라서 가능한 한 최상의 오르가슴을 좇고자 한다면, 가장 좋은 방법은 깊이 사랑하는 사람과 함께하는 것이다. 신비한 오르가슴 경험의 최절정에 이르기 위해서는 이처럼 사랑하는 상대와의 관계가 필요하지만, 일단 그러한 절정에 다다르면 우리는 사실상 상대를 인식하지 못한다. 작은 죽음이라는 그 짧은 절정의 순간에 우리는 우리가 누구이며 어디에 있는지조차 잊어버린다. 그리고 이것은 진정한 의미에서, 우리가 이 세상을 떠나 신의 나라로 들어섰기 때문이라고 생각한다.

아난다 초오마라스와미는 이렇게 말했다. "서로 절정에 이르는 순간, 각자는 상대방을 위한 천국의 문이 되어주는 것 이상의 중요성을 갖지 않는다." 조지프 캠벨은 다음과 같이 부연했다. "우리가 사랑의 황홀경 속에 몰입할 때, 상대방은 우리가 제단으로 가기 위해 통과하는 사원의 입구에 지나지 않는다."

따라서 성적인 경험은 어떤 면에서 종교적인 경험이다. 그렇다면 종교적 경험도 성적 경험이 될 수 있는가? 지난 역사를 보면 가장 에로틱한 시들은 대부분 수도사나 수녀들이 써왔다는 것은 결코 우연이 아닐 것이다. 여러분은 이미 십자가의 성 요한이 쓴 〈어두운 밤*Dark Night*〉이라는 시를 알고 있을 것이다.

1. 어느 어두운 밤
   절박한 사랑의 열망으로 불타올라
   – 아, 더없는 은총이여! –
   나는 눈에 띄지 않게 밖으로 나갔다.
   이제 사방이 고요해진 내 집.

2. 어둠 속에서 안전하게
   변장을 한 채, 비밀 사다리를 타고
   – 아, 더없는 은총이여! –
   어둠 속에 숨어서
   이제 사방이 고요해진 내 집.

3. 그 기쁜 밤에
   아무도 보는 이 없이 몰래
   나 또한 아무것도 보이지 않은 채
   어떠한 빛도, 길잡이도 없어
   내 가슴속에 타고 있는 빛을 빼고는

4. 그 빛이 나를 이끌었네
   정오의 빛보다도 더 강하게
   그가 나를 기다리는 곳으로
   — 내가 너무도 잘 아는 그에게 —
   아무도 보이지 않는 그 어떤 곳으로

다음 연에서 성행위를 포함한 것에 주목하라.

5. 오, 나를 이끄는 밤이여!
   오, 새벽보다 더욱 사랑스러운 밤이여!
   오, 연인을 사랑하는 사람과 결합시켜
   그녀의 품에서 사랑하는 이를 변화시킨 밤이여

6. 내가 오직 그를 위해 온전히 간직했던
   피어나는 내 가슴 위로
   그는 기대어 잠이 들고
   부채질하는 삼나무의 산들바람 속에서
   나는 그를 어루만진다.

7. 작은 탑에서 산들바람이 불어올 때
   그의 머리카락에서 손을 떼자
   그것은 그 부드러운 손으로
   나의 목에 상처를 냈다.
   나의 온 감각을 마비시킨 채

8. 나는 사랑하는 이에게 내 얼굴을 대고
   스스로를 내맡기고 나 자신을 잊었다.
   모든 것이 멈추었고, 나는 의식을 잃었다.
   나의 모든 걱정을

백합꽃 속에 두고 잊은 채

인간과 신 사이의 신비한 결합을 묘사하는 듯한 이 시의 마지막 연은 그 어떤 문학에 나타난 묘사보다도 오르가슴을 더 훌륭히 묘사했다고 생각한다. '나는 스스로를 내맡기고 나 자신을 잊었다…… 모든 것이 멈추었고…… 나는 의식을 잃었다…….'

수도사와 수녀들을 만나본 결과, 가장 훌륭한 수도사나 수녀는 신을 가장 열렬히 사랑하는 사람이라는 것을 알 수 있었다. 그리고 신을 열렬히 사랑하기 위해서는 열정적이고 성적이어야 한다. 그렇다면 어떻게 그런 사람이 순결이나 금욕을 선택할 수 있을까?

두 가지 이유가 있다. 첫째, 말장난 같겠지만 성행위는 관계를 망칠 수 있다. 어떤 사람이 성적인 대상이 되는 순간, 우리는 상대방을 이용하려는 경향이 강해진다. 어떻게 이용하는지는 남성과 여성에 따라 조금은 차이가 있겠지만, 우리 모두는 성적인 대상을 은밀하게, 공공연하게는 아니더라도 또 교묘하고 이기적인 방식으로 이용하려는 경향이 있다.

독신 생활을 하지 않는 수도원과 수녀원을 만든 적이 있었으나 지금까지 모두 실패했다. 따라서 다른 동료들과 신뢰로 회복된 인간관계를 맺기로 굳게 결심한 사람들은, 대개 순결이나 금욕과 같이 성을 고도로 절제하는 것이야말로 자신이 치러야 할 대가라고 생각한다. 그리고 그들은 그럴 만한 충분한 가치가 있다고 생각한다.

낭만적인 사랑의 환상

《아직도 가야 할 길》에서는 사랑(나는 이것을 다른 사람의 영적인 성장에 대한 관심으로 정의한다)과 낭만적 사랑(나는 이것이 자기애의 한 형태라는 것을 알게 되었다)을 명백히 구분지었다. 모든 미국인이 품고 있는 낭만적 사랑의 전형은 신데렐라가 왕자와 함께 끝없는 오르가슴의 종말을 향해 달려가는 그런 사랑이다. 그러나 그것은 환상이다. 낭만적인 사랑은 역사상 그보다 앞서 존재한 정략결혼 문화보다는 나은 것이지만, 낭만적인 관계가 영원히 지속될 수 있다고 믿는 사람은 끊임없이 실망할 수밖에 없다. 사실상 그것은 낭만적인 인간관계에서 신을 찾는 것과 마찬가지다. 그리고 이런 문제는 낭만적 사랑뿐만 아니라 다른 문화에서도 나타나는 것 같다.

우리는 배우자나 연인이 우리에게 신이 돼줬으면 하고 기대한다. 그들이 우리의 모든 욕구를 충족하고, 우리를 실현시키고, 우리에게 영원한 지상 낙원을 가져다주기를 바란다. 그러나 그러한 일은 결코 일어나지 않는다. 이 사실을 알든 모르든 그 일이 불가능한 한 가지 이유는 우리가 십계명의 첫 번째를 위반했기 때문이다. 십계명의 첫째 계명은 이렇게 말한다. "나는 너의 신이니, 내 앞에 다른 신을 섬기지 말지어다."

그러나 우리가 상대방에게 이러한 기대를 하는 것 역시 매우 당연하다. 보고 만질 수 있을 뿐만 아니라 붙잡고 포옹하고 같이 잠자고 심지어 소유할 수 있는, 실체가 있는 신을 바라는 것은 지극히 당연하다. 따라서 우리는 계속해서 배우자나 연인이 신이 돼줄 것을 기대하고, 그 과정에서 진짜 신은 잊고 만다.

신앙심이 깊은 사람들이 자주 금욕을 택하는 또 다른 이유는 신에 대한 사랑을 방해받고 싶지 않기 때문이다. 그들은 인간의 낭만적 사랑이라는 우상 숭배에 희생되기를 원치 않는다. 성 아우구스티누스의 말처럼 그들은 벌써 알고 있었던 것이다. "신이여, 당신은 당신 자신을 위해 우리를 만드셨나이다. 그리고 우리는 당신 품이 아니면 진정한 안식을 찾지 못합니다." 그러므로 가장 중요한 관계가 신과의 관계라면, 다른 사람을 찾을 필요가 없을지도 모른다.

영성의 성적인 특성

영적인 성장을 위해서는 금욕이 반드시 필요하다고 주장하려는 것이 아니다. 반대로 나는 성적인 욕구와 섹스를 찬양한다. 나는 섹스를 좋아하며, 다른 이들이 섹스하는 것도 좋아한다.

10여 년 전, 엄격하고 냉담한 한 삼십 대 중반의 여성을 수개월간 진료하던 중, 그녀가 갑작스럽게 진심으로 기독교에 귀의하는 것을 목격했다. 귀의 후 3주가 지나지 않았을 무렵, 그녀는 난생 처음 오르가슴을 느꼈다. 우연히 시기가 맞아떨어진 것뿐일까? 나는 그렇게 생각하지 않는다. 내 친구는 언젠가 이렇게 말했다. "우리 인간에게 성적인 부분과 영적인 부분은 너무나 밀접하게 관련돼 있어서 나머지 하나를 건드리지 않고 하나만을 불러내는 것은 불가능해." 이 여성은 신에게 진심으로 스스로를 바칠 수 있게 되면서, 곧바로 배우자에게도 진심으로 자신을 내맡길 수 있게 된 것이다. 나는 이것이 결코 우연이라고 생각하지 않는다. 신께 찬미를!

성직자인 내 친구는 실제로 이러한 현상을 귀의의 척도로 이용한다. 그가 내게 말하기를, 만약 이전에 성적으로 억압받던 사람이 기독교에 귀의했는데도 어떤 성적인 각성이나 활기가 따르지 않는다면, 그 귀의가 얼마나 진심 어린 것이었는가를 의심할 만한 이유가 충분하다는 것이다.

우리가 교구민 여성들과 관계를 맺게 된 목사들의 이야기를 듣는 것도 그 때문이다. 목사나 비슷한 지위에 있는 사람들은 그러한 열정이 각성되었을 때, 손쉬운 표적이 되는 경향이 있다. 그리고 고백하건대, 나 또한 심리 치료를 진행하고 있을 때, 아흔 살이 안 된 한 여성에게서 유사한 영적 파장을 감지할 때마다 특별히 조심해야 했다.

보편적인 문제

섹스는 누구에게나 문제가 된다. 아동·청소년·청년·중년의 성인·노인 등을 가리지 않고 모두에게 문제다. 독신주의자, 결혼한 사람, 혼자 사는 사람, 양성애자와 동성애자 모두에게도 마찬가지다. 섹스는 또한 벽돌 쌓는 직공과 배관공, 치과 의사와 변호사, 의사와 치료사, 정신과 의사 모두에게도 문제가 된다. 그리고 이 글을 쓰고 있는 스캇 펙에게도 문제가 됨은 물론이다.

나는 이 세상을 훈련소로 본다고 말했다. 그런데 그냥 훈련소가 아니라 신이 우리를 가르치기 위해 고안한 온갖 장애물로 가득 찬 천국의 신병 훈련소—이곳은 우리의 학습을 위해 교묘하게 고안된 장애물로 가득 차 있다—라고 생각한다. 이러한 시각에서 볼 때, 신이 가장 악의적으로 고안한 것은 바로 성이라 할 수 있을 것이다. 신은 인간이 성 문제를 해결할 수 있고, 영원히 성적으로 충족될 수 있으며, 장애물이 있을 경우 그것을 극복할 수 있다는 느낌을 우리에게 불어넣어주었다. 실제로 몇 주간이나 몇 달간, 운이 좋으면 몇 년간까지도 우리는 성 문제를 해결했다고 느낄 수 있다. 그러나 물론 그 이후로 우리가 변하거나 상대가 변하거나 아니면 게임의 상황 전체가 변한다. 그리고 또다시 그것을 극복할 수 있다는 내재된 느낌으로, 실제로는 결코 넘어설 수 없는데도 그 장애물을 넘기 위해 노력한다.

그러나 그것을 극복하려고 시도하는 과정에서 우리의 나약함과 친밀함, 사랑, 그리고 자기애를 없애는 방법에 대해 많은 것을 배운다. 우리 가운데 몇몇은 어쩌면 신병 훈련소를 졸업할 수도 있다. 그리고 만약 그 과정에 신을 참여하게 한다면, 성공의 가능성은 더 높아진다. 이렇게 하기 위해 반드시 수도사나 수녀가 되어야 하는 것은 아니다.

금욕과 순결에 대해 내 나름대로 정의를 내렸다. '애인을 얻으려고 기를 쓰던' 내 젊은 시절을 생각해본 결과 이러한 정의에 도달했다. 그때는 성관계를 맺기 위해 노력했으므로, 이것은 적절한 표현이다. 나는 모든 계획을 구상하곤 했다. 내 욕망의 대상인 여성을 멋진 식당으로 데려가 식사를 하고, 영화를 보고 나서 다시 내 아파트로 돌아올 것이다. 아파트에서 들을 테이프와 음반까지 모두 골라놓을 것이며, 그러고 나서 우리는 잠자리에 들 것이다. 이것이 나의 계획이었다. 그러나 최고의 계획과 달리 대부분 성공하지 못했다. 그리고 가끔 성공했을 때에도 그다지 좋은 경험이 못 되었다.

지금까지 경험한 최고의 성 경험은 그냥 자연스럽게 발생하는 것처럼 보였다. 또한 내가 아니라 천사들이 무대 옆에서 잘 조정하는 것처럼 느껴졌다. 따라서 순결은 두 명의 인간과 신, 이렇게 삼자 간의 관계로 정의돼야 하며 신은 그 관계를 지휘한다고 할 수 있을 것이다.

만약 당신이 순결을 이러한 방식으로 정의하고자 한다면, 거기에는 수많은 의미가 함축되어 있다. 먼저 순결이 금욕보다 훨씬 어렵다는 것이다. 금욕은 적어도 얼마 동안 성적인 활동을 삼가는 거라고 간단히 정의할 수 있다. 또 한 가지는 순결에는 온갖 함정이 숨어 있다는 것인데, 그 이유는 우리가 하고 있는 일은 신이 원하는 것이라고 너무나 간단히 확신하기 때문이다. 또 다른 중요한 의미는 혼전이나 혼외 성교가 상당히 순수할 수 있는 반면, 부부간의 성교는 심히 음란할 수 있다는 것이다.

심리 치료를 할 때, 서로 마지못해 성생활을 하는 부부에게는 얼마 동안 금욕 생활을 해보라고 제안하곤 했다. 순결과 금욕은 적어도 어떤 사람에게는 효과적인 선택이 될 수 있다. 그리고 내 경험상으로도, 만일 내가 신을 믿지 않는 세속적인 정신 의학자였더라도 나는 사람들에게 그렇게 제안했을 것이다.

수년 전에는 이런 일이 있었다. 일류 대학에서 박사 학위를 받은 한 젊은 여성을 진료하고 있었는데, 그녀의 수많은 증상 중에는 자신이 바라지도 즐기지도 않는 성관계를 강박적으로 시도할 필요를 느끼는 것도 있었다. 우리는 이러한 증상의 근원에 접근하기 위해 흔히 하는 프로이트 정신 역학을 모두 시도해보았지만 아무런 성과가 없었다. 그러던 어느 날, 내가 그녀에게 물었다. "활발한 성생활이 정신 건강을 위해 꼭 필요하다고 생각하는 것은 아니죠?" 그러자 그녀가 대답했다. "글쎄요, 내 말은 그러니까…… 그렇지 않은가요?"

이 가련한 여성은 단지 정신적으로 건강한 자아상을 유지하기 위해 자신이 원하지도 즐기지도 않는 성적 관계를 강박적으로 시도했던 것이다. 3주간의 금욕 생활을 마치고 난 뒤, 그녀에게 정신 건강 증명서를 수여하자, 그녀는 정말로 큰 위안을 받은 듯 기뻐했다.

또한 한 노부부에게서도 비슷한 현상을 발견할 수 있었다. 10여 년 전, 정신 의학과 심리학 문헌에는 노인들이 성관계를 갖는 것은 지극히 정상적이라는 논문들이 넘쳐났다. 그러나 모든 시각 변화가 그렇듯이, 나는 항상 이런 식의 소동이 너무 지나친 것은 아닌지 조금 걱정이 됐다. 전문가들이 고맙게도 노인들에게 섹스를 허락해준 뒤로, 이제는 그들이 원하든 원하지 않든 젊게 살기 위해서나 또 다른 이유로라도 성관계를 가져야 한다고 말하는 것은 아닌지 우려된다.

진료를 하면서 서로 깊이 사랑하는 두 쌍의 노부부를 만난 적이 있다. 그러나 두 쌍 모두 각각의 배우자가 개인적으로 찾아와 다음과 같은 사실을 은밀히 고백했다. 자신은 상대방에게 성적 흥미를 잃었지만 다른 누구에게도 역시 마찬가지라는 것이었다. 그러나 두 쌍의 노부부는 서로 상대방이 원한다고 느꼈기 때문에 성관계를 지속하고 있었다. 따라서 나는 각 쌍을 함께 불러 이 문제를 솔직히 털어놓고 다음과 같이 제안했다. "두 분 중 누구도 성관계를 원치 않으시니, 그만두시는 것이 어떻습니까?" 이것은 정말이지 뜻밖의 제안이었다. 그들은 성생활을 그만둬도 괜찮다고 생각해본 적이 한 번도 없었다.

다음과 같이 시작하는 전도서의 유명한 구절이 생각난다. "천하의 범사가 기한이 있고, 모든 목적을 이룰 때가 있나니." 그러고는 다음과 같이 이어진다. "끌어안을 때가 있고, 끌어안는 일을 멀리 해야 할 때가 있나니." 이것은 영적인 지혜일 뿐만 아니라 상당히 세속적인 지혜이기도 하다. 섹스는 커다란 선물이지만 모든 사람이 언제나 항상 그 선물을 집어들 필요는 없다.

신과 성性

섹스에 대한 어떤 논의에서도 인간과 신 사이의 성관계라는 개념은 가장 논란의 여지가 많고 충격적일 것이다. 내가 보기에 대부분의 사람들은 신과 맺을 수 있는 가장 열정적인 관계를 낭만적인 사랑 정도로 본다. 그러나 거기에 섹스나 성이 실제로 포함되는지에 대해서는 의문을 제기할 것이다. 대부분의 사람들은 성서 속의, 혹은 십자가의 성 요한 같은 이들이 쓴 에로틱한 시는 열렬한 영성을 상징하는 시적 은유일 뿐이라고 주장할 것이다. 그러고는 기껏해야 성적 사랑은 더욱더 강한 사랑을 나타내는 확고한 상징이라고 했던 앨런 존스의 말에 동의할 것이다. 이 말에 일말의 진실이 담겨 있다고는 생각하지만 그것이 완전한 진리라고는 할 수 없다.

충격적으로 들릴지는 몰라도, 나는 인간과 신의 관계에는 정말로 성적인 요소가 있다고 생각한다. 내가 옳다면, 이것은 인간이 성적인 동물이라는 의미일 뿐만 아니라 신도 사실상 성적인 존재라는 의미다. 하지만 이것은 내가 늘 믿어온 사실과는 거리가 멀다. 대학 시절, 내가 가장 좋아한 인용구는 볼테르의 말이었다. "만약 신이 스스로의 모습에서 우리를 만들어내셨다면, 우리는 확실히 그에 보답해왔다." 흰 수염을 기른 노인이나 성기가 있는 존재와 같이, 신의 모습을 의인화된 표현으로 그리는 것보다 더 우스운 일은 없다고 생각했다. 당시 내 생각에 신은 우리가 상상하는 모습과 전혀 달라야 했고, 무한하게 더 뛰어난 모습이어야만 했다. 그렇기 때문에 신이 존재하는 것이라고 생각했다.

그러나 대학 시절 이후 수년 동안, 신의 본질을 조금이라도 이해하기 위한 가장 절실한 방법은 인간 본성의 가장 뛰어난 부분을 신에게 투영하는 것임을 깨달았다. 그리고 신은—다른 어떤 것보다 더 ─ 인간적이라는 사실도 깨달았다. 신은 인간 속성의 가장 훌륭한 부분을 나타내며, 이것은 신이 스스로의 모습에서 우리를 창조한 것과 관계있다.

유혹자로서의 신

우리는 신이 당신의 모습에서 인간을 만들었을 뿐만 아니라 계속해서 그러할 것이라고 믿는다. 미국 성공회파의 신학자이자 저술가인 로버트 케이폰Robert Capon은 삼단 논법을 통해 다음과 같은 명백한 논리를 폈다. 즉, 신은 스스로의 모습에서 인간을 창조했다. 그리고 인간은 성적인 창조물이다. 따라서 신이 성적인 존재인 것은 당연하다. 나는 그의 논리에 빚지고 있다.

케이폰의 논리에 더하여 이 삼단 논법이 이치에 닿는다고 생각하는 이유는 나 자신이 유혹자로서의 신을 직접 경험했기 때문이다. 원한다면 이것을 '연인'이나 '구애자' 같은 다른 말로 대신해도 좋다. 비록 겁에 잔뜩 질려 다루기 어려운 동정녀처럼 신에게서 자주 도망치기는 했지만, 분명 신은 나를 유혹하는 데 성공했다. 게다가 케이폰의 말처럼, 인간을 향한 섹시한 신의 사랑은 몹시 유혹적이다. 즉, '신은 끊임없이 구애한다.'

신은 성행위를 숨 쉬는 것이나 먹는 것처럼 세속적인 것으로 만들 수도 있었다. 그러나 신은 성행위에 영적인 향기를 불어넣었으며, 우리가 신의 향기를 느낄 수 있도록 매우 신중히 행했다. 무엇보다도 신이 우리를 유혹하려고 했기 때문이다. 신이 성적인 존재일 뿐만 아니라 특히 유혹적인 존재라는 개념은 아마도 우리가 전통적으로 신에게 품어온 남성적 이미지와 어느 정도 부합할 것이다. 분명 신은 우리가 일반적으로 남성과 관련시키는 사냥을 하는 데 있어, 공격적으로 행동한다. 솔직히 이러한 연상 자체가 성차별적이지 않은가! 지금까지 훌륭한 여자 사냥꾼을 몇 명 만난 적이 있다. 그러나 어쨌든 프랜시스 톰슨의 유명한 시, 〈하늘의 사냥꾼*The Hound of Heaven*〉에 나타난 것처럼, 신은 힘차게 우리를 쫓아오며, 우리는 그만큼 힘차게 달려야만 그로부터 도망칠 수 있다. 그리고 드디어 신에게 잡혔을 때, 《아직도 가야 할 길》에서 언급한 것처럼, 우리는 마침내 신에게로 귀의한다. 물론 이것은 반드시 '기쁘기 그지없는' 일은 아니며, 때로는 '빌어먹을' 일이기도 하다. 그것은 우리 모두가 덫에 걸려 있기 때문이고 또한 우리가 궁지에 몰려 있으면서 마침내 돌이킬 수 없이 붙잡히고 말았기 때문이다.

이것이 이야기의 전부다. 신이 남성이라거나 여성이라는 이야기를 하려는 것이 아니다. 신은 남자이자 여자이며, 그 이상의 존재다. 내가 하고 싶은 말은 신이 우리를 쫓고 있으며, 우리를 원한다는 것이다. 그리고 신은 믿기 어려울 만큼 우리를 사랑하며, 아무리 빨리 아무리 멀리 도망가더라도 우리를 소유하려 한다는 것이다. 그리고 신에게서 도망치는 개인의 투쟁은 기껏해야 얼마나 오랫동안 사소하고도 유치한 저항을 계속할 수 있을지, 그리고 자기도취에 빠진 침묵을 고수할 수 있을지에 대한 것뿐이다. 우리는 결국 신에게 항복하고, 우리 자신을 기꺼이 드러낸다. 존 던이 종교 소네트 14번을 썼을 때 그러했듯이 말이다.

> 내 가슴을 치소서, 삼위일체의 신이여…….
> 당신께 나를 데려가 나를 가두소서.
> 당신의 노예가 되어야만 나는 자유로울 수 있으며
> 당신이 나를 겁탈해야만 나는 순결할 수 있습니다.

우리는 모두 역사를 움직이는 장본인이다. 저마다 맡은 역할을 하면서 역사의 흐름에 따라 변화하기도 하고 변화에 실패하기도 한다. 그리고 이 시점에서 미국의 정신 의학에 변화가 필요하다는 것을 느끼는 이들이 많다. 지난 25년 동안 미국 정신 의학은 점점 더 '의료 모델'—즉, 정신 질환에서 두드러지게 나타나는 물질적이고 생물학적인 측면을 훨씬 더 강조하는 모델—을 수용해왔다. 정신 질환을 치료하고 이해하기 위해 지난 40년 세월 가까이 축적해온 심오한 생화학적 진보를 폄하하거나 이 분야의 미래 발전을 막으려는 의도는 눈곱만큼도 없다. 그럼에도 다른 많은 이와 마찬가지로 나는 정신 의학이 처한 현실을 지극히 우려한다. 최근 정신 의학은 생화학의 완전한 포로가 되었다. 그래서 정신 의학이 보유한 오랜 심리적·사회적 지혜를 모두 잃어버릴 위기에 있을 뿐만 아니라

---

*이 글은 1992년 5월 4일, 저자의 워싱턴 D.C. 미국정신의학협회 연설을 발췌한 것이다.

이들 영역에서 새로운 지혜를 더 이상 얻지 못하는 중대한 위험에 처해 있다.

이는 괜한 걱정이 아니다. 1987년, 나는 한 동료와 함께 '미국 정신의학 및 신경학회American Board of Psychiatry and Neurology'에서 수여하는 상의 예비 후보자를 심사한 적이 있다. 그는 삼십 대 후반의 꽤나 지적인 남자로 환자들에게 적어도 다른 후보자만큼의 동정심이 있었다. 그러나 내 동료가 문제의 사례를 정신 역학적 관점에서 서술해보라고 요청하자 그는 이렇게 대답했다. "저는 정신 역학은 하지 않습니다." 그 말을 듣고 정신 의학계에 어떤 변화나 수정이 있어야 함을 깊이 깨달았다.

나는 우리가 훨씬 더 큰 변화의 가능성을 모색해야 한다고 믿는다. 최근 들어 과소평가되었는지는 몰라도, 정신 질환의 정신 역학과 사회적 측면은 미국 정신 의학 역사에서 매우 중요한 위치를 차지해왔다. 그러나 영적 측면은 아니었다. 정신 의학은 영성의 문제를 간과하는 데 그치지 않고 적극적으로 무시해왔다.

영성이라는 주제에 오해의 소지가 많다는 사실이 이러한 상황을 부추긴다. 이것은 어느 정도 우리의 빈약한 언어 때문이다. 전세계적으로 '영성'이라는 용어는 '종교'와 혼동된다. 많은 이들이 '종교'라는 용어를 제도 종교와 교리 체계, 때로는 불쾌한 경험을 수반하는 제재와 동일시한다. 종교라는 단어는 논쟁의 중심에 있다. 심지어 종교의 라틴 어 어원인 'religio'의 의미에서도 의견이 일치하지 않는다. religio는 '속박', '의존', '연결' 등으로 다양하게 해석되어왔는데 이들 모두는 서로 전혀 다른 개념이다.

20세기 초에 발간된 미국의 위대한 심리학자 윌리엄 제임스 William James의《종교 체험의 다양성*The Varieties of Reli-gious Experience*》이라는 권위 있는 책은 대다수의 신학과 학생들이 1학년 때 필수적으로 읽어야 하는 책이다. 그러나 정신 의학을 공부하는 학생들은 대부분 이 책을 읽지 않는다. 이 책에서 제임스는 종교를 다음과 같이 정의했다. "종교란 보이지 않는 사물의 질서와 조화를 이루려는 시도다." 그는 '종교'라는 단어를 '연결한다'라는 의미로 사용하고 있었다. 여기서 나는 이런 의미를 영성의 정의로 사용할 것이다. 보이지 않는 질서와 조화를 이루려는 시도는 특정 교리에 대한 선호나 특정 조직의 일원이 되어야 함을 암시하지 않는다.

물질주의의 장막 뒤에 보이지 않는 사물의 질서가 틀림없이 존재한다고 나는 믿는다. 원한다면 이것을 이론이라고 불러도 좋다. 그리고 이러한 질서와 조화를 이루려는 인간의 시도는 적절할 뿐만 아니라 보이지 않는 질서 또한 실제로 인간과 조화를 이루기 위해 적극적으로 노력한다. 이러한 신념에 따라 누구에게나 무의식이 있는 것처럼, 누구에게나 영적인 삶도 있다고 믿는다. 영적인 삶을 좋아하든, 그렇지 않든 상관없이 말이다. 많은 사람이 보이지 않는 질서를 무시하거나 적극적으로 부인하거나 그것에서 힘껏 도망친다. 하지만 그렇다고 해서 그들이 영적 존재가 아닌 것은 아니다. 다만 사실을 회피하려 든다는 의미일 뿐이다. 어떤 이들은 스스로를 무신론자라고 생각하고 신의 존재를 부인한다. 그러나 이들은 진리, 아름다움, 사회 정의 등과 같은 것들이야말로 바로 보이지 않는 질서의 일부라는 사실을 열렬히 옹호한다. 그리고 교회나 유대교 회당, 모스크나 사원 등에 정기적으로 참석하는 대부분의 사람들보다 훨씬 더한 열정으로 보이지 않는 질서에 헌신한다. 따라서 인간은 영적인 존재다. 그렇기 때문에 인간을 영적인 존재로 여기지 않는 정신 의학은 크게 실패하고 말 것이라는 게 바로 내 생각이다.

영성이라는 주제를 논의하는 과정에서, 내가 영성의 모든 위력과 시적 감흥을 빼앗는 일이 없기를 바란다. 나 자신을 포함해서 어떤 사람들에게 보이지 않는 질서의 본질은 신이다. 그리고 신은 가볍게 여겨서는 안 되는 존재다. 에리히 프롬이 들려준 하시드교(유대교의 일파) 이야기는 이 점을 강조한다. 이 이야기에는 어느 선한 유대인 남자─모르데하이라고 부르도록 하자─가 나온다. 그는 어느 날 신께 이렇게 기도했다. "오, 신이여! 천사들에게 당신의 이름을 알려주신 것처럼 저에게도 당신의 진짜 이름을 알려주소서." 신은 그 기도를 듣고 모르데하이에게 진짜 이름을 알려주었다. 그러자 모르데하이는 침대 밑으로 기어들어가더니 완전히 공포에 휩싸여 짐승처럼 울부짖었다. "오, 신이여! 당신의 진짜 이름을 잊도록 해주소서." 신은 그 기도를 듣고 그것 또한 받아들였다. 사도 바울이 다음과 같이 말했을 때에도 이와 비슷한 점을 강조한다. "살아 있는 신의 손아귀로 떨어지는 것은 무시무시한 일이다."

나는 감히 신의 진짜 이름을 알려고 하지 않는다. 나는 AA와 그밖의 12단계 프로그램의 세 번째 단계 기도 문구에서 아주 놀라운 가치를 보았다. "우리가 신을 이해할 때, 우리의 의지와 삶이 그분의 보살핌으로 향하도록 하라." 나라면 앞 구절은 "우리가 그Him 또는 그녀Her를 이해할 때"로 바꾸겠다. 이제 좀 더 냉정하게 논의를 전개해나갈 것이다. 그러나 그 이전에 지금 우리는 말로 표현하기 힘든 문제를 이야기하고 있다는 것을 먼저 밝혀두고자 한다.

정신 의학에는 나름대로의 힘이 있다. 예를 들어 내가 교육받은 1960년대 중반에는 정신 의학이 오늘날보다 더욱 광범위한─생물학적·심리적·사회적인─기반 위에 있었는데, 그 당시 다음과 같은 매우 중요한 원칙을 배웠다. "정신 질환의 모든 증상은 다원적으로 결정된다." 이것은 다른 많은 의사, 신학자, 인문학자들을 비롯하여 비전문가들까지도 반드시 배워야 할 원칙이다. 미국 정신 의학이 영성의 문제를 다루는 데 실패한 것은 그 자체가 바로 복잡적인 다수의 역사적 힘과 여타 요인들에 깊게 뿌리를 둔, 매우 다원적인 증상이라고 믿는다. 그중 특히 다섯 가지 요인이 중요해 보인다.

현재 처한 난관에서 가장 중요하고 깊은 뿌리는 멀리 프로이트와 필리프 피넬 그리고 벤저민 러시 이전의 '근대' 정신 의학의 존재로까지 거슬러 올라간다. 17세기 이전에 과학과 종교는 본디 통합된 관계였으며, 그러한 통합의 결과를 철학이라고 여겼다. 플라톤, 아리스토텔레스, 토마스 아퀴나스 같은 초기 철학자들은 과학적인 성향을 바탕으로 증거 및 전제에 대한 의문에 기반을 두고 사고했다. 그러나 이들 역시 신을 이해하게 되면서, 신이 중심적인 실재라고 전적으로 확신했다. 그러나 17세기 초에 이르러 사태는 악화되기 시작했다. 그러다가 1633년 갈릴레이가 종교 재판소에

출두한 해를 정점으로 극에 달했다. 이러한 사건의 여파에 대처하기 위해—과학과 종교 사이의 간극을 매끄럽게 하기 위해—17세기 말, 과학과 종교 그리고 정부의 영역을 구분하는 암묵적인 사회계약이 탄생했다. 각각은 서로의 고유 영역을 보장해줌으로써 어느 정도 평화를 이룰 수 있었다. 몇몇 예외적인 경우를 빼고는 정부는 과학과 종교에 간섭하지 않았고 종교 역시 정부나 과학에 간섭하지 않았다. 과학도 종교나 정부의 일에 일절 관여하지 않았다. 바람직한 방식들은 모두 이 암묵적인 계약에서부터 비롯되었다.

그러나 20세기 후반의 50년 동안, 이 계약은 점차 시대에 뒤떨어진 것이 되었다. 사실상 오늘날에는 인간 활동의 모든 영역에서 놀라운 속도와 빈도수로 다양한 계약이 새로이 작성되고 있다. 정신 의학 분야에서 벌어지는 일은 커다란 그림의 아주 작은 일부분에 불과하다. 지난 90년 동안 미국의 정신 의학은 인간의 지적인 삶에 훨씬 더 큰 영향을 미쳤다. 그것은 단순히 정신과 의사의 수가 암시하는 것을 훨씬 넘어서는 것이었다. 그러나 현 시점에서 만일 미국의 정신 의학이 새로운 흐름을 타고 변화하지 못한다면, 그 결과는 지적 부진으로 나타날 것이다.

이전의 암묵적 계약 아래서 과학과 종교의 역할을 생각해보자. 1700년대 초, 아이작 뉴턴은 런던 왕립학회의 회장이었다. 그 당시 이미 자리잡은 오랜 계약 아래서, 자연적 지식은 초자연적 지식과 구분되었다. '자연적 지식'은 과학의 영역이었고 '초자연적 지식'은 종교의 영역으로, 둘은 결코 부딪쳐서는 안 되었다. 이런 식으로 구분되면서 철학은 힘을 잃었다. 자연적 지식이 과학자의 영역이 되고, 초자연적 지식이 신학자의 영역이 됨에 따라, 무력해진 철학자들은 둘의 틈새에서 떨어진 부스러기만을 담당하였는데, 그조차도 만만하지가 않았다. 결국 철학은 대학에서 상대적으로 난해하고 전적으로 임의대로 선택할 수 있는 과목이 되었다. 한때 영광스러웠던 철학의 역사는 중세에서부터 비롯된 빛바랜 명칭에 그 흔적이 고스란히 남아 있을 뿐이었다. 따라서 오늘날 미생물학 분야에서 수년간 공부하고 연구한 대학원생은 그 노력의 대가로 철학 박사 학위를 받게 될 것이다. 비록 철학은 단 한 과목도 이수하지 않았더라도 말이다.

과학과 종교의 분리는 심리 치료를 수행하는 데도 커다란 영향을 미쳤다. 사실상 모든 정신과 의사가 그러하듯이, 나 또한 심리 치료는 어느 정도 과학적인 형태의 시도여야 한다고 배웠다. '순수 과학'의 이상이 우리 앞에 놓여 있었고, 과학은 '가치중립적'이어야 한다고 충고했다. 물론 터무니없는 소리다. 다른 것은 말할 것도 없고, 치료사가 아무런 가치도 없이 심리 치료를 한다는 것은 불가능하다. 처음부터 우리 정신과 의사들은 특정한 가치 체계 안에서 일해왔다. 다만 그것이 우리와 너무도 가까이 있어서 특별히 의식하지 못했을 뿐이다. 이러한 가치 체계에 주어진 이름은 바로 세속적 인문주의다.

종교에 대해 구체적으로 살펴보면, 미국정신의학협회APA는 종교가 환자의 신념 체계에 반할 경우, 정신과 의사가 치료 과정에 종교를 이용하지 않아야 하며, 환자의 신념 체계를 의심하지도 말아야 한다는 취지의 실질적인 지침을 내리고 있다. '타당한' 지침으로 보인다. 따라서 굳이 이런 지침을 타파해야 한다고 주장하지는 않겠다. 그러나 이는 심히 불완전한 지침이다. 무엇보다도 이런 지침은 의사들이 잘 따르지 않는다. '환자의 신념 체계에 대한 의심'을 금지하는 지침은 일반적으로 종교가 있는 정신과 의사가 세속적 인문주의자인 환자에게 자신의 종교를 강요해서는 안 된다는 의미로 들린다. 그러나 세속적 인문주의자인 치료사가 종교가 있는 환자에게 자신의 세속적 인문주의를 강요하는 경우는 어떠한가? 이런 식의 강요는 너무나 빈번히 이루어져 거의 상식이 될 정도다. 오늘도 수많은 정신과 의사는 이를 의식하지도 못한 채 암암리에 또는 대놓고 그런 짓을 저지르고 있을 것이다.

반대로 자신의 가치 체계와 이러한 지침들을 잘 아는 세속적 인문주의자인 정신과 의사가, 분명한 종교적 신념 체계로 자신을 외부로부터 방어하거나 정신병적으로 집착하게 된 환자를 심리적으로 치료한다고 가정해보자. 그때에도 정신과 의사는 환자의 신념 체계에 의문을 제기하거나 맞서서는 안 되는가? 과연 어떻게 하는 것이 타당한가? 사실상 정신과 의사들은 종교는 전적으로 과학의 영역 밖이라고 선언한 300년간의 역사적 전통 안에서 교육을 받았다. 이 때문에 종교로 인한 병리나 종교적인 건강을 다루는 법을 충분히 알지 못한다. 의사들이 절대로 실패하지 않기 위해서는 아무리 많은 훈련을 해도 부족할 것이다. 하물며 전통적으로 영성의 영역에 대한 훈련이 부족한 상황에서는 아무리 훈련을 잘 받은 영리한 의사라도 이런 문제에 맞닥뜨리면 종종 무기력해질 수밖에 없다.

미국 정신 의학이 영성을 지나치게 소홀히 하게 된 두 번째로 중요한 결정적 요인—이것은 첫 번째 요인의 결과이기도 하다—은 정신 의학자들이 영적인 발달 단계를 사실상 전혀 모른다는 것이다. 정신과 의사는 전문의 수련 과정에서 상당히 많은 발달 이론들을 접한다. 여기에는 프로이트의 심리 성적 발달 단계, 피아제의 인지 발달 단계, 에릭슨의 성숙 단계와 그에 따른 예측 가능한 위기 등이 포함된다. 그러나 내가 알기로, 정신과 의사들이 훈련 과정에서 영적 발달 단계를 접할 기회는 전혀 없다. 유일한 것은 아니지만 이러한 사실의 주된 이유는, 정신과 의사들의 전문의 수련 프로그램이 영성에 관한 교육을 단지 자신의 책임으로 여기지 않기 때문이다. 실제로 어떤 측면에서 그들은 영성에 대해 가르치지 않을 책임이 있다고 생각한다. 물론 이러한 특이한 상황은 영성에 관한 연구를 종교나 신학에 맡겨버린 암묵적인 사회 계약의 결과다. 반면, 정신 의학은 스스로를 명백히 과학 진영에 속한 것으로 여겼기 때문에 '자연 현상'의 연구로만 그 영역을 제한하도록 강요받았다.

영적 발달 단계에 관한 또 다른 논문에서 나는 내가 이해하고 해석한 바를 설명한 적이 있다. 요약하면 각 단계는 다음과 같다.

1단계, 혼돈·반사회적 단계라고 부른 것으로 무법의 단계, 영성이 없는 단계로 생각할 수 있다.

2단계, 공식적·제도적 단계로 부른 것이며, 법의 조문을 엄격하게 고수하고 종교의 형식에 집착하는 단계다.

3단계, 회의적·개인주의적 단계로, 원칙 있게 행동하는 단계지만 삶의 다른 영역에는 강한 호기심을 보이는 반면, 종교적으로는 회의적이거나 무관심한 특징을 보이는 단계다.

그리고 마지막 4단계는 신비적·공동체적 단계로서 가장 성숙한 단계다. 이 단계는 법의 조문에 집착하는 2단계와는 달리 법의 정신이 구현된 상태로 여겨진다.

여러분은 이러한 영성 발달의 단계와 정신과 의사들이 일반적으로 잘 알고 있는 성심리 발달 단계 사이에 유사성이 있음을 금방 알아챘을 것이다. 1단계는 어떤 면에서 인생의 처음 5년에 해당하며, 2단계는 잠복기, 3단계는 청소년기와 성인기 초기 그리고 4단계는 건강한 인간 발달의 마지막 반생에 해당한다. 그리고 성심리 발달 단계와 마찬가지로, 영적 발달 단계 또한 순차적이다. 각 단계는 건너뛸 수 없으며, 다음 단계로 이행하는 중간에 있는 사람들도 있고, 각 단계 안에서도 점진적인 변화가 일어난다.

특정 개인이 어느 단계에 속해 있는지를 진단할 때에는 상당히 주의해서 관찰해야 한다. 어떤 남자는 실제로는 2단계의 영성을 주로 가졌음에도 과학자이기 때문에 3단계에 속한 것처럼 보일 수 있다. 또 다른 사람은 4단계의 언어인 신비적인 발언으로 사람들을 속이지만, 실제로는 1단계에 속한 가짜 예술가일 수도 있다. 심리 성적 발달에 고착 현상이 나타나는 것과 마찬가지로, 때로는 영적으로도 얼마 동안 어느 한 단계에 고착될 수 있다. 마지막으로 이러한 단계들이 몇몇 사람에게는 그다지 잘 들어맞지 않을 수도 있다. 그러나 그것은 그 자체로 특수한 증상일 수 있다. 예를 들면 경계성 인격 장애로 불리는 사람들은 1단계와 2단계에 각각 한 발씩을 올려놓고 3단계와 4단계에 각각 한 손씩을 걸쳐놓고 있는 듯하다. 그들은 '경계선' 위에 있으므로 이런 현상은 당연하다. 그들은 어디에나 존재하는 경향이 있다.

영적 발달 단계를 이해하는 것은 아주 중요한데, 특히 가장 중요한 이유는 대다수의 정신 의학자들이 ─ 신참 정신과 의사들을 훈련하는 사람들을 포함하여 ─ 3단계에 속하는 사람들이라는 데에 있다. 그들은 대체로 교회에 다니거나 종교가 있는 것으로 확인되는 대다수의 사람들보다 영적으로 더 발달한 사람들이다. 반면에 종교가 있는 소수의 사람들보다는 영적으로 덜 발달했다. 이러한 현실에 대한 무지는 중요한 의미를 내포한다. 이것은 정신과 의사들로 하여금 모든 종교를 열등하고 병리적인 것으로 간주하게 할 뿐만 아니라 그들 자신이 앞으로 영적으로 더 발달할 수 있다는 사실을 망각하게 만드는 경향이 있다.

미국 정신 의학이 영성을 무시하게 된 세 번째 근본 원인은 프로이트의 지대한 영향 때문이다. 이유가 무엇이든 프로이트는 아마도 브라질과 아르헨티나를 제외하면, 세계의 다른 어떤 곳보다도 미국 정신 의학에 훨씬 더 깊은 영향을 미쳤을 것이다. 예를 들면 자신의 출생지인 오스트리아에서는 상대적으로 덜 중요한 인물이지만 미국에서는 오늘날까지도 우뚝 솟은 인물이다. 그리고 그는 충분히 자격이 있다.

프로이트는 과학과 종교를 분리한 암묵적인 사회 계약의 전성기에 나서 자라고 성숙했다. 그는 스스로를 과학과 완전히 동일시한 3단계 인물이었으며 영성이라는 주제에 깊은 위협을 느꼈다.

그래서 가장 사랑하는 제자인 융과의 관계를 끊기까지 했다.

1962년에 정신 의학을 공부할 때, 우리 4학년 학생들은 정신 의학의 역사에 대해 짧은 연속 강의를 들은 적이 있다. 한 강의는 전체가 프로이트만을 다루었다. 또 다른 강의는 덜 중요한 인물들에 관한 강의였는데, 교수는 다음과 같이 말했다. "그리고 왜인지는 몰라도 분에 넘치는 주목을 받은 칼 융이라는 사람도 있네." 이것으로 끝이었다. 그 당시 프로이트의 많은 책은 일반 서점에서 구할 수 있었지만, 융의 책은 단 한 권도 구할 수 없었다. 물론 오늘날에는 융의 책은 얼마든지 발견할 수 있지만, 프로이트의 책을 발견하기는 쉽지 않을 것이다.

나는 프로이트가 더 위대한 정신 의학자라고 믿는다. 그는 융보다 실수를 많이 했지만 두드러진 공헌을 수없이 많이 해서 심지어 그 실수들을 당연하게 여길 정도다. 융이 실수를 적게 했고, 그의 업적이 매우 중요하기는 하지만, 융의 공헌은 프로이트와는 비견할 바가 못 된다. 프로이트에 비해 융은 확실히 중요성이 덜한 정신 의학자이지만, 영적으로는 한층 더 발달한 인물이었다. 덧붙여 말하자면, 이것은 개인이 이룬 공헌의 중요성과 그들의 영적인 발전 사이에 꼭 일대일 대응이 이루어지는 것은 아님을 강조한다. 어쨌든 영적으로 3단계 인물인 프로이트의 영향력은 미국 정신 의학계의 세속화를 더욱 공고히 했다.

미국의 정신 의학이 영성을 무시하고, 과도한 세속주의로 기울어지게 된 네 번째 요인은 종교에 의해 또는 종교라는 이름으로 상처받은 수많은 환자에 있다. 우리 모두는 이런 환자들을 보아왔다. 이런 경험은 많은 정신과 의사들의 종교적 반감을 더욱 강화했다. 그리고 이러한 반감과 성향 속에서, 그들은 자신이 인간성의 편향된 사례들을 다룬다는 사실을 인식하지 못했다.

여기에는 두 가지 편향성이 포함된다. 첫째, 의사로서 우리는 병든 사람과 다친 사람을 자주 본다. 그들 중에는 엄격하고 냉담한 수녀나 여타 2단계 초기의 사람 또는 해로울 정도로 독단적이거나 근본주의적인 신교도 부모에 의해 상처받아온 사람이 있다. 반면에 엄격하고 냉담한 수녀로 인한 반사회적인 1단계 어린 시절에 갇혔다가 극적으로 구출되거나 구조된 베이브 루스(1910년대와 1920년대 메이저 리그에서 활약한 가장 인기 있던 미국 프로 야구 선수—옮긴이)나 에셀 워터스(미국의 블루스, 재즈 가수이며 연극배우—옮긴이)같은 사람들은 좀처럼 만나지 못한다.

심리 치료를 전문으로 하는 정신 의학자들에게 영향을 미치는 두 번째 편향성은 환자의 자기 선택이었다. 많은 환자는 3단계인 세속적 심리 치료사에게 자연스럽게 끌린다. 이것은 환자들 스스로가 이미 2단계인 원시적 종교에서 벗어나 회의주의와 개별화를 향한 영적인 여정을 시작했기 때문이다.

영적 발달 단계를 이해하는 것이 그토록 중요한 가장 큰 이유는 서로 다른 영적 단계에 있는 사람들 사이에 존재하는 긴장감과 치료 환경에서 필연적으로 발생하는 그들 간의 상호 작용 때문이다. 우리에게는 자기보다 한 단계 앞선—아마도 3단계에 있는—사람을 현명한 사람이나 전문가로 존경하는 성향이 있다. 반면 우리보다 두 단계 앞선 사람은 보통 위협적인 존재나 심지어 사악한 사람으로 간주하기 쉽다. 소크라테스와 예수가 바로 그런 경우다. 이것은 영적으로 가장 발달한 사람이 반드시 모두에게 가장 훌륭한 치료사가 되는 것은 아님을 뜻한다. 오히려 1단계 사람들에게 가장 좋은 치료를 제공하는 것은 때로 2단계의 사람들과 엄격한 프로그램들이다. 3단계 사람들—세속적인 심리 치료사들이 해온 역할—은 종종 2단계에서 빠져나오는 사람들에게 최상의 안내자 역할을 한다. 그리고 4단계 사람들은 더 나아가 3단계에 접어든 사람이나 이미 4단계에 진입한 영적 지도자들에게 가장 좋은 치료사가 된다. 어쨌든 이미 2단계의 형식주의적인 종교적 사고가 자신의 삶에 해로운 영향을 끼친다고 자각하거나 적어도 부분적으로라도 그로부터 벗어날 준비가 된 사람들이 세속적인 치료사를 찾는 경향이 있다.

미국 정신 의학이 영성에 대해 반감을 갖게 된 다섯 번째이자 마지막 결정 요소는 2단계의 종교적인 많은 사람이 정신 의학에 가진 깊은 불신과 의심이다. 이러한 반감은 보통 이치에 맞지 않는데, 현실적인 사고의 결과라기보다는 서로 다른 영적 발달 단계에 있는 사람들 사이에 존재하는 긴장 때문에 발생한 것이다. 예를 들면 근본주의자 기독교인들은 정신 의학을—진화 및 세계 정부와 함께—악마적인 것으로 생각해왔다.

2단계의 종교적인 사람들과 3단계의 세속적인 사람들 사이에 존재하는 긴장에 대해 개인적으로 경험한 것을 말해보겠다. 나는 10년이 넘게 소위 '구원을 과학적으로 연구하는 학회Institute for Scientific Study of Deliverance'를 발전시키기 위해 노력했으나 별다른 성과가 없었다. 여기서 구원이란 신을 통해 이루어지는 모든 형태의 치유로 정의할 수 있다. 여기에는 가장 흔한 기도를 통한 치유—기독교 근본주의자들이 관례적으로 행하는 소小엑소시즘의 한 형태—에서부터 철저히 '투쟁적인' 엑소시즘에 이르기까지 모두 포함된다. 단 한 번, 나의 이러한 노력이 성공하는 듯 보였다.

10년 전 대규모 정신 의학 센터의 이사장과 함께 일한 적이 있다. 그 센터는 두 개로 나뉘어 있었는데, 하나는 120개의 침상이 있는 입원 병동으로 주로 3단계의 과학적 사고를 지닌 세속적인 정신 의학자들이 이끌고 있었다. 나머지 하나는 대규모의 외래 환자 병동으로 2단계의 종교적 지향을 가진 목회 상담자들이 이끌었다. 센터가 문을 연 40년 동안, 이 조직의 두 영역은 마치 서로 극적인 갈등을 겪고 있는 무장 군인들의 진영 같았다. 이사장은 내가 제안한 연구소가 이 적대적인 두 진영을 함께 묶을 수 있을지도 모른다고 생각했다. 그의 생각은 옳았다. 그들은 함께 연합하여 내 제안에 반대했다. 세속적인 정신 의학자들은 내가 사용하는 개념이 지나치게 모호하며, 너무나 많은 변수들이 존재하고, 영역 전체가 본질적으로 연구 불가능한 것이라고 말했다. 종교적인 간호사와 목회 상담자들은 누구나 기도가 효험이 있다는 것을 알고 있으므로, 환자들의 신앙에 쓸데없이 참견해서는 안 된다고 이야기했다. 따라서 40년 만에 처음으로 이들 두 진영은 영적인 현상에 대한 과학적 연구에 반대하기 위해 함께 뭉쳤다.

나는 미국의 정신 의학이 현재 난관에 봉착했다고 생각한다. 내가 '난관'이라고 부르는 까닭은 미국 정신 의학이 전통적으로 영성의 문제를 무시함으로써, 다섯 개의 광범위한 영역에서 실패를 거듭했기 때문이다. 이따금 발생하는 엄청난 오진, 빈번하게 행해지는 잘못된 치료, 점점 더 나빠지는 평판, 부적절한 연구와 이론 그리고 연구자의 개인적 발전에서의 한계 등이 그것이다. 더 나아가 이러한 실패는 정신 의학에 너무나 막대한 해를 끼치기 때문에, 이러한 난관은 차라리 무덤이라고 하는 편이 더 정확할 것이다.

오진의 영역에는, 유능한 정신과 의사들이 환자의 삶에서 영적인 측면을 일상적으로 무시한 나머지 완전히 빗나간 진단을 하거나 불완전한 진단으로 해를 끼치는 사례들이 포함된다. 지난 9년간 내가 직접 경험한 두 개의 임상적인 상황을 통해 이 영역에서의 실패를 보여주는 예를 들어보겠다. 그 시기 동안, 나는 진료를 거의 하지 않았다.

먼저 발생한 사례는 1983년 겨울에 있었던 일이다. 그 당시 나는 이미 진료를 서서히 끝내던 중이었으나 이따금씩 상담을 하고 있었다. 한 남자가 전화를 걸어, 예순네 살 된 아내의 상담을 요청했다. 그녀는 지난 3년간 미국에서 가장 유명한 정신 병원 중 한 곳에 입원해 있었다. 그녀는 예순 살에 갑자기 심한 정신 이상을 일으켰는데, 그전까지는 평생 동안 정신적으로 완벽하게 건강했다고 했다. 거의 40년 동안 더할 나위 없이 착실한 아내이자 어머니, 할머니 그리고 지역 사회의 일원으로 제 역할을 해왔다. 그러나 질문을 하는 과정에서 적신호를 발견했다.

갑작스러운 정신 이상이 발병하기 3년 전에, 일생 동안 장로교회의 일원으로 활발하게 활동했던 이 여성은 남편이나 다른 사람들에게 아무런 설명도 않은 채, 훨씬 더 자유로운 통일교의 일원이 되었다(실제로 너무나 자유로워서 어떤 이들은 이 교회를 이단—일종의 뉴에이지 교회—으로 간주하기도 한다). 그녀는 그곳의 젊고 매우 카리스마 있는 지도자와 무척 가까워졌다고 했다.

한 달 후, 그녀를 진찰하기 위해 병원에 갔다. 그녀를 만나 30분 간 이야기를 나눴다. 그녀는 깔끔하고 예의 바르며 단정했다. 그녀는 자신이 누구이며, 어디에 있는지 그리고 지금이 며칠인지 잘 알고 있었고, 우울해 보이지도 않았다. 함께 있는 짧은 시간 동안, 나는 어떤 진단도 내릴 수 없었다. 내가 확실하게 말할 수 있는 유일한 것은 그녀가 자신의 개인적인 삶, 특히 영적인 삶을 아주 쉽사리 그리고 심하게 회피하고 있었다는 점이다. 면담이 그토록 짧았던 이유도 그녀가 면담을 끝내달라고 고집했기 때문이다. 내가 그녀의 회피에 대해 이야기를 꺼내자 그녀는 곧바로 면담을 거부했다.

나는 그녀의 기록을 검토하는 데 많은 시간을 보냈다. 그녀는 우울증, 퇴행기 정신병적 우울증, 울증鬱症으로 나타나는 조울증, 정신 분열 가능성, 만성 기질성 뇌증후군 가능성 등으로 의심되는 복합적인 진단이 내려져 있었다. 병원에 있는 3년 동안 그녀는 항우울제, 페노티아진, 전기 충격 치료 등에 전혀 반응하지 않았을 뿐만 아니라, 심지어 심리 치료를 받는 것조차도 거부했다. 그녀의 담당 의사는 어떤 진단 범주에 포함시켜야 할지 모르겠다고 마지 못해 토로했다. 정신 이상이 발병하기 3년 전, 갑작스레 종파를 바꾼 것은 말할 것도 없고, 그녀의 영적인 내력에 관한 기록에 대해서는 아무런 언급도 없었다. 그 당시 그녀를 담당한 의사들 중에는 그 누구도 그녀의 영적 내력이나 이 특별한 적신호를 알지 못했다. 나는 영적인 상담을 포함해서 집중적인 정신 역학 치료 과정을 권했다. 그러나 그녀를 더 이상 감당할 수 없다는 이유를 들어 그들은 내 충고를 따르지 않았다. 그녀는 요양원으로 옮겨졌고 더 이상 나의 도움을 찾지 않았다.

나는 그 여성의 진단명을 알지 못한다. 그러나 가장 유명하고 전통적인 이 정신 병원에서 믿을 수 없을 만큼 값비싼 치료를 받은 3년이란 기간 동안 한 환자의 영적인 삶이 철저히 간과되었으며, 어떤 적절한 진단도 명확히 내려지지 않았다는 사실만은 분명하다. 더 나아가 전통적인 진단 항목에 들어맞지 않는 사례에 대해 더 적절한 진단을 내리려고 시도한 적조차 없었다.

두 번째 사례는 한 번도 본 적이 없는 젊은 남자의 사례다. 그는 내 의과 대학 동창이자 유능하고 세속적인 정신과 의사─그의 이름을 테드라고 하자─의 환자였다. 1989년, 우연히 테드가 사는 도시에서 강의를 하게 된 나는 함께 저녁을 먹으면서 서로 만나지 못했던 지난 25년간의 회포를 풀 수 있었다. 나는 그가 다중인격 장애를 전문으로 치료한다는 것을 알게 되었다. 그는 당시 자신이 치료하던 한 젊은이의 사례로 특히 흥분해 있었다. 그에게서 지금까지 약 52개의 서로 다른 인격을 발견했다는 것이다. 그리고 여담으로 이렇게 말했다. "그중 하나는 스스로를 유다라고 부르는 것도 있어. 그 녀석은 정말로 나빠."

나는 테드에게 환자가 자신을 '가지고 논다'고 느낀 적은 없는

지 물었다. "아니." 테드가 대답했다. "왜 그런 걸 묻지?" 나는 그 환자에게 빙의가 일어났을 가능성을 암시했다. 그것은 다중인격 장애와 공존하거나 아니면 MPD(심리 사회 발달 검사로 에릭슨의 8단계 인간 발달 이론을 바탕으로 하여 청소년과 성인의 인격 발달을 평가하는 방법)로 측정할 수 없는 것일 가능성이 있었다. 세속적 경향이 있었던 테드는 내 제안을 고려조차 해보지 않았다. 나는 다른 면에서는 유능한 내 친구가 오진으로 인해 당시 가장 집중적으로 돌보던 환자를 잘못 치료하고 있을 가능성—반드시 그렇다는 것은 아니지만—이 있다고 생각하자 슬펐다. 게다가 테드는 그 문제에 대한 나의 친절한 자문에도 전혀 아랑곳하지 않았다.

잘못된 진단은 필연적으로 잘못된 치료를 낳는다. 그러나 그것이 다는 아니다. 잘못된 치료나 불충분한 치료는 진단을 올바르게 했을 때에도 발생할 수 있다. 실제로 오진에 대해 내가 염려하는 정도는 상대적으로 사소한 편이다. 내 생각에 훨씬 더 큰 문제는 정신 의학이 영적인 문제를 간과하거나 이에 반감을 가짐으로써, 초기에 올바른 진단을 했는데도 많은 환자에게 잘못된 치료를 한다는 데에 있다. 이러한 잘못된 치료는 일반적으로 다음에 말하는 다섯 가지 가운데 하나다. 환자의 말을 듣지 않는 것, 환자의 인격을 모욕하는 것, 건전한 영성을 갖도록 장려하지 않는 것, 불건전한 영성이나 잘못된 신학을 제거하기 위해 노력하지 않는 것, 환자의 삶에서 중요한 측면을 이해하지 못하는 것.

심리 치료를 받는 환자들은 치료사(이들은 정신과 의사와 마찬가지로 세속적인 성향의 심리학자나 사회복지사일 것이다. 그러나 정신 의학자가 주류를 이룬다)에게 불만이 있을 수 있다. 그들이 갖는 가장 공통된 불만 한 가지는 치료사들이 환자의 삶에서 영적인 측면에 대한 이야기를 들으려 하지 않고 듣지도 않는다는 것이다. 환자가 수도원 생활을 시작한다거나 성직자가 되는 것을 고려하고 있다고 이야기하거나 하느님의 부르심, 신비한 경험 또는 심지어 신에 대한 단순한 믿음 같은 것을 이야기하면, 심리 치료사들은 일반적으로 환자가 좀 더 세속적인 이야기로 돌아올 때까지 아무것도 하지 않고 가만히 있거나 또는 그들의 이야기를 좀 더 세속적인 문제로 돌리려고 한다. 그 결과 많은 환자들이 치료사를 떠난다.

그보다 더 자주 일어나는 일은 환자가 치료사의 신호를 받아들여, 두 사람 모두 영적인 주제를 피하기로 일종의 암묵적인 공모를 하는 것이다. 환자들은 내게 다음과 같이 말할 것이다. "나는 내 치료사를 정말 좋아해요. 그분은 친절한 분이에요. 나를 도우려고 노력한다는 것을 피부로 느낄 수 있고 실제로 상당한 도움이 돼요. 그러나 내가 삶의 영적인 면을 이야기할 때마다 얼마나 불편해하는지 몰라요. 그래서 나는 내 삶의 그런 측면들을 그냥 숨기고 얘기하지 않기로 했답니다. 어쨌든 나는 도움을 받고 있으니까요. 물론 그런 이야기를 할 수 있기를 바라죠. 나를 완전히 드러낼 수 있었으면 좋겠어요. 때때로 나는 내 치료사가 좀 더 포용력이 있다면, 더 잘 지낼 수 있을 거라고 생각해요. 그러나 당장에는 번거롭게 모든 걸 다시 시작하고 싶지는 않아요. 게다가 얼마 안 있으면 치료가 끝날 텐데요. 그러나 다시 치료를 시작한다면, 틀림없이 좀 더 마음 넓은 치료사를 찾아갈 거예요."

환자의 영적인 삶을 서슴지 않고 모욕하는 치료사들의 이야기도 많이 들었다. 개인의 영성은 항상 건전하며 그렇기 때문에 결코 건드려서는 안 된다고 말하는 것이 아니다. 이러한 사례를 접할 때마다 환자의 치료에 몸담고 있는 치료사들이 건전한 영성과 불건전한 영성을 아예 구분하지 못한다는 인상을 받는다.

그러나 그보다 더 우려하는 것은 훨씬 더 일반적으로 행해지는 정신병 환자들에 대한 인격 모욕이다. 한 예를 들어보자. 지난 18년간 나는 한 정신 분열증 환자를 일 년에 두 번 정도 만나는 흔치 않은 기회를 가졌다. 지방의 한 병원에서 처음 진찰했을 때, 삼십 대 초반의 그녀는 근거 없는 의심과 자주 반복되는 우울과 무감동, 스쳐 지나가는 망상, 사회적 고립감 등으로 고통받고 있었다. 또한 직업이나 사회적 관계를 유지하는 데 심각한 어려움이 있었다. 게다가 심한 양가兩價 감정(상반된 감정이 공존하는 병적 증상), 감정둔마鈍痲(감정의 반응이 심하게 저하하거나 소실되는 증상) 그리고 극도의 사회 부적응까지 보였다. 처음 그녀를 만난 직후에, 그녀는 사회 보장 장애 보험의 대상자가 되었으며 그 이후로 계속 그렇게 남아 있었다.

내가 병원에서 더 이상 진료를 하지 않게 되었을 때에도 그녀는 일 년에 두 번 우리 집을 방문해서 15~30분가량 자유롭게 머물곤 했다. 이제 쉰이 된 그녀는 잘 관리된 만성 정신 분열증의 징후를 보인다. 지난 18년간 그녀의 병은 일관되고 안정된 양상을 보였다. 전통적인 정신 의학의 관점에서 보면, 그녀는 악화되지도 않았고 어떤 진전도 없었다. 그녀를 만성적인 실패 사례로 보기 쉬울 것이다. 그러나 그 세월 동안 그녀는 종교에 대한 회의론에서 불확실한 관심으로 그리고 다시 깊은 신앙으로 옮겨갔다. 이제 그녀는 적어도 매주 한 번 미사에 참석한다. 그녀의 신학은 전혀 이상하지 않다. 그것은 내가 확인할 수 있는 한, 전통적이고 건전할 뿐만 아니라 상당히 정교하다.

나의 극히 사소한 도움에 대한 보답으로, 그녀는 정기적으로 나를 위해 기도한다. 내가 한 일에 비하면 매우 큰 보답인 셈이다. 많은 이들이 그녀의 삶을 아무런 진전도 없는 헛된 삶이라고 여길 것이다. 그러나 내 관점에서 보면, 정신 분열증이 개선되거나 사회를 살아가는 기술이 성숙해지지는 않았지만, 그녀의 영혼은 엄청나게 성장했다. 뭔가 심오한 일이 내부에서 천천히 벌어지고 있는 것이다.

정신과 의사들은 정신 분열증 환자와 같은 만성 정신 질환자들을 더 이상 어떻게 도와야 할지 모를 때 포기하는 경향이 있다. 또한 정신 지체나 치매와 같은 상태에 대해서는 더욱더 쉽게 단념한다. 그러나 나는 알츠하이머병으로 진단받은 후에도 삶에서 상당한 영적 발전을 이룬 환자를 많이 보았다. 정신과 의사들은 보통 건전한 영성과 불건전한 영성을 구분하지 못하기 때문에, 대개 건전한 영성을 지지하지 못한다. 그래도 희망적인 것은 최근 전문 학술지에 영성을 활용한 치료자들의 사례 논문이 하나둘 실리고 있다는 점이다. 이들은 건전해 보이는 종교 활동과 영적인 신념 체계를 장려함으로써 치료를 진전시키거나 치료 속도를 명백히 향상

시켰다.

신학과 영성의 영역에 대한 무지로 발생하는 정신과 의사의 오진이나 잘못된 치료의 또 다른 이유는, 잘못된 생각이나 신념 또는 종교적인 용어로 이단을 알아채는 데 실패하는 것이다. 나도 한때 그랬지만 여러분도 이단이라고 하면 종교 재판이나 중세의 암흑기에나 있던 것으로 여길지 모른다. 하지만 20세기 말인 지금까지도 이단은 살아서 판을 치며 수백만 명의 사람들과 사회 전체에 나쁜 영향을 끼치고 있다고 나는 확언한다. 사람들이 일반적인 사고의 역설의 한 단면에 동조할 때 많은 이단이 생긴다. 이단은 잘해야 절반의 진실이고 근본적으로는 거짓말이다.

영성을 회피하거나 경멸함으로써 발생하는 오진이나 잘못된 치료의 또 다른 결과는 정신 의학 및 정신 의학자들에 대한 평판이 상당히 나빠졌다는 것이다. 나쁜 평판은 이미 널리 퍼졌다. 대다수의 사람들은 정신 의학이 영성에 반감을 갖고 있다는 이야기를 듣고서는 정신과 의사들이 제공하는 심리 치료를 기피한다. 이것은 다시 경쟁을 심화시켰다. 경쟁은 때로 바람직할 수 있다. 지난 25년간 목회 상담이 가장 빠르게 성장하는 직업 영역이 된 것은 결코 우연이 아니다. 최초의 목회 상담 훈련 프로그램은 1948년에 정착되었다. 현재는 그런 프로그램이 대략 200여 개 정도 있다. 그들 중 상당수는 내가 알기로 꽤 괜찮다. 그리고 많은 목회 상담자들이 훌륭하게 일하고 있다. 만약 어떤 환자가 심리 치료뿐만 아니라 약물 요법이 꼭 필요할 정도로 심한 정신 의학적 장애가 있는 것이 아니라면, 나는 아마도 그를 정신과 의사보다는 목회 상담자에게 의뢰할 것이다.

그러나 모든 경쟁이 건전한 것은 아니다. 지난 10년간 정신 의학이 영성의 문제를 제대로 다루지 못하자 그에 대한 반작용으로 기독교 근본주의자들의 치료 프로그램이 우후죽순처럼 일어났고, 다른 한편에서는 내가 뉴에이지 근본주의자라고 부르는 실천가들이 폭발적으로 증가했다. 이러한 극단론자들의 경쟁이 과연 건전한 것인지에 대해 의문을 제기할 만한 이유는 충분하다. 그러나 만약 이것이 불건전한 경쟁이라면, 이것은 주로 전통적인 정신 의학의 결함으로 야기된 것이다.

정신 의학이 영성에 대해 느끼는 불편함 때문에 연구와 이론에서도 상당한 실패가 있었다. 영성과 종교 영역에서 약간의 연구가 하버드와 다른 몇몇 곳에서 이루어졌지만 필요에 비하면 턱없이 부족하다. 그리고 정신 의학만이 이 문제에 대해 책임을 져야 하는 것은 아니다. 앞서 말했듯이, 종교도 정신 의학과 마찬가지로 영성을 실제적인 연구 주제로 다루기를 꺼려왔다.

연구가 부족한 영역에서는 당연히 이론도 정체된다. 놀라운 일이 아니다. 나는 주류에서 벗어남으로써 불이익을 당했는지 모른다. 그러나 내 관점에서 보면, 확신하건대 지난 세대 동안 성격 이론과 정신 역학 이론에 가장 의미 있는 공헌을 한 것은 정신 의학이 아니다. 목회 상담자들이나 경영 컨설턴트, 산업 심리학자, 신학자와 시인들이야말로 이 이론에 기여했다. 아마도 정신 의학이 처한 곤경의 가장 심각한 측면은 정신과 의사들이 스스로의 영성을 무시함으로써—그리고 스승으로부터 영성을 무시하도록 배움으로써—자신들의 심리 영성적 발전을 크게 제한하고 있다는 점이다.

15년 전 아내 릴리와 나는 수녀원 조직에 자문할 기회가 있었다. 많은 수녀가 명백한 심신증(정신적 요인으로 인한 신체적 이상 증상—옮긴이)을 겪고 있었는데도 그들 공동체는 이들을 어떻게 다루어야 할지 몰랐기 때문에 자문을 요청한 것이었다. 릴리와 나는 '마리아의 집'에 모인 20명 남짓한 사람들에게 몇 번이고 계속해서 이야기했다. "여러분은 수준 높은 교육을 받은 사람들이고, 여러분 상당수는 사랑과 치유에 관한 박사 학위까지 갖고 있어요. 여러분이야말로 이런 문제에 대해 서로를 치료해줄 능력이 충분합니다." 그러나 그들은 우리의 의견을 받아들이지 않았다. 그들은 항변했다. "우리는 전문가가 아닙니다. 우리는 신체적인 것과 심리적인 것 그리고 영적인 것을 서로 구분하는 훈련을 받지 않았어요." 24시간 동안 우리는 그야말로 막다른 골목에 처해 있었다. 그때 갑자기 한 수련 수녀가 불쑥 다음과 같이 말했다. "제가 제대로 이해했다면, 심리 치료사가 된다는 것—그리고 심리 치료를 한다는 것—은 본질적으로 스스로를 치유한다는 의미로군요." 우리는 그 말을 듣고 큰 소리로 외쳤다. "맞아요! 바로 그거예요." 자문은 성공적이었다.

따라서 수련 수녀의 말과 같이, 정신과 의사로 성장한다는 것은 본질적으로 치료사 자신이 스스로를 치유할 수 있는 능력을 갖는 것이라고 생각한다. 그러나 치유한다는 것은 어떤 의미인가? 만약 치료사가 자신이 영적인 여정에 있다고 생각하지 않는다면, 그의 치료는 단지 지적이거나 무미건조한 것으로 보일 것이다. 그러나 만약 치료사가 영적인 여정에 있다는 사실을 수용하고 받아들인 다면, 그러한 자기 치유는 훨씬 더 풍성하고 치료사 자신뿐만 아니라 환자를 위해서도 가치가 있을 것이다. 여기에는 여러 가지 의미가 있다. 예를 들면 치료사는 환자보다 빠르게 성장할 수 있을 것이다. 또한 정신과 치료를 그만두고 미지의 새로운 영역을 향해 떠날지도 모른다. 그러나 전체적으로는 치료사의 영적인 여행이 그가 치료하는 환자와 치료사 자신 모두에게 더 유익한 결과를 가져올 것이다. 이와 반대로 만약 치료사 스스로가 영적인 삶을 부인한다면, 자신뿐만 아니라 환자의 발전까지도 제한하게 될 것이다.

정신 의학이 처한 곤경은 분명 심각하다. 하지만 그러한 상황을 개선할 방법은 간단할 수 있다. 여기서 개선을 위한 다섯 가지 방법을 제안하고자 한다. 이 방법을 모두 실행한다면 문제는 완전히 사라질 것이다. 이 중에서 하나라도 실행한다면 그것만으로도 문제는 상당히 개선될 것이다. 내가 제안하는 다섯 가지 방법 중 세 가지는 전문의 수련 과정에서 가장 잘 실행될 것이므로 수련 프로그램을 담당하는 지도자의 몫이다.

먼저 가장 간단한 것부터 시작해보자. 모든 정신과 수련의는 실습 과정의 첫 달에 환자의 일반적인 병력을 조사하고 정신 상태를 검사하는 법을 배운다. 바로 그 첫 달에 환자의 영적인 내력에 대해서도 일상적으로 조사하도록 배워야 한다고 생각한다.

이런 생각이었으므로 전에 대학 부속 병원의 정신과 과장에게 그렇게 제안한 적이 있었다. 그는 이미 영적인 성향이 있는 사람이었는데, 내 말을 듣고 나서는 다음과 같이 물었다. "도대체 영적인 내력이 뭡니까?" 그것은 환자에게 다음과 같이 간단하고 명확한 질문을 던지는 과정이라고 나는 설명했다. "당신은 어떤 종교적 배경에서 성장했나요? 어떤 종교였지요? 아직도 같은 종교를 가지고 있습니까? 같은 종파에 있습니까? 만약 그렇지 않다면 현재는 어떤 종교를 믿고 있나요? 그리고 어떻게 해서 그런 변화가 일어났습니까? 당신은 무신론자인가요? 불가지론자인가요? 만약 당신이 신자라면, 당신이 생각하는 신이란 어떤 건가요? 신이 추상적이고 멀리 있는 것처럼 느껴지나요 아니면 당신에게 가까이 있는 인간적인 존재로 느껴지나요? 종교의 변화가 최근에 일어났습니까? 당신은 기도를 합니까? 기도하는 삶은 어떤가요? 영적인 경험을 했던 적이 있나요? 그것은 어떤 경험이었습니까? 그러한 경험이 당신에게 어떤 영향을 미쳤습니까?" 6주 후, 대학 부속 병원의 정신과 과장은 다음과 같은 편지를 보내왔다. "며칠 전, 처음으로 환자의 영적인 내력을 조사했습니다. 그리고 그 결과 밝혀진 사실들은 놀라웠습니다."

이것은 너무나 간단하고 분명한 해결책인데도, 왜 이것이 수년 전에 받아들여지지 않았는지 놀라울 뿐이다. 그러나 우리는 영적인 주제와 관련되는 것을 극도로 꺼리는 정신 의학에 직면해 있다. 이러한 질문이 너무 개인적인가? 정신과 의사들은 그러한 질문이 환자에게 너무 위협적이라고 생각한 것일까? 사실 그러한 질문은 조금도 위협적이지 않다. 실제로 환자는 그러한 질문에 감사하고, 기꺼이 답한다. 내 생각에 위협을 느끼는 사람은 다름 아닌 정신과 의사다. 정신 의학적 진단과 심리 치료를 개선하는 것 이외에, 일상적으로 영적인 내력을 조사하는 이런 간단한 해결책은 의사들로 하여금 자신에게도 영적인 삶이 있다는 사실을 인식하도록 만든다.

두 번째 충고는 3년간의 전문의 수련 기간 동안—가급적이면 첫해에—정신과 수련의는 종교적인 성장이나 영적 발달의 단계를 배워야 한다는 것이다. 아마도 한 번의 강의면 충분할 것이다. 제임스 파울러의 책을 간단히 요약해놓은 것만 읽어봐도 충분하다. 그러나 그에 더해서, 사람들을 미성숙하거나 자기 파괴적인 영적 단계에 고착시키는 또 다른 요인들에 대해서도 배워야 한다. 이들 요인은 좀 더 보편적으로 인정되는 심리 성적 단계에서 사람들을 고착시키는 요인들과 크게 다르지 않을 것이다.

이러한 간단한 훈련과 강의의 주된 효과는 정신과 의사의 진단 능력을 향상시킬 뿐만 아니라 정신과 의사로 하여금 영성을 개발 대상으로 인식하게 하는 데 있다. 정신과 의사가 이미 자신의 영적인 삶을 잘 이끌어왔더라도, 그에게는 아직도 더 발전할 여지가 남아 있다. 이러한 훈련과 인식은 심리 치료사들의 지속적인 성숙에 지대하게 공헌할 것이 틀림없다.

세 번째 충고는 3년의 훈련 기간 동안, 정신과 수련의는 적어도 한 번 정도는 이단, 허위 관념, 잘못된 가정의 본질 등에 관한 강의를 들어야 한다는 것이다. 의사가 신학에 정통할수록 그러한 이설이나 거짓을 더 능숙하게 발견할 수 있을 거라고 생각한다.

네 번째 제안은 '정신 장애의 진단과 통계 매뉴얼 Ⅲ(DSM Ⅲ,

Diagnostic and Statistical Manual of Mental Disorders Ⅲ)'을 수정하거나 또는 앞으로 다른 매뉴얼을 공식화할 사람들이 해야 할 일이다. 이 제안은 두 부분으로 나누어진다. 첫째, DSM에 적어도 두 개의 새로운 정신 장애 진단을 포함할지 심각하게 고려할 필요가 있다고 제안한다. 하나는 내가 '사악한 사람들' 또는 '거짓된 사람들'이라고 분류한 사람들에 대한 진단 범주다. 최근 한 남자가 내가 제안한 이러한 주제를 연구하기 시작했는데, 박사 논문에서 '악의성virulent 인격 장애'라고 명명한 진단 범주를 논의하는 데 집중했다. 논문은 매우 훌륭하고, 분류 또한 적절하다고 생각한다. 더 나아가 다중 인격 장애를 비롯한 다른 상태들과 구분되는 기준을 가지고서, '빙의'라는 진단에 대해 심각하게 고려해볼 필요가 있다고 생각한다(한 환자에게 다중 인격 장애와 빙의가 모두 존재할 수 있다는 것을 이해해야 한다).

이러한 새로운 진단 범주에 덧붙여, 우리의 진단법에 영적인 축을 포함할 것을 고려할 필요가 있다. 그렇게 된다면 환자의 상태나 주요 진단과 관련한 다른 영적 요인을 영적인 내력을 통해 확인하고, 이와 더불어 영적인 축을 이용하여 환자의 영적 발달 단계를 점검할 수 있을 것이다.

마지막으로, 연구와 관련한 문제다. 내가 제안한 '구원을 과학적으로 연구하는 학회'와 같은 몇몇 연구들은 구체적이고 개별적인 기금을 받는 기관의 지도를 받아가며, 가급적이면 대학과 함께 연구하는 것이 최고로 바람직할 것이다. 예를 들면 이런 기관은 무엇보다도 학생과 연구자가 볼 수 있는 엑소시즘 관련 비디오테이프를 수집하고 보관하는 기능을 할 수 있다. 물론 그러한 자료는 비밀 보장을 약속해야만 볼 수 있다. 그러나 대부분의 연구는 기존 대학의 정신 의학과 안에서만 이루어지므로 소규모 프로젝트에 초점을 맞춘다. 만약 정신 의학이 영적인 분야의 연구를 시작한다면 매우 흥미로우면서도 그동안 절실히 필요했던 성격 이론의 부활을 목격할 수 있을 것이다.

이 제안들은 모두 간단히 실행할 수 있다. 가장 큰 문제는 그것을 실행하려는 의지다. 곤경에 빠진 정신 의학을 치료할 방법은 아주 간단하지만, 과연 환자가 기꺼이 치료받으려고 할까? 환자가 과거에 기꺼이 치료받고자 했다면 이러한 치료법들은 이미 성공적으로 행해졌을 거라고 확신한다. 결과적으로, 내가 제안한 치료법은 이런 점에서 정신 의학이 치료 태도를 바꾸었을 때에만 실행될 수 있다. 과연 미국의 정신 의학은 인간의 영적인 문제에 대한 무관심과 반감에서 벗어나 활발한 호기심을 가진 개방된 태도로 변할 것인가?

이 질문은 오직 정신 의학자들만이 답할 수 있는 문제다. 그렇기 때문에 그들이야말로 역사를 움직이는 장본인이다. 미국의 정신 의학은 우리 문명 전체의 지적인 삶에 실로 어마어마한 영향을 미쳤다. 현재의 의료 모델이 관대하고 광범위하게 정의되는 한, 그것을 비난하고 싶은 마음은 없다. 그러나 지난 세대 동안, 지극히 단면적이고 거의 전적으로 물질주의적인 의료 모델과 함께하면서 정신 의학자들은 점점 더 스스로를 궁지로 몰아간 형국이다. 궁지에 몰린 정신 의학자들은 인간의 상태에 대한 심오한 이해는 신학자나 목회 상담자에게 맡겨둔 채, 단지 환자에게 약을 밀어넣는 약제사 기능만 하도록 요구받는 실정이다. 정신 의학은 심지어 심리 치료의 영역 전체를 포기하기로 결정할 수도 있다. 그것이 적절한 경로일지, 나는 정말 모르겠다. 그러나 정신 의학이 우리 문명의 지적인 삶에 미치는 영향은 점점 약해지고 있다는 사실만은 잘 안다.

정신 의학자로서, 나 자신은 의료 모델이 큰 가치가 있음을 안다. 또 현미해부학 영역에 커다란 매력을 느끼기도 했다. 그러나 심리 치료 분야에서 맹목적인 노력을 기울인 결과, 개인적으로도 엄청나게 성장했다. 나와 같은 정신 의학자들이 내가 제안한 역사적 태도의 변화를 경험했으면 좋겠다. 그리고 그들이 정신뿐만 아니라 영혼의 깊은 곳에서 생각함으로써, 더 이상 자신의 영성에 당황해하지 않고 인간을 영적인 존재로 인정하는 변화의 역할을 선택하기 바란다. 영적인 존재인 인간에게, 정신 의학은 생화학적인 조정뿐만 아니라 적어도 영적인 상태를 유지할 수 있는 몇몇 방법을 제시할 수 있을 것이다.

옮긴이 | 조성훈

문학박사(영문학), 문예비평가, 고려대강사

계간문예비평지 《비평》(2001)에 예술론인 〈문학(예술)에서의 본질과 표현: 전체성의 새로운 모델〉로 비평계에 입문하였고, 그 후로 학술·문화·비평 관련 논문과 평론을 기고하면서, 문화 전반에 관한 강의와 번역 및 저술 작업을 하고 있다.

주요 저술로는 〈욕망, 금지, 위반에 관한 몇 가지 이론적 고찰〉《사진비평》11호, 2001), 〈바르뜨의 사진론: 사진과 존재-사랑〉《사진비평》13호, 2002), 《들뢰즈의 잠재론: 소멸과 창조의 형이상학》(2010) 외 다수의 논문이 있으며, 〈극작, 연출가의 모범적 협업과 현대 고전의 가치—로버트 부르스타인〉《공연과 리뷰》55호, 2006), 《지정학적 미학》(2007) 등을 번역했다.

아직도 가야 할 길

초판 1쇄 발행일 2011년 3월 7일
초판 16쇄 발행일 2024년 12월 26일

지은이 | M. 스캇 펙
옮긴이 | 조성훈
펴낸이 | 김현관
펴낸곳 | 율리시즈

본문 및 표지 디자인 | 투피피
캘리그라피 | 이상현
책임편집 | 김미성
종이 | 세종페이퍼
인쇄 및 제본 | 올인피앤비

주소 | 서울시 양천구 목동중앙서로7길 16-12 102호
전화 | 02-2655-0166~0167
팩스 | 02-6499-0230
E-mail | ulyssesbook@naver.com
ISBN 979-11-978949-2-3 03180

등록 2010년 8월 23일 제2010-000046호